STUDIENKURS SOZIALWIRTSCHAFT

Lehrbuchreihe für Studierende der Sozialen Arbeit, des Sozialmanagements und Sozialwirtschaft.

Die Reihe behandelt wesentliche Grundlagen des Themenkomplexes, insbesondere Besonderheiten der Sozialwirtschaft, ihrer Organisationen und Unternehmensformen sowie ihre Herausforderungen durch die Entwicklungen in Europa, ebenso die Besonderheiten des Sozialmanagements, seines Führungsverständnisses, Personalmanagements, Qualitätsmanagements, Wissensmanagements und des Management des Wandels (Change Management) sowie anwendungsbezogene Aspekte wie Projektmanagement, Sozialinformatik, Gemeinnützigkeits- und Steuerrecht. Die konsequente Problemorientierung und die didaktische Aufbereitung der einzelnen Kapitel erleichtern den Zugriff auf die fachlichen Inhalte. Bestens geeignet zur Prüfungsvorbereitung u.a. durch Zusammenfassungen, Wissens- und Verständnisfragen sowie Schaubilder und thematische Querverweise.

Wöhrle | Boecker | Brandl | Grunwald | Kolhoff
Noll | Ribbeck | Sagmeister

Qualitätsmanagement – Qualitätsentwicklung

Onlineversion
Nomos eLibrary

Die Deutsche Nationalbibliothek verzeichnet diese Publikation in
der Deutschen Nationalbibliografie; detaillierte bibliografische
Daten sind im Internet über http://dnb.d-nb.de abrufbar.

ISBN 978-3-8487-7884-3 (Print)
ISBN 978-3-7489-2285-8 (ePDF)

1. Auflage 2021
© Nomos Verlagsgesellschaft, Baden-Baden 2021. Gesamtverantwortung für Druck
und Herstellung bei der Nomos Verlagsgesellschaft mbH & Co. KG. Alle Rechte, auch
die des Nachdrucks von Auszügen, der fotomechanischen Wiedergabe und der Übersetzung, vorbehalten. Gedruckt auf alterungsbeständigem Papier.

Vorwort

Die Reihe „Studienkurs Management in der Sozialwirtschaft" startete 2003 in der Nomos Verlagsanstalt mit dem Band „Grundlagen des Managements in der Sozialwirtschaft". Es folgten insgesamt 12 Bände mit den Themen „Sozialwirtschaft", „Organisationen der Sozialwirtschaft", „Betriebswirtschaftliche Grundlagen des Managements in der Sozialwirtschaft", „Rechtliche Grundlagen des Managements in der Sozialwirtschaft", „Personalmanagement", „Qualitätsmanagement", „Führung und Zusammenarbeit", „Wissensmanagement", „Sozialmanagement in Europa", „Projektmanagement" und „Sozialinformatik".

Vollständig überarbeitet wurde die Reihe ab 2013 im Rahmen der UTB-Lehrbücher herausgegeben. Erstmalig wurden drei Grundlagen-Bände zum Management in der Sozialwirtschaft verfasst: die generellen Grundlagen, die betriebswirtschaftlichen und die rechtlichen.

Mit den nächsten, wiederum völlig überarbeiteten Fassungen kehrte die Reihe zur Nomos Verlagsanstalt zurück. Nach den Bänden „Organisationsentwicklung – Change Management" und „Personalmanagement – Personalentwicklung", die beide in 2019 erschienen, schließt mit diesem vorliegenden und dem in Kürze erscheinenden Band „Führung und Zusammenarbeit" wieder ein Kapitel ab, ohne dass dadurch die Geschichte der Reihe zu Ende gehen wird.

Der gegenwärtige Herausgeber, der die Reihe seit 2003 betreute, hatte in der ersten Phase auch als Autor einige Bände vorgelegt. Mit den Neuauflagen in der UTB-Reihe begann er zunehmend Sammelbände mit Autor*innen aus Deutschland, Österreich und der Schweiz herauszubringen. Sein Ziel war es, eine breite Fachlichkeit in die Lehrbücher einzubinden. Mit dem Vorliegen des dritten Durchgangs durch maßgebliche Themen, die in der Lehre bedeutsam sind, wird sich der Herausgeber zurückziehen und an den Nomos-Verlag übergeben, der die weiteren Bände betreuen wird.

Zum vorliegenden Band kann folgendes angemerkt werden: Nachdem der von Marianne Meinhold und Christian Matul erstmals 2003 in dieser Reihe vorgelegte Band zum Qualitätsmanagement mehrmals gründlich überarbeitet wurde, ist es nun an der Zeit, eine völlig neukonzipierte Fassung vorzulegen. Die ursprüngliche Autorin und der Autor standen dafür nicht mehr zur Verfügung, sodass in der deutschsprachigen Fachwelt über die Internationale Arbeitsgemeinschaft Sozialmanagement/Sozialwirtschaft (INAS) aufgefordert wurde, an einem neuen Lehrbuch mitzuarbeiten. Dies liegt nach mehreren Jahren Vorarbeit hiermit vor.

Waldheim im Frühjahr 2021 *Armin Wöhrle*

Literatur

Meinhold, Marianne/Matul, Christian (2003): Qualitätsmanagement aus der Sicht von Sozialarbeit und Ökonomie, Baden-Baden (Nomos).

Inhalt

Vorwort ... 5

1 Einführung oder Anforderungen änder(te)n sich ... 11
Armin Wöhrle

1.1 Die Qualität liegt im Auge jeweiliger Betrachtenden ... 11
1.2 Reaktive Geschichte ... 12
1.3 Selbstüberprüfung versus Offenlegung nach außen ... 13
1.4 Ursprüngliches „Qualitätsmanagement" ... 14
1.5 Kritik und Suche nach Alternativen ... 14
1.6 Umbau der Steuerungslogik ... 15
1.7 Neue Anforderungen an ein (Qualitäts-)Management ... 16
1.8 Nicht angemessene Qualitätsmanagementkonzepte ... 17
1.9 Konzept und Umsetzung – dazwischen steht die Bürokratie ... 18
1.10 Grundlegende Kritiken und Visionen ... 20
1.11 Pragmatisch: in den vorliegenden Band einsteigen ... 22

2 Qualität – Qualitätsmanagement ... 25
Ludger Kolhoff

2.1 Qualität ... 25
2.2 Struktur-, Prozess- und Ergebnisqualität ... 26
2.3 Qualitätsmanagement ... 27
    2.3.1 Historische Entwicklung ... 28
    2.3.2 Ebenen des Qualitätsmanagements ... 38
    2.3.3 Qualitätsmanagement in der Sozialwirtschaft ... 39

3 Qualitätsmanagement in sozialwirtschaftlichen Organisationen – Spezifika und Herausforderungen ... 47
Klaus Grunwald

3.1 Einführung ... 47
3.2 Zum Qualitätsbegriff ... 49
3.3 Kontexte der Qualitätsdebatte in der Sozialen Arbeit ... 50
3.4 Spezifika von und Herausforderungen für Qualitätsmanagement in sozialwirtschaftlichen Organisationen ... 52
3.5 Schlusswort ... 57

4 Qualitätsmanagementkonzepte in den Handlungsfeldern der Sozialwirtschaft ... 63
Jochen Ribbeck

4.1 Begriffliche Klärung und Auswahlkriterien ... 63
4.2 Das GAP-Modell der Dienstleistungsqualität von Parasuraman, Zeithaml, Berry ... 63

4.3	GAB-Verfahren in der Sozialen Arbeit	65
4.4	KTQ im Gesundheitswesen	67
4.5	LQW in der Weiterbildung	71
4.6	PQ-Sys® des Paritätischen Wohlfahrtsverbandes	74
4.7	Das Aachener Qualitätsmanagementmodell und Q.Wiki	78

5 Die QM-Systeme sind in die Jahre gekommen – Wie geht's weiter? 85
Paul Brandl

5.1	Anknüpfungen und Zielsetzung	85
5.2	**Die wichtigsten QM-Systeme als Ausgangsbasis**	87
	5.2.1 Am Anfang entstand ISO	87
	5.2.2 Das TQM als erweiternder Zwischenschritt	92
	5.2.3 Das EFQM als Weiterentwicklung	94
5.3	Entwicklungspotenziale: Neue Anforderungen an QM-Systeme	104
	5.3.1 Neue Anforderungen – Allgemeines Umdenken	104
	5.3.2 Entwicklungspotenziale – Anforderungen – Lösungen	105
5.4	**pQMS extended®**	110
	5.4.1 Grundlagen des pQMS extended®	110
	5.4.2 Entwicklungsschritte eines pQMS extended®	112
5.5	**Chancen zu höherem Nutzen**	117

6 Wie führt man Qualitätsmanagement in einer Organisation ein? 121
Sebastian Noll

	Einleitung	121
6.1	**Voraussetzungen und Auslöser**	122
6.2	**Qualitätsdimensionen innerhalb der Organisation**	124
	6.2.1 Struktur-, Prozess- und Ergebnisqualität	124
	6.2.2 Im Fokus: Prozesse	126
	6.2.3 Weitere Vorteile von Qualitätsmanagement für die tägliche Arbeit	128
6.3	**Die Einführung von Qualitätsmanagement**	129
	6.3.1 Qualitätsmanagement als Bestandteil der Planung	129
	6.3.2 Einführung von QM als Projekt	130
	6.3.3 Beteiligung einer externen Beratung?	135
6.4	**Qualitätsmanagement im Organisationsalltag**	136
6.5	**Wie wertet man aus?**	138
6.6	**Statt eines Fazits: Die Gefahr der zwei Welten und was dagegen helfen kann**	138

7 Vom Qualitätsmanagement zur Wirkungsorientierung 143
Michael Boecker

7.1	**Warum wir über Wirkungen in der Sozialen Arbeit reden (müssen)**	143
7.2	**Wirkung, Wirksamkeit, Evaluation – Welche Effekte können wir messen und welche nicht?**	145
	7.2.1 Definition der Begriffe	145
	7.2.2 Wirksamkeitsmodelle und Schnittstelle zum Qualitätsmanagement	146
	7.2.3 Das Sozialrechtliche Dreiecksverhältnis und Nicht-Schlüssige-Tauschbeziehungen	148

	7.2.4	Sachzieldominanz, Zieldivergenz und Interessenpolitik	149
	7.2.5	Schlussfolgerungen	149
7.3	**Verfahren und Instrumente der Wirkungsforschung**		150
	7.3.1	Individuelle Ebene – Das Hilfeplanverfahren als Mittel zur Wirkungskontrolle	150
	7.3.2	Institutionelle Ebene – Programmevaluation und Wirkungslegitimation	152
	7.3.3	Gesellschaftliche Ebene – Aushandlungsprozesse und Interessenpolitik	156
	7.3.4	Sozialwissenschaftliche Verfahren der Wirkungsforschung	157
	7.3.5	Schlussfolgerungen	158
7.4	**Stand der Wirkungsforschung**		159
	7.4.1	Wirkungsforschung in der Sozialen Arbeit	159
	7.4.2	Wirkungsforschung am Beispiel der Hilfen zu Erziehung	159
	7.4.3	Gelingensbedingungen erfolgreicher Sozialer Arbeit	162
	7.4.4	Zusammenfassung und Ausblick	163
7.5	**Zur Reichweite der Diskussion um Wirkungen in der Sozialen Arbeit**		164

8 Verstetigung oder „Wie der Ball am Rollen bleibt" 169

Monika Sagmeister

	Einleitung		169
8.1	**Die strukturelle Verankerung von Qualitätsmanagement im Unternehmen**		170
	8.1.1	Qualitätsmanagementbeauftragte als strukturelle Verankerung	171
	8.1.2	Audit als zeitliche Verankerung	172
	8.1.3	Umgang mit Fehlern und Beschwerden	176
	8.1.4	Mitarbeitendeneinführung	179
8.2	**Einbezug von Stakeholdern in die Dauermaßnahme Qualitätsmanagement**		180
	8.2.1	Anwendung von agilen Techniken	181
	8.2.2	Qualitätszirkel und betriebliches Verbesserungsvorschlagswesen	184
8.3	**Fazit**		187

Lernzielkontrolle 191

Zu der Autorin und den Autoren 207

Stichwortverzeichnis 209

Bereits erschienen in der Reihe STUDIENKURS SOZIALWIRTSCHAFT (ab 2019) 211

1 Einführung oder Anforderungen änder(te)n sich

Armin Wöhrle

> **Lernziele**
> - Es soll erkannt werden, dass es keine Gewissheit hinsichtlich der Anforderungen an Qualität in der Sozialwirtschaft von Anfang an gab. Die historischen Umstände brachten jeweils neue Herausforderungen mit sich.
> - Es soll erkannt werden, dass neben den Hilfebedürftigen und den Hilfegebenden viele andere Interessengruppen an der Bestimmung dessen, was eine hilfreiche und angemessene Dienstleistung in der Sozialwirtschaft ist, beteiligt sind und es dabei mehr oder weniger einflussmächtige Stakeholder gibt.
> - Es soll nachvollzogen werden können, warum sich die heutigen Konzepte und Verfahren des Qualitätsmanagements entwickelt haben.
> - Ebenso soll vermittelt werden, dass grundlegende Weichenstellungen in der Politik und Mechanismen der öffentlichen Verwaltung (wie die Bürokratie) der Qualitätsverbesserung im Wege stehen können.

Diese Einführung gibt Hinweise auf die kommenden Beiträge, behält sich aber auch einen Überblick vor, von dem aus das Spezielle einsortiert werden kann. Viele der heutigen Besonderheiten sind erst richtig anhand ihres Zustandekommens im Laufe der Jahre zu erfassen. Interessant ist hierbei die Rolle unterschiedlicher Akteure und wie die Einflussnahme von außen erst das hervorbrachte, was wir heute als selbstverständlich gegeben ansehen: das Sozialmanagement und die Sozialwirtschaft und damit auch das Qualitätsmanagement. In diesem Einführungsband soll also nicht nur abfragbares Wissen referiert werden, sondern es sollen auch Erklärungen nachlesbar sein, wieso das zustande kam, was wir heute vorfinden und es sollen Anregungen für das Weiterdenken gegeben werden.

1.1 Die Qualität liegt im Auge jeweiliger Betrachtenden

Wurden Studierende der Sozialen Arbeit in den 1970er- oder 1980er-Jahren auf Qualitätsfragen angesprochen, so gab es für sie keinen Zweifel. Die Qualität richtet sich nach dem Bedarf und den Bedürfnissen der Hilfesuchenden und die Hilfestellungen werden auf dem neuesten Stand der Erkenntnisse der Disziplin durch die Fachlichkeit der Praktiker:innen geleistet. Für Beschränkungen war immer die Verwaltung (der eigenen Organisation oder des öffentlichen Finanzgebers – da wurde oft nicht weiter differenziert) verantwortlich, die zu wenig Finanzmittel und/oder begrenzte Spielräume zur Verfügung stellte. Und dafür wieder verantwortlich war im Zweifelsfall immer die Politik.

Dass die Qualität sozialer Dienstleistungen als relative Größe betrachtet werden kann, schimmert bei den begrenzten Spielräumen schon durch, aber die wahre Dimension, wonach Qualität immer durch die Augen der sie jeweils Betrachtenden definiert wird und die Qualität sozialer Dienstleistungen viele Väter und Mütter hat, war in der Zeit noch nicht allgegenwärtiger Erkenntnisgewinn. Im Beitrag von **Klaus Grunwald** (Kapitel 3) werden die verschiedenen Blickwinkel der Stakeholder, Interessengruppen und die nicht gleich gewichtete Definitionsmacht der Beteiligten deutlich.

1.2 Reaktive Geschichte

Ludger Kolhoff (Kapitel 2) übernimmt es, in die grundlegenden Begriffe der Qualität und des Qualitätsmanagements in der Sozialwirtschaft einzuführen. Hier kann man den Ursprung und die historische Entwicklung nachlesen, wie qualitätsgenerierende Prozesse immer besser verstanden wurden und man dadurch zu einer Verfeinerung des Qualitätsmanagements kam. Deutlich wird aber auch, dass das Bestreben, eine definierte Qualität zu erreichen, seine Ursprünge in der betrieblichen Produktion hatte und das Qualitätsmanagement den Betriebswirtschaften entstammt.

Die Geschichte des Qualitätsmanagements in der Sozialwirtschaft lässt sich nicht in dem Sinne erzählen, dass und wie die Fachlichkeiten in der Sozialwirtschaft zu ihrem eigenen Qualitätsmanagement gefunden haben. Trotz Unterstützung durch Beratung und Fortbildung hatte das Sozialmanagement keine Chance, seinen eigenständigen Weg zu finden, um zu einem spezifischen, aus der Fachlichkeit entspringenden Qualitätsmanagement zu kommen. Es waren immer politische Weichenstellungen, mit denen die Ausprägungen des sozialpolitischen Systems und in ihm Szenarien und Verfahren vorgegeben wurden, anhand derer sich das Sozialmanagement zwecks Erhaltung der eigenen Organisation und Existenz der Beschäftigten einzurichten hatte.

Der Kern des Mechanismus, um den die Qualitätsbestimmung kreist, ist der Umstand, dass kein Kunde, keine Kundin, kein Klient oder Klientin, die Anspruch auf Dienstleistungen haben und sie erhalten, für diese direkt bezahlen. Es gibt keinen Austausch von Geld gegen Leistung auf Augenhöhe. Es ist von einem sozialrechtlichen Dreiecksverhältnis (Anspruchsberechtigte – Leistungserbringende – Finanzierende) auszugehen. Die Wirtschaftswissenschaftler:innen sprechen hier von einem nichtschlüssigen Tauschverhältnis, wie in den folgenden Beiträgen noch deutlicher ausgeführt wird (z.B. bei **Michael Boecker** in Kapitel 7). Und damit ist fast immer der öffentliche Finanzgeber als Auftraggeber mit im Spiel und definiert die Regeln. Manchmal sind es auch Sponsor:innen und Spender:innen, aber sie definieren nur in seltenen Ausnahmen den Qualitätsgehalt und die beabsichtigte Wirkung ausschlaggebend.

Die Anspruchsberechtigten, Klient:innen, Hilfesuchenden und wie sie sonst noch bezeichnet werden, können die von ihnen gewünschte Qualität oft nur indirekt beeinflussen. Der direkte Weg wäre, die Angebote einfach zu ignorieren bzw. abzulehnen („Abstimmung mit den Füßen") oder bessere zu fordern. Für diese Möglichkeit müsste es aber eine Wahl bzw. müsste es frei zugängliche Auswahlmöglichkeiten und einen Überblick darüber geben oder noch besser eine Plattform, auf der Betroffene ihre Forderungen stellen könnten. Diese Möglichkeiten sind für Menschen in Not aber nur in den seltensten Fällen gegeben. Die anbietenden Dienste müssen sich also Mühe geben, den Hilfesuchenden wenigstens nachgeordnete Möglichkeiten einzuräumen, damit sie ihre Vorstellungen und Wünsche im Prozess der Hilfegewährung einbringen können. In fast allen der nachfolgenden Beiträge werden solche Bemühungen deutlich. Sie werden sozusagen in Verfahren eingebaut.

1.3 Selbstüberprüfung versus Offenlegung nach außen

Am Beginn der Versuche der Sozialen Arbeit, eine eigenständige Qualitätsentwicklung zu generieren, noch bevor dieser Begriff überhaupt verwendet wurde, standen die Supervision, die Praxisreflexion, die Beratung, das Coaching und die Fortbildung. All diese Instrumente haben den großen Vorteil, dass sie nahe an den professionell Agierenden Reflexionen anregen, Impulse generieren und relativ zeitnahe Verhaltensänderungen auslösen können. In nahezu ausschließlich auf Beziehungsarbeit ausgerichteten und in Kommunikation sich ausdrückenden Fachlichkeiten sind diese Instrumente der Königsweg der Qualitätssicherung und -entwicklung. Bis auf die Fortbildung ist diesen in sich stimmigen Verfahren allerdings gemeinsam, dass sie sich in der konkreten Anwendung in einer „Black Box" bewegen, in die man von außerhalb nicht sehen kann. Es muss eine Schweigepflicht der Berater:innen und anderen Beteiligten garantiert sein, damit sich die zu Beratenden öffnen, die brisanten und konflikthaften Situationen schildern und die sehr persönlichen Befindlichkeiten offenlegen. Die Organisationen, innerhalb deren die Beratung stattfindet, darf auf die Inhalte der Prozesse nicht zugreifen dürfen.

In einem öffentlich finanzierten System können sich die größten Finanzgeber aber nicht damit zufriedengeben, dass ein von ihnen finanzierter Bereich hinsichtlich seines Qualitätsmanagements autonom agiert bzw. dessen Organisationen sich intern überprüfen und weiterentwickeln, aber den Finanzgeber nicht in die „Black Box" hineinschauen lassen. Man verlangt von den Finanzierten eine Rechenschaftslegung, da man ja selbst als Exekutive auch gegenüber der Legislative zur Rechenschaftslegung verpflichtet ist. Wenn die Rechenschaftslegung nicht nur die Abrechnung der verausgabten Mittel, sondern auch die fachliche Qualität und Wirkung umfassen soll, dann müssten viele Details offengelegt werden, was meist schon aus Datenschutzgründen nicht möglich ist. Man benötigt also eine externe Instanz, die den Zusammenhang zwischen dem beabsichtigten politischen Willen und der Realisierung in der Praxis wissenschaftlich untersuchen kann (Evaluation bzw. Überprüfung der Wirksamkeit). Und es besteht ein Bedarf an objektiven Verfahren zwecks Überprüfung der wesentlichen Strukturen, Prozesse und Ergebnisse der Qualitätssicherung und Qualitätsentwicklung.

In den Kapiteln 4 und 5 gehen **Jochen Ribbeck** und **Paul Brandl** auf Konzepte und Modelle des Qualitätsmanagements und der Qualitätsentwicklung ein. In Kapitel 7 befasst sich **Michael Boecker** mit der Wirkungssteuerung. Damit werden Möglichkeiten und ihre Weiterentwicklung verdeutlicht, wie das Dilemma der Rechenschaftslegung in Verbindung mit einer wirklichen Qualitätsverbesserung im Interesse der Hilfesuchenden heute gelöst werden kann.

1.4 Ursprüngliches „Qualitätsmanagement"

Die Diskussion über das Qualitätsmanagement in der Sozialwirtschaft hat eine kurze, aber mittlerweile doch mehr als 30-jährige Geschichte. Auf die Kontexte geht **Klaus Grunwald** im Kapitel 3 ausführlicher ein.

Bis zu den 1990er-Jahren gab es den Begriff Qualitätsmanagement im Fachdiskurs gar nicht, ebenso wenig den Begriff des Sozialmanagements und schon gar nicht der Sozialwirtschaft (zur Geschichte des Sozialmanagements siehe Wöhrle 2017a).

Für den größten Teil der Träger und Projekte, die öffentlich gefördert wurden, mussten der öffentlichen Verwaltung gegenüber Konzepte vorgelegt werden, damit sie finanziert wurden. Es galt die Berichtspflicht und die Vorgabe, die bereit gestellten Mittel sparsam zu verwenden und exakt abzurechnen.

Viele Konzepte von Einrichtungen und Projekten bestanden nicht aus viel mehr als einem eher theoretischen Teil, in dem die Fachlichkeit bezüglich des Projektvorhabens abstrakt dargelegt wurde, oft verbunden mit wolkigen Zielen, einem vagen Plan von Aktivitäten und abgerundet durch grobe operative, aber detaillierte finanzielle Untersetzungen. Die Nachweisführung für eingesetzte Ressourcen und ausgegebene Gelder wurde i.d.R. durch Berichte erbracht, in denen beschrieben wurde, was getan worden war. Eine Zieleoperationalisierung, eine Untersetzung mit Strategien wurde nicht dokumentiert, ebenso wenig eine Nachweisführung, ob Ziele erreicht wurden. Diese wurden auch nicht verlangt, weil auch auf Seiten der öffentlichen Verwaltung kein Managementdenken, sondern ein Verwaltungsdenken vorhanden war. Der wichtigste Teil der Nachweisführung galt immer den verausgabten Geldmitteln. Was nicht verbraucht worden war, musste zurückgegeben werden.

1.5 Kritik und Suche nach Alternativen

Seit den 1970er-Jahren wurde insbesondere auf Fortbildungen im Rahmen der Wohlfahrtsverbände, insbesondere der Diakonischen Akademie in Stuttgart unter Albrecht Müller-Schöll und bei Instituten wie dem Institut für Sozialarbeit und Sozialpädagogik (ISS) in Frankfurt am Main unter der Leitung von Bernd Maelicke über Steuerungsfragen in Organisationen der Sozialen Arbeit nachgedacht. Albrecht Müller-Schöll, der im Rahmen der Diakonie entsprechende Fortbildungen entwickelte, wird die Erfindung des Begriffs Sozialmanagement zugesprochen. Es wurden die ersten Sozialmanagementkonzepte entworfen (Grunwald 1999).

Geschäftsführende, Beratende und Fortbildende, die sich mit Managementfragen beschäftigten, erkannten zunehmend, dass die vorherrschende Steuerung sich zu Qualitätsfragen eher kontraproduktiv verhielt. Die Organisationen der Sozialwirtschaft wurden als verlängerter Arm der öffentlichen Verwaltung betrachtet und sahen sich in ihrem internen Steuerungsverständnis (von Management konnte man damals nicht reden) kaum anders. Das kameralistische Finanzgebaren beförderte das „Dezemberfieber", d.h. alles beantragte Geld wurde bis Ende des Jahres unbedingt und auch sinnlos ausgegeben, denn sonst hätte man nicht verausgabte Mittel zurückgeben müssen und für das darauffolgende Jahr nicht mehr gleich viel oder mehr beantragen können. Die formalbürokratische Logik förderte zudem das Bekannte, das bereits einmal durch die Mühlen der Bürokratie gegangen war. Neue Konzepte und Einrichtungen konnten sich nur schwer Gehör und noch weniger finanzielle Unterstützung verschaffen. Es existierte eine gewisse Bevorzugung der Größe, insbesondere der Wohlfahrtsverbände, und daraus resultierend deren Einflusses auf die Mittelverteilung. Kriterien für Effektivität und Wirksamkeit waren kaum entwickelt. Wolfgang Seibel sprach von einem „funktionalen Dilettantismus" (Seibel 1992).

Nachdem im Rahmen der Suche nach einem eigenständigen Sozialmanagement auch mit Qualitätsmanagementkonzepten experimentiert wurde, geriet ab den 1990er-Jahren diese eigenständige Suche völlig in den Hintergrund. Die gesamte Steuerung öffentlicher Finanzen wurde auf eine neue Logik umgestellt. Seit dieser Zeit ist es nun üblich geworden, nicht nur von der Sozialwirtschaft zu sprechen, sondern auch vom Sozialmanagement und damit auch vom Qualitätsmanagement. Management war notwendig geworden, um die Steuerung bis in die Gliederungen des sozialwirtschaftlichen Systems hinsichtlich der neuen Anforderungen zu bewältigen.

1.6 Umbau der Steuerungslogik

Auf dem Hintergrund der Globalisierung und der darauf reagierenden Europäisierung setzte sich im politischen System Europas eine (neo-)liberale Denkweise bei der Steuerung der unterschiedlichen staatlich zu lenkenden Prozesse durch. Wachsende Unübersichtlichkeit bzw. die Zunahme von Komplexität wurde und wird dadurch zu reduzieren versucht, indem die Steuerung und die Lasten des Staates reduziert und auf mehrere Schultern zu verteilen gesucht werden (Schwarz 2016). Am besten wird dies aus Sicht der Mainstream-Ökonomie durch die freien Kräfte auf dem Markt realisiert. Angebot und Nachfrage sollen aus dieser Sicht das „zurechtrütteln", was durch strukturelle Vorgaben und Planungen des Staates nicht gesteuert und gestemmt werden kann.

Ein zentrales Instrument zur Verteilung von Lasten auf mehrere Schultern war der Rückzug aus der (Voll-) Förderung von Organisationen der Sozialwirtschaft durch die öffentliche Hand. Der zentrale Auftraggeber und Abnehmer von Leistungen der sozialen Dienste, Organisationen und Initiativen, also die öffentliche Verwaltung, wurde verpflichtet, von den durch sie geförderten Organisationen und Initiativen nun Eigenmittel und ein Qualitätskonzept anzufordern. Die öffentliche Verwaltung wurde selbst auf eine neue Steuerung, d.h. mehr Management und eine betriebswirtschaftliche Rechnung (statt der alten Kameralistik) umgestellt. Dadurch war sie aber auch immer mehr gezwungen, die Leitlinie der „vertrauensvollen Zusammenarbeit" mit den freien Trägern (siehe KJHG) zu verlassen und die Position eines Auftraggebers einzunehmen, was wiederum den Konkurrenzdruck für die freien Träger erhöhte.

Mit den Lücken bei der Finanzierung kamen verstärkt neue Akteure mit ins Spiel. Es entstand ein neuer Bedarf an Steuerung in den Organisationen, da nun neben der Einwerbung staatlicher Mittel auch Projektmittel aus der Europäischen

Gemeinschaft, Ressourcen aus der Gesellschaft (zusätzlich zu den Ehrenamtlichen) generiert werden mussten (Einwerbung von Projektmitteln, von Spenden und Sponsoren). Die Hoffnung, das Anhängseldasein gegenüber der öffentlichen Verwaltung hinter sich lassen zu können, wurde insofern erfüllt, als das neu entstehende Management in der Sozialwirtschaft nun auf einem Quasimarkt in Konkurrenz mit anderen, die gleichen Leistungen anbietenden Organisationen, in die Situation geriet, scheitern zu können. Es konnte nun kein Nachtragshaushalt nachverhandelt werden und wenn man den Zuschlag für mehrere Aufträge nicht bekam, war man raus. Man dufte allerdings auch Überschüsse erwirtschaften und Rücklagen bilden. Es war nun ein echtes Management verlangt, das in der Lage sein musste, die Überlebensfähigkeit der Organisation und die Beschäftigtenverhältnisse langfristig zu sichern.

Hinsichtlich der Möglichkeit der Erwirtschaftung und Einwerbung von nichtstaatlichen Mitteln war das Management nun frei, jedoch war und ist die Möglichkeit der Erwirtschaftung von Eigenmitteln in manchen Bereichen eher begrenzt. In diesen war der eigene Spielraum nicht größer geworden, sondern die Abhängigkeit von der öffentlichen Verwaltung vielleicht sogar noch größer geworden.

1.7 Neue Anforderungen an ein (Qualitäts-)Management

Mit der neuen Steuerung und der betriebswirtschaftlichen Rechnung wurde in einem davor nicht bekannten Maße ein Management von den Trägern und deren Leitungen verlangt. War eine Antragstellung früher nur für neu hinzukommende Initiativen und Projekte aufwendig, gefördert zu werden, so genossen bereits bestehende Träger Bestandschutz und Neuanträge waren i.d.R. eine Fortschreibung bereits genehmigter Anträge mit einer gewissen Aufstockung der Geldmittel, so war nun ein ganz neues Spiel eröffnet. Generell wurde nun den Organisationen der Sozialwirtschaft nicht nur ein Management abverlangt, sondern seine anspruchsvollste Ausprägungsform: das Change Management (Wöhrle 2005, 2019). Die Organisationen mussten sich auf eine neue Steuerungslogik ausrichten, wobei sie ihre Historie, sozusagen ihre Biographie, ihre gewachsenen Strukturen und ihre Logik zu denken und handeln aufarbeiten, reflektieren und nach neuen Wegen suchen mussten, um unter den aktuellen Anforderungen bestehen zu können.

Qualitätsmanagement konnte nicht anschlussfähig an Bestehendes einfach hinzugefügt werden. Qualitätsmanagement mit einer Veränderungs- bzw. Verbesserungsabsicht setzt entwickeltes Management voraus und funktioniert nur im Gleichklang mit Organisationsentwicklung und Personalentwicklung. Wenn Qualität weiterentwickelt werden soll, um die Organisation zu erhalten, dann stehen nicht selten althergebrachte Strukturen im Weg und die Organisation muss umgebaut werden. Dafür bedarf es aber meist neue Qualifikationen im Personal, sodass neues gewonnen oder bestehendes geschult und fortgebildet werden muss.

Diese Umbruchzeit in den 1990er-Jahren verlangte also ein Management auf der Höhe der Zeit, das aber weder in den Leitungsorganen der freien Träger noch in der öffentlichen Verwaltung anzutreffen war. Es wurde auf allen Seiten dilettiert.

Teilweise hilfreich war in der Zeit der Boom an Managementliteratur und offerierter Beratungstätigkeit. Aber eben nur teilweise. Es wurden Anleihen bei allem genommen, was aus den Wirtschaftswissenschaften weiterzuhelfen schien. Dies führte zu einem unreflektierten Import von betriebswirtschaftlichem Wissen, das sich in teilweise paradoxen Konstruktionen der Abstimmung zwischen der Steuerung der öffentlichen und freien Träger abbildete.

Zumindest in dieser Hinsicht hilfreich war in der Zeit der Bolognaprozess an den Hochschulen, da mit ihm viele neue, insbesondere anwendungsorientierte Studiengänge eingerichtet wurden. So auch im Bereich Sozialwirtschaft und Sozialmanagement (Boeßenecker/Markert 2014). In ihnen bündelten sich die Interessen, die neu entstandene Managementpraxis bei ihren neuen Herausforderungen zu unterstützen und die ihr zur Verfügung stehenden Instrumente zu verfeinern. Im Nebeneffekt hatten diese neuen Studiengänge nun auch Auswirkungen auf die grundständigen Studiengänge z.B. in der Sozialen Arbeit, weil die Studierenden nun auch mehr über Steuerungsmechanismen in ihrer Praxis erfuhren. Und über die Jahre trugen die Studiengänge durch ihre Lehre, den Bedarf an passgenauer Literatur (befördert durch Verlage, die Reihen für die Sozialwirtschaft und das Sozialmanagement auflegten), durch anwendungsbezogener Forschung und spezielle Netzwerke für die Forschung und Lehre (z.B. über die Internationale Arbeitsgemeinschaft für Sozialmanagement und Sozialwirtschaft – INAS) dazu bei, dass heute kann von einem gesicherten Fundus an Wissen über die Sozialwirtschaft und das Sozialmanagement ausgegangen werden, der in die Ausbildung einfließt.

1.8 Nicht angemessene Qualitätsmanagementkonzepte

Hinsichtlich der eingeführten Qualitätsmanagementkonzepte war in den 1990er-Jahren festzustellen, dass bereits existierende Modelle und Konzepte aus den Wirtschaftswissenschaften teilweise unkritisch übertragen wurden. Ein wenig sattelfestes Management hatte schnell zu reagieren, weil die neue Steuerung in der öffentlichen Verwaltung bereits (wenn auch teilweise nicht dem Konzept entsprechend, aber dennoch als Abweichung vom Gewohnten) angewendet wurde und erstmals auch die bislang unbekannte Herausforderung der Überlebenssicherung griff. Auch wenn sich damals schon einige der Konzepte weiterentwickelt hatten, um ihren Hintergrund der industriellen Produktion auf den Dienstleistungssektor auszuweiten, so waren sie keineswegs so weit, die Sozialwirtschaft und die Soziale Arbeit produktiv befördern zu können. Sprich: Es entstand ein zusätzlicher formaler Aufwand für die Organisationen, ihr Management und die Beschäftigten, der sich jedoch nicht aus der Weiterentwicklung der Fachlichkeiten, die in der Sozialwirtschaft vertreten waren, begründen ließ, sondern lediglich aus Anforderungen, die der Finanzierung geschuldet waren. Somit erschienen die neuen Anforderungen für die Agierenden, die sich plötzlich einer neu entstandenen Sozialwirtschaft zugeordnet sahen, fremd und übergestülpt. Es war also kaum verwunderlich, dass ein unterschwelliger Widerstand entstand, der keineswegs mit der Behäbigkeit bzw. dem Beharrungsvermögen in den 1980er-Jahren gleichzusetzen war, denn jetzt gab es einen klaren Gegner: Die „Verbetriebswirtschaftlichung" bzw. die

„Ökonomisierung" der Sozialen Arbeit. Hierzu gibt es Vertiefungen in Kapitel 3 durch **Klaus Grunwald**.

Plötzlich wurden die bisher beständig kritisierten Umstände, die gegen das bürokratisch-kameralistische System hervorgebracht wurden, schon geradezu verteidigt gegen die Zumutung eines genauen Leistungsbeweises und einer Rechenschaftslegung inhaltlicher Art. Und die Organisationen reagierten darauf mit den gewohnten Mechanismen, die sie sich schon im Umgang mit der für sie immer fremd gebliebenen Verwaltung und Kameralistik angewöhnt hatten.

- Organisationen führten die ihnen von der Finanzverwaltung aufgezwungenen Qualitätsnachweisverfahren unter dem Motto ein: „Da müssen wir irgendwie positiv dastehen, egal wie." Im Anschluss wurde getrickst und geschummelt.
- In vielen Organisationen bemühte man sich redlich, die nicht immer schlüssigen Anforderungen zu erfüllen mit dem Resultat, dass die eigentliche fachliche Arbeit litt und viele Mitarbeitenden auf die neuen Zumutungen des Qualitätsmanagements negativ reagierten, weil sie es nur als unnützen Arbeitsaufwand ansahen und den Sinn – teilweise zu Recht – nicht erkennen konnten.
- Nur die Organisationen, die bereits zuvor am Aufbau eines Managements gearbeitet hatten und den Sinn, aber auch die unschlüssigen Zumutungen durch frühere Versuche, ein Qualitätsmanagement aufzubauen, verstehen konnten, waren in der Lage, die fehlerhaften Anforderungen durch schlaue Umwege zu umgehen, um dabei einen eigenen Weg zu kreieren.

1.9 Konzept und Umsetzung – dazwischen steht die Bürokratie

Zwischenzeitlich wurde eine Vielfalt von Qualitätsmanagementkonzepten und Konzepten der Wirkungssteuerung sowie diverse sie untersetzende Verfahren entwickelt und an die unterschiedlichen Praxen in der Sozialwirtschaft angepasst. In diesem Band handeln die Beiträge von **Paul Brandl** (Kapitel 7), **Jochen Ribbeck** (Kapitel 6) und **Michale Boecker** (Kapitel 9) davon. In den Beiträgen von **Sebastian Noll** (Kapitel 8) und **Monika Sagmeister** (Kapitel 10) ist nachzulesen, wie intensiv an ihrer schlüssigen Einführung, aber auch an ihrer Fortschreibung und Verstetigung gearbeitet werden muss.

Was Organisationen ankündigen und zu realisieren versprechen, wird damit näher expliziert, die Umsetzung dokumentiert und durch diverse Instrumente hinsichtlich der Einhaltung des Versprechens geprüft. Damit entsteht eine durch den Finanz- und Auftraggeber vorgegebene, aber auch in den Interna der Organisation nachvollzogene Bürokratie.

Nun konnte es sein (und ich hoffe nicht, dass dies immer noch vorkommt), dass eine kleine Initiative (also noch gar keine richtige Organisation), die z.B. ein Fanprojekt einer Fußballmannschaft betreute, und aus Mitteln des Bundesfußballverbandes, aber auch noch von ihrer Kommune und des Landes bezuschusst wurde und dann noch einem Wohlfahrtsverband angehörte, nun nach sehr unterschiedlichen Vorgaben der jeweiligen Finanzgebenden hinsichtlich ihrer Qualität abgeprüft wurde. Das war in etwa so, wie wenn an jeder Grenze der TÜV an unserem Auto nicht mehr akzeptiert würde.

Als Überwindung dieser kleinkarierten Überprüfungspraktiken, die jede Initiative fachlich lahmlegen würden, kann das übergreifende und organisationsbezogene Qualitätsmanagement angesehen werden. Ausgangspunkt hierfür sind die Qualitätsmanagementkonzepte DIN EN ISO 9000ff, TQM, EFQM und die von ihnen abgeleiteten. Auch die Wohlfahrtsverbände haben für sich passende abgeleitet. Sie werden in den Beiträgen von **Paul Brandl** (Kapitel 7) und **Jochen Ribbeck** (Kapitel 6) vorgestellt.

Allerdings spielt bei den aufwendigen Prüfmechanismen, die durch spezialisierte und selbst zertifizierte Prüforganisationen vorgenommen werden, auch Geld eine Rolle. An den Hochschulen erleben wir, dass die Kosten dazu führen, dass man nicht mehr die einzelnen Studiengänge zertifizieren lässt, sondern eher die Fachbereiche oder noch besser die ganze Hochschule. Damit spart man Kosten, weil man den Überprüfungsturnus verlängert. Die Verlängerung des Prüfmodus führt allerdings dazu, dass man nicht mehr auf aktuelle Veränderungen schnell reagieren kann.

Wie wir es drehen und wenden: Durch all diese Mechanismen nimmt die Arbeit, die neben der fachlichen Leistung erbracht werden muss, zu und die Flexibilität ab. Wir haben es mit bürokratischen Mechanismen zu tun.

Bürokratie, ihre juristische Aufladung und ihre Art der Formalisierung ist eine eigene Kategorie, die wir gerade in einer durch die Corona-Pandemie geprägten Zeit wieder einmal öffentlich gut dokumentiert vorgeführt bekommen. Die Notwendigkeit der juristischen Absicherung erleben wir als angestrebte Rückversicherung der Entscheidungsträger:innen und damit als Verzögerung von Entscheidungen. Formalisierung im Detail lässt uns nicht selten ratlos zurück, z.B. wenn wir versuchen, unser Anliegen in eine der vorgegebenen Vorlagen (ob im Internet oder auf Papier) zu bringen und keine der vorgegebenen Kategorien passt und keine Möglichkeit besteht, Anmerkungen vorzubringen, aber es auch keine Möglichkeit gibt, mit einer Ansprechperson darüber zu kommunizieren. Ein weiteres Kennzeichen von Bürokratie ist, dass sie immer weiter auswuchert. Sie folgt analog der Verrechtlichung dem Ziel, alle noch nicht geregelten Details auch noch abschließend und eindeutig regeln zu wollen.

An dieser Stelle bietet sich ein Hinweis auf Luhmann an, der – hier extrem vereinfacht – darauf aufmerksam macht, dass formal-bürokratische Systeme die Tendenz haben, sich zu einem geschlossenen System zu entwickeln. Sie sozialisieren ihre Mitglieder dergestalt, dass sie eine Art „Tunnelblick" ausbilden, um nur das wahrzunehmen, was in dem System relevant ist und gesehen werden soll. Anforderungen behandeln sie anhand eingeübter Problemlösungsroutinen, wobei neue Anforderungen auf das Maß kleingearbeitet werden, dass sie mit bestehenden Routinen abgearbeitet werden können. Und Entscheidungen werden entlang bisheriger Entscheidungen getroffen. Denkt man alle drei Mechanismen zusammen, so werden Neuerungen abgewehrt, da Neues wie Bekanntes eingeordnet und behandelt wird. Das System schließt sich nach außen gegenüber neuen Herausforderungen ab (Luhmann 1993 und 1999).

Was wir in Zeiten der Pandemie nochmals deutlich vorgeführt bekommen, ist ja nicht neu. Dieses Problem erkennend, wurde ja bereits in den 1990er-Jahren mit der neuen Steuerung in der öffentlichen Verwaltung eine tiefgreifende Reform einzuführen und auf eine betriebswirtschaftliche Logik umzuschalten versucht. Offensichtlich ist diese Reform, wie andere zuvor, nicht wirklich gelungen. Selbst die Gemeinschaftsstelle für Verwaltungsmanagement (KGSt) hat keine positive Bilanz dazu veröffentlicht. Teilweise beschleicht interessierte Beobachter:innen der Verdacht, dass bei der Anwendung marktwirtschaftlicher Verfahren in einem wenig reformierten verwaltungstechnischen System nun auf die alten bürokratische Umständlichkeiten nur neue marktwirtschaftliche Anforderungen darauf geladen wurden, ohne die alten abzulösen, sodass eine Summierung von Anforderungen und Umständlichkeiten, aber wenig Entlastung entstanden ist.

Hinsichtlich des Qualitätsmanagements und der Wirkungssteuerung bestehen dabei folgende Gefahren:

- Je genauer man die Qualitäts- und Wirkungsmessung zu fassen versucht, desto aufwendiger werden die Verfahren und desto mehr formaler Aufwand kommt auf die Praktiker:innen zu, die sie bei einer fehlenden personellen Entlastung von ihren fachlichen Aufgaben abhalten.
- Je mehr Gewicht die Zertifizierung, also die unabhängige Bestätigung des Durchlaufens von erwünschten und anerkannten Verfahren, bekommt, desto größer wird die Gefahr, dass die aktuellen Praxisbeobachtungen, die nicht ins Raster passen, vernachlässigt werden.

Auf weitere Gefahren für die Fachlichkeit weist **Klaus Grunwald** in seinem Beitrag in Kapitel 3 hin.

1.10 Grundlegende Kritiken und Visionen

Auch wenn ein Einführungsband eher auf die gegenwärtige Praxis angelegt sein sollte, um Hilfestellung für sie zu geben, so kann es nicht schaden, wenn die Metaebene kurz eingeblendet wird. **Klaus Grunwald** bleibt in seinem hier vorliegenden Beitrag kritisch in seiner Bilanz, auch deshalb, weil der aktuelle Stand des Qualitätsmanagements abhängig ist von der Bilanz, die generell hinsichtlich des Managements in der Sozialwirtschaft gezogen werden kann. Diese ist widersprüchlich, wie eine Bilanzierung von Armin Wöhrle nach ca. 25 Jahren nahelegt (Wöhrle 2017b).

Mit der Einpassung der Sozialwirtschaft in das betriebswirtschaftliche Denksystem mehrten sich nicht nur die kritischen Stimmen aus den Fachdisziplinen der Sozialwirtschaft (Beispiel: Spetsmann-Kunkel 2016), sondern es werden auch kritische Stimmen aus den Wirtschaftswissenschaften laut. Nicht unerwähnt kann an dieser Stelle bleiben, dass genau zu dieser Zeit, in der die Sozialwirtschaft unter neoliberalen Vorzeichen umgestellt wurde, die Welt von der Finanzkrise erschüttert wurde und der Staat den Markt retten musste. Ein seltsames Zusammentreffen, dass genau die Theorie, die den Impuls für den Umbau lieferte, im gleichen Zeitraum diskreditiert wurde. Als bewiesen kann seitdem zumindest gelten, dass der Markt nicht alles richtet. Zuvor war schon klar, dass die Planwirtschaft es auch nicht kann. Es wäre nun an der Zeit, nach Alternativen zu suchen.

Als Beispiel für eine kritische Stimme aus der Fachlichkeit der Sozialen Arbeit soll die anerkannte Vertreterin aus der Sozialen Arbeit, Silvia Staub-Bernasconi, zu Wort kommen, die eine „stille Anpassung des Mandats/Arbeitsauftrags Sozialer Arbeit an das neue Steuerungsmodell" feststellt. Die „Sorge gilt dem Schutz der Organisation und des Sozialarbeiters, nicht der Klientel" und selbst die „professionelle Fachsprache wird durch die Sprache des Qualitätsmanagements ersetzt" (Staub-Bernasconi 2016).[1]

Mit solchen Stimmen aus der Fachdisziplin verbinden sich Stimmen aus der Betriebs- und Volkswirtschaftslehre. So kritisiert z.B. Wolfgang Faust die Abkoppelung des privatwirtschaftlichen und profitorientierten Wirtschaftens von der Rückbindung an die Gemeinschaft und somit die soziale Verantwortung (Faust 2016). Die besondere Absurdität, dass Krankenhäuser Profit erwirtschaften müssen und deshalb wenig lukrative Bereiche abgebaut haben, wird in Zeiten der Corona-Pandemie wiederum deutlich vor Augen geführt. Bei der Rückbindung an die Gemeinschaft, wie er es fordert, geht es nicht um eine Revolution, sondern um eine Rückbesinnung der Volks- und Betriebswirtschaftslehre auf ihre Ursprünge und unter heutiger Sicht um die demokratisch legitimierten Präferenzen, auf die von der Mehrheit der Bevölkerung Wert gelegt wird. Ihnen entsprechend könnten erwünschte Produktionen und Dienstleistungen besonders subventioniert oder von Steuern entlastet werden. Aufgrund der derzeit abgefragten Präferenzen in der Bevölkerung würden hier Fragen des Klima- und Naturschutzes zur Rettung des Planeten und einer gerechten sozialen Versorgung der Menschen auf diesem Planeten im Vordergrund stehen. Auch auf der Prioritätenliste der Europäischen Gemeinschaft stehen der „Grüne Deal" und „Eine Wirtschaft im Dienste der Menschen" ganz oben an (EU 2019).

Lassen wir uns mal auf diese Gedankenspiele ein. Wenn also die Qualität der sozialen Dienstleistungserbringung nicht nur im Spannungsfeld zwischen günstig zu erbringenden Leistungen aufgrund unklar priorisierten sozialpolitischen Vorgaben stehen würde, sondern das gesamtgesellschaftliche Wirtschaften insgesamt schlüssig umgestellt würde, um von der Mehrheit der Bürger:innen priorisierte Ziele zu verfolgen, so könnte die Sozialwirtschaft unter Umständen eine andere Wertigkeit bekommen. Zumindest könnte sie sich ihrer angemessenen Verortung in der Gesellschaft sicher sein.

Wenn sich dann aus einer solchen gesellschaftlich legitimierten Priorisierung Ziele und Überprüfungsverfahren ableiten ließen, wäre eine gewisse Klarheit hergestellt, die mehr Logik enthielte als die bisherige. Zusätzlich und ebenfalls sehr verwegen wäre die Vorstellung, dass mehr Forschungsmittel in der Sozialwirtschaft eingesetzt würden, damit evaluiert würde, mit welchen Verfahren man direkt (nicht

---

1 Siehe auch ihre kritische Auseinandersetzung mit einem Qualitätssicherungsinstrument der Bundesarbeitsgemeinschaft der freien Wohlfahrtspflege aus Sicht professioneller Sozialer Arbeit (Staub-Bernasconi 2015).

nur abgeleitet aus den bestehenden) die effektivste Qualität und Wirksamkeit im Interesse der Hilfebedürftigen erreichen könnte.

Aber auch diese Vision müsste mit der Bürokratie rechnen, die das Angestrebte wieder kleinarbeitet. Auch da wären wir noch nicht auf der sicheren Seite. Es müsste sich also mit dieser Vision noch eine weitere verbinden, Schlüssel, wie die einmal auf den Weg gebrachten Verfahren und deren juristische Absicherung mit all deren Vorschriften und Ausführungsbestimmungen wieder auf ein praktikables Normalmaß herunter gebrochen werden können. Sicherlich kennen wir alle die Einwände, den Missbrauch öffentlicher Leistungen betreffend, aber das Gegenmodell, dass Verfahren so kompliziert werden, dass sie nicht mehr in Anspruch genommen werden, kann es auch nicht sein. Auch hier wäre mehr Mut zum Experiment und begleitender Forschung sicherlich hilfreich.

1.11 Pragmatisch: in den vorliegenden Band einsteigen

In einem Einführungsband können wir diese tiefgründigen Themen nicht weiterverfolgen, sondern nur zur Beobachtung und der eigenständigen Vertiefung aufgeben. Hier gehen wir von dem aus, was unmittelbar in der Lehre und Praxis ansteht. Dafür liefert der vorliegende Band die Grundlagen für das Verständnis von Qualität, Qualitätsmanagement und Qualitätsentwicklung auf dem neuesten Stand.

Als Empfehlung für Leser:innen kann gegeben werden:

- Wer hinsichtlich des Themas völlig unbedarft ist, sollte ohnehin die Kapitel von vorn bis hinten durcharbeiten.
- Manche haben aber auch Grundkenntnisse und wollen sich hinsichtlich der Einführung von Verfahren schlau machen. Sie sind mit dem Artikel von **Sebastian Noll** in Kapitel 6 gut beraten.
- Andere, die bereits in Verfahren des Qualitätsmanagements stecken, können gleich bei **Monika Sagmeister** in Kapitel 8 weiterlesen.
- Aber Vorsicht hinsichtlich der schnellen Anschlussfähigkeit! Es ist sehr kurzfristig gedacht, wenn wir lediglich den Anforderungen des Finanzgebers und der eigenen Organisation nachgeben, um deren Vorstellungen von einem Qualitätsnachweis nachzukommen. Es ist sehr aufwendig, ein einmal eingeführtes Verfahren wieder zu verändern. Aber es ist besser, es neu auszutarieren oder ein anderes einzuführen, als es ewig mit immer weniger Akzeptanz durch die Beschäftigten weiter anzuwenden. Schlauer war schon immer, ein eigenes Qualitätsmanagement mittels externer Beratung zu entwickeln und es dann gegenüber dem Finanzgeber durchzusetzen.
- Sind die Verfahren, die wir bisher kennen und anwenden, auch die richtig passenden? Welche anderen gibt es noch? Bei der Beantwortung dieser Fragen wäre es wichtig, in Kapitel 3 bei **Klaus Grunwald**, Kapitel 4 bei **Jochen Ribbeck**, Kapitel 5 bei **Paul Brandl** und Kapitel 7 bei **Michael Boecker** hineinzuschauen.

- Wer die Einführung (**Armin Wöhrle**) gleich übersprungen hat, um sich in sein Anliegen zu stürzen, sollte, wenn es mal eine Auszeit gibt, auch zurückblicken und dann nach vorn fantasieren.

Fragen zur Lernzielkontrolle

- Wieso gibt es keine ein für alle Mal festgelegte Qualität für die Leistungen in der Sozialwirtschaft?
- Wer bestimmt letztlich die Qualität der Dienstleistung in der Sozialwirtschaft?

Literatur

Becker-Lenz, Roland/Busse, Stefan/Ehlert, Gudrun/Müller-Hermann, Silke (Hrsg.) (2015): Bedrohte Professionalität. Einschränkungen und aktuelle Herausforderungen für die Soziale Arbeit, Wiesbaden (Springer VS).

Boeßenecker, Karl-Heinz/Markert, Andreas (2014): Studienführer Sozialmanagement. Studienangebote in Deutschland, Österreich und der Schweiz, Baden-Baden (Nomos), 3. vollständig überarbeitete und aktualisierte Auflage.

EU (o.J.): Prioritäten der Europäischen Kommission für 2019–2024 (politische Leitlinien), online unter: https://europa.eu/european-union/about-eu/priorities_de (letzter Zugriff am 5.4.2021).

Faust, Wolfgang (2016): Moral und andere Kleinigkeiten, in: Wöhrle, Armin (Hrsg.): Moral und Geschäft. Positionen zum ethischen Management in der Sozialwirtschaft, Baden-Baden (Nomos), S. 93ff.

Grillitsch, Waltraud/Brandl, Paul/Schuler, Stephanie (Hrsg.) (2017b): Gegenwart und Zukunft des Sozialmanagements und der Sozialwirtschaft, Wiesbaden (Springer VS).

Grunwald, Klaus (1999): Das Konzept „Management in sozialen Organisationen" der Diakonischen Akademie Deutschland, in: Wendt, Wolf Rainer (1999): Sozialwirtschaft und Sozialmanagement in der Ausbildung, Baden-Baden (Nomos), S. 192-210.

Luhmann, Niklas (1993): Legitimation durch Verfahren, Frankfurt am Main (Suhrkamp), 3. Auflage.

Luhmann, Niklas (1999): Funktion und Folgen einer formalen Organisation, Berlin (Duncker & Humblot), 5. Auflage.

Schwarz, Gotthart (2016): Wie (un)politisch ist das Sozialmanagement, in: Wöhrle, Armin/Fritze, Agnès/Prinz, Thomas/Schwarz, Gotthart (Hrsg.) (2016): Sozialmanagement – Eine Zwischenbilanz, Wiesbaden (VS Springer), S. 187-202.

Schwarz, Gotthart/Wöhrle, Armin/Fritze, Agnès/Prinz, Thomas (2016). Sozialmanagement – Eine Zwischenbilanz. Eine Veröffentlichung der Internationalen Arbeitsgemeinschaft Sozialmanagement/ Sozialwirtschaft (INAS e.V.), Wiesbaden (Springer VS).

Seibel, Wolfgang (1992): Funktionaler Dilettantismus. Erfolgreich scheiternde Organisationen im „Dritten Sektor" zwischen Staat und Markt, Baden-Baden (Nomos).

Spetsmann-Kunkel, Martin (Hrsg.) (2016): Soziale Arbeit und Neoliberalismus, Baden-Baden (Nomos).

Staub-Bernasconi, Silvia (2015): „„Wert"-Voll in Zeiten der Krise?!" in: Becker-Lenz, Roland/Busse, Stefan/Ehlert, Gudrun/Müller-Hermann, Silke (Hrsg.) (2015): Bedrohte Professionalität. Einschränkungen und aktuelle Herausforderungen für die Soziale Arbeit, Wiesbaden (Springer VS), S. 89ff.

Staub-Bernasconi, Silvia (2016): „Bringing the Client Back In" – Die Relevanz von Mary Parker Folletts (1868-1933). Sozialmanagementkonzept für die heutige Soziale Arbeit unter neoliberalem Vorzeichen, in: Schwarz, Gotthart/Wöhrle, Armin/Fritze, Agnès/Prinz, Thomas (2016). Sozialmanagement – Eine Zwischenbilanz. Eine Veröf-

fentlichung der Internationalen Arbeitsgemeinschaft Sozialmanagement/ Sozialwirtschaft (INAS e.V.), Wiesbaden (Springer VS), S. 103-122.
Wendt, Wolf Rainer (1999): Sozialwirtschaft und Sozialmanagement in der Ausbildung, Baden-Baden (Nomos).
Wöhrle, Armin (2005): Den Wandel managen. Organisationen analysieren und entwickeln, Baden-Baden (Nomos).
Wöhrle, Armin/Fritze, Agnès/Prinz, Thomas/Schwarz, Gotthart (Hrsg.) (2016): Sozialmanagement – Eine Zwischenbilanz, Wiesbaden (VS Springer).
Wöhrle, Armin (2017a): Die Diskussion über das Sozialmanagemen, in: Wöhrle, Armin/ Fritze, Agnès/ Prinz, Thomas/ Schwarz, Gotthart (Hrsg.) (2017a): Sozialmanagement – Eine Zwischenbilanz, Wiesbaden (Springer VS), S. 17-40.
Wöhrle, Armin/ Fritze, Agnès/ Prinz, Thomas/ Schwarz, Gotthart (Hrsg.) (2017a): Sozialmanagement – Eine Zwischenbilanz, Wiesbaden (Springer VS).
Wöhrle, Armin (2017b): 25 Jahre Sozialmanagement – ein kritischer Rückblick, in: Grillitsch, Waltraud/Brandl, Paul/Schuler, Stephanie (Hrsg.) (2017b): Gegenwart und Zukunft des Sozialmanagements und der Sozialwirtschaft, Wiesbaden (Springer VS), S. 7-34.
Wöhrle, Armin (2019): Herausforderungen an Organisationen und Management in der Sozialwirtschaft, in: Wöhrle, Armin/Beck, Reinhilde/Brandl, Paul/Funke-Steinberg, Karsten/Kaegi, Urs/Schenker, Dominik/Zängl, Peter (2019): Organisationsentwicklung – Change Management, Baden-Baden (Nomos), S. 13-45.
Wöhrle, Armin/Beck, Reinhilde/Brandl, Paul/Funke-Steinberg, Karsten/Kaegi, Urs/Schenker, Dominik/Zängl, Peter (2019): Organisationsentwicklung – Change Management, Baden-Baden (Nomos).

2 Qualität – Qualitätsmanagement

Ludger Kolhoff

> **Lernziele**
>
> Sie lernen in diesem Beitrag den Qualitätsbegriff in seiner geschichtlichen Entwicklung und in seinen Ausprägungen hinsichtlich von Qualitätsmanagementkonzepten kennen.

2.1 Qualität

Der Begriff Qualität geht auf das lateinische Wort qualitas zurück und kann mit Eigenschaft oder Beschaffenheit übersetzt werden. Grunwald unterscheidet

- einen absoluten (Eigenschaft eines Produktes oder einer Dienstleistung),
- leistungsempfängerbezogenen (Eignung aus der Ansicht der Kunden),
- wertorientierten (Verhältnis zum zu zahlenden Preis) und einen
- produkt- oder dienstleistungsbezogenen Qualitätsbegriff (Ausrichtung an bestimmten Kriterien des Produktes beziehungsweise der Dienstleistung)

und betont, dass Qualität keine „Wesenseigenschaft oder absolute Größe" ist, sondern immer auf von Anspruchsgruppe zu Anspruchsgruppe zu unterscheidende Kriterien zu beziehen ist (Grunwald 2013, S. 814). Qualität kann somit als „Gebrauchsnutzen einer Leistung" begriffen werden, die sich je nach Erfordernis der Anspruchsgruppen unterscheiden kann.

Auch Merchel charakterisiert vier Dimensionen des Qualitätsbegriffs, die sich teilweise mit denen von Grunwald überschneiden. Er unterscheidet eine

- deskriptiv analytische Dimension. Es geht um die Beschaffenheit eines Gegenstands.
- normative Dimension. Auf der Basis von Zielen, Anforderungen oder Erwartungen werden Urteile gefällt.
- evaluative Dimension. Diese Dimension folgt aus der normativen Ebene. Es werden Bewertungen vorgenommen.
- handlungsorientierte Dimension. Die Bewertung ist mit einer Handlungsaufforderung verbunden (Merchel 2013, S. 40).

Für Merchel gehen diese Differenzierungen im allgemeinen Sprachgebrauch verloren, denn es wird kaum zwischen dem Sachverhalt, der deskriptiv analytischen Dimension und dem Urteil, der normativen Dimension unterschieden (Merchel 2013, S. 40). Qualität ist somit ein relativer Begriff und hat einen Konstruktcharakter (Hermann/ Müller 2019, S. 30). In der Ökonomie wird Qualität als

2 Qualität – Qualitätsmanagement

„Übereinstimmung von Leistungen mit Ansprüchen" insbesondere von Kunden[2] verstanden (Gabler Wirtschaftslexikon 2018), und die Norm ISO 8402 definiert Qualität als „Gesamtheit von Merkmalen (und Merkmalsausprägungen) bezüglich ihrer Eignung, festgelegte und vorausgesetzte Erfordernisse zu erfüllen" (Norm DIN EN ISO 8402). Wichtig ist dabei, welche Erfordernisse für die Kunden bedeutend sind oder allgemein ausgedrückt, „Qualität ist das, was der Kunde dafür hält". Wenn man mit Drucker (2006) davon ausgeht, dass derjenige Kunde ist, der Nein sagen kann, sind, wenn es um Ressourcen geht, in der Regel die öffentlichen Kostenträger diejenigen, die Nein sagen können. Folglich gilt es insbesondere, die Interessen und Erwartungen der Kostenträger wahrzunehmen und zu berücksichtigen. Neben den Kostenträgern stehen aber auch die Mitarbeiter und die Klienten im Fokus der Diskussion. Denn in der Sozialwirtschaft werden Dienstleistungen von den Mitarbeitern in der Regel in dem Moment erbracht, in dem sie auch von den Klienten in Anspruch genommen werden (uno actu-Prinzip). Der Klient wird somit zum (Teilzeit-)Mitarbeitenden (Kortendieck 2018) bzw. zum Ko-produzenten (Meinhold/ Matul 2011, S. 45, Herrmann/ Müller 2019, S. 47), der aktiv am Prozess und somit auch an der Qualität der Leistungserbringung zu beteiligen ist. Während die von den Klienten wahrgenommene Güte einer Dienstleistung stark von ihrer jeweiligen subjektiven Bewertung abhängig ist, kann in der Beziehung zum Kostenträger auf drei Ebenen (Struktur-, Prozess-, Ergebnisqualität) mit einer relativ neutralen messbaren Sachqualität gearbeitet werden.

2.2 Struktur-, Prozess- und Ergebnisqualität

Ausgehend von Veröffentlichungen von Donabedian (1980) zur Qualität ärztlicher Leistungen kann Qualität in die Bereiche Struktur-, Prozess- und Ergebnisqualität unterschieden werden.

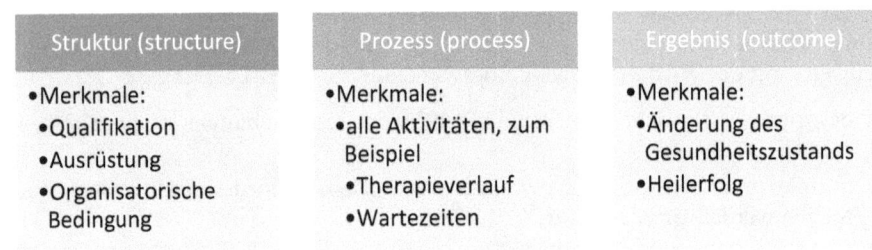

Abbildung 1: Das Qualitätsmodell von Donabedian (Auer 2004, S. 82)

Bezogen auf die Qualität von sozialwirtschaftlichen Dienstleistungen, bezieht sich die Strukturqualität auf die organisationsbezogenen Rahmenbedingungen und auf die zur Erbringung von Leistungen zur Verfügung stehende Ausstattung. Sie macht Aussagen zu den Ressourcen, d.h. zu Ausstattungsmerkmalen wie Personal (Fähigkeiten der Mitarbeiter, Aus- und Weiterbildungsstand), Sachmittel (bauliche

---

2 Aus Vereinfachungsgründen wird die kürzere, meist männliche Form gewählt.

und technische Ausstattung) und zu organisationsbezogenen Rahmenbedingungen (Organisationsstrukturen, Konzepte und Arbeitsansätze).

Die Prozessqualität macht Angaben zur Art und Weise der Leistungserbringung. Hierzu gehören die Organisation der Abläufe und die Beteiligung der Kunden.

Die Ergebnisqualität gibt Hinweise zu den erzielten Wirkungen, d.h. zur Zielerreichung und zum Nutzen für die Kunden. Wirkungen können in der Sozialwirtschaft in der Regel nicht eindeutig bestimmten Interventionen zugeordnet werden. Erfassbar sind Situationen vor und nach einer Intervention, nicht aber, ob die Intervention alleinig zur Veränderung der Situation danach beigetragen hat

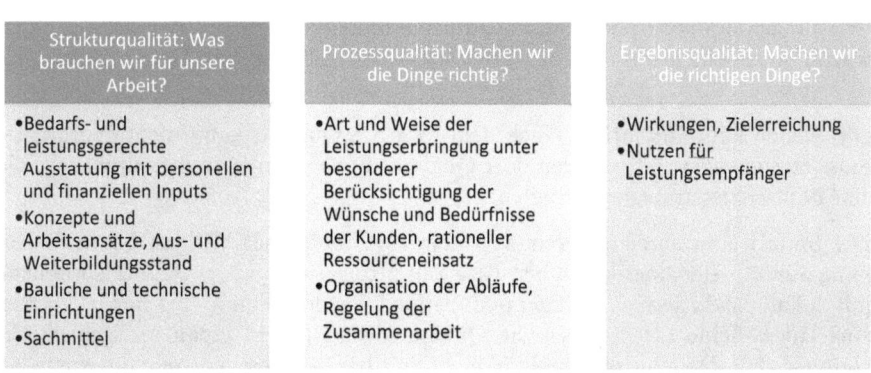

Abbildung 2: Fragen zu den drei Qualitätsebenen (eigene Darstellung in Anlehnung an Arnold 2014, S. 590)

Die drei Qualitätsebenen stehen in einem engen Kontext zueinander und beeinflussen sich gegenseitig. Demnach wirken sich Veränderungen auf einer Ebene direkt auf die beiden anderen Qualitätsdimensionen aus.

2.3 Qualitätsmanagement

Mit dem Begriff Qualitätsmanagement werden Prozesse zur strukturierten „Bewertung und Weiterentwicklung der ‚Güte' sozialer Dienstleistungen" bezeichnet (Merchel 2013, S. 15), die so gesteuert werden, „dass sie die Anforderungen und Erwartungen der Kunden und interessierten Parteien an das Produkt bzw. die Dienstleistung optimal erfüllen" (DGQ 2016, S. 13). Qualitätsmanagement kann als Gesamtheit der

- Führungsaufgaben einer Organisation zur Entfaltung und Sicherstellung von Qualität,
- Aktionen zum Erlangen und zur Unterstützung von Qualität,
- qualitätsbezogenen Bemühungen und Ziele einer Organisation

verstanden werden (Gerull 2007, S. 33).

2.3.1 Historische Entwicklung

Die historische Entwicklung des Qualitätsmanagements ist eng mit der Entwicklung der industriellen Produktion verbunden. Die Arbeitsteilung und Standardisierung der Fertigung austauschbarer Einzelteile innerhalb festgelegter Toleranzen benötigte ein Prüfwesen, um die Qualität zu sichern und die Entstehung von Ausschuss zu verhindern. Prüfungen finden in der Wareneingangskontrolle statt, um eingehende Güter zu testen, erstrecken sich auf die Fertigungskontrolle, um die laufende Produktion zu kontrollieren und enden in der Endkontrolle (Tschätsch 1996, S. 17f.). Diese Form der arbeitsteiligen industriellen Fertigung hat Nachteile, denn die Zerlegung der Arbeit in kleinste Einheiten führt zu einseitigen Belastungen und zu einem Empfinden der Eintönigkeit und die unablässige Überwachung zu einem Gefühl der Fremdbestimmtheit und zur Demotivation der Mitarbeiter.

Die Wende kam aus Japan. Nach dem Motto, „Qualität kann nicht geprüft, sie muss erzeugt werden", wurden dort Qualitätsmanagementsysteme entwickelt, die eine Null-Fehlerstrategie verfolgten.

Der Impuls ging unter anderem von dem US-Amerikaner **William Edwards Deming** aus. Als die amerikanischen Besatzungstruppen in Japan Qualitätsprobleme mit lokal produzierten Funkgeräten hatten, wurde Deming zu einem Vortrag eingeladen. Seine Ideen haben die Qualitätsdiskussion in Japan maßgeblich beeinflusst. Für Deming ist Qualität nicht prüfbar, sondern entsteht in einem an den Kundenbedürfnissen orientierten Prozess der ständigen Verbesserung (Deming 1982).

2.3 Qualitätsmanagement

Er hat seine Zielsetzung in 14 Punkten zusammengefasst.

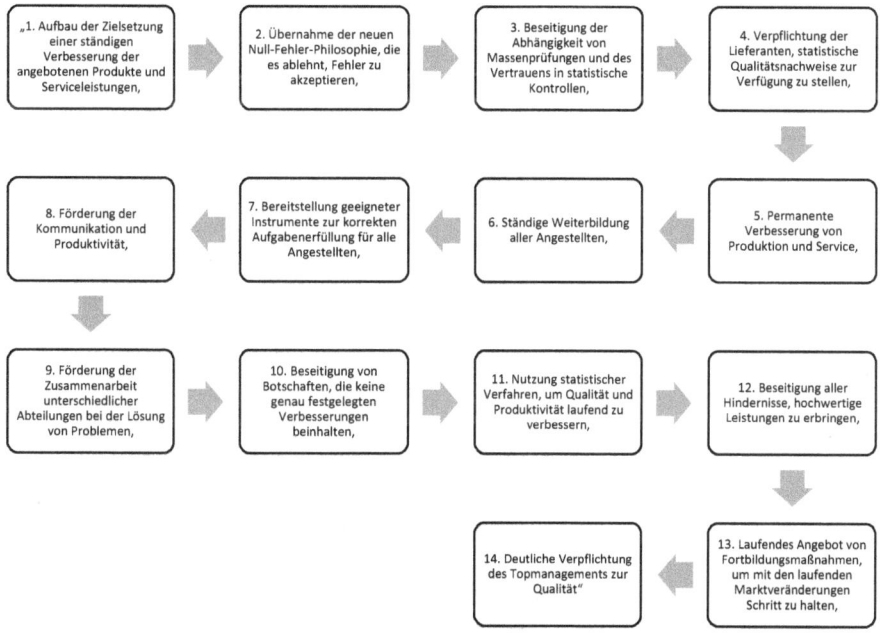

Abbildung 3: Demings 14 Qualitätsmanagementprinzipien (Bruhn 2019, S. 65).

Deming lehnt die klassische Arbeitsteilung ab und fordert eine Ermutigung der Eigenverantwortung der Mitarbeiter (Hensen 2019, S. 45). Auf ihn geht maßgeblich der **PDCA Zyklus** zurück. Er besteht aus vier Elementen:

1. Plan: Prozesse müssen vor ihrer eigentlichen Umsetzung unter enger Einbeziehung der Mitarbeiter geplant werden. Es erfolgt eine ausführliche Betrachtung der Ist-Situation auf der Basis zu erforschender Daten und es werden neue Konzepte entwickelt.
2. Do: Do bedeutet nicht umsetzen, sondern erproben. Die in der Planungsphase entwickelten Konzeptionen werden unter Einbeziehung der Mitarbeiter geprüft und weiterentwickelt.
3. Check: In der Check-Phase wird das Konzept immer wieder geprüft und erst bei Gelingen für eine weitere Anwendung freigegeben.
4. Act: In dieser Phase geht es darum, den neuen Prozess im Betrieb einzuführen. Dazu muss entschieden werden, ob und wie oft die Phasen P und D absolviert werden sollen, bevor der neue Prozess endgültig eingeführt werden kann (Zooland 2011, S. 90).

2 Qualität – Qualitätsmanagement

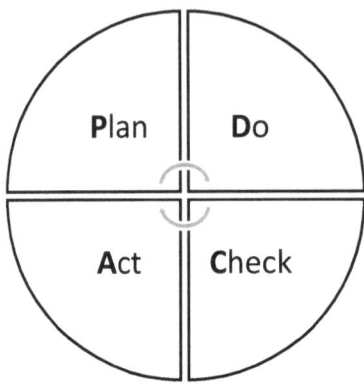

Abbildung 4: PDCA-Zyklus (eigene Darstellung)

Wie William Edwards Deming war auch **Joseph Moses Juran** als Berater in Japan tätig. Für Juran ist Qualität nicht der Aufwand des Herstellers, sondern die Zweckdienlichkeit (Nutzen) für den Kunden (Hensen 2019, S. 45). Folglich fordert er, die Planung von Produktions- bzw. Dienstleistungsprozessen auf die Ansprüche der Kunden auszurichten. Es ergibt sich folgender Ablauf:

2.3 Qualitätsmanagement

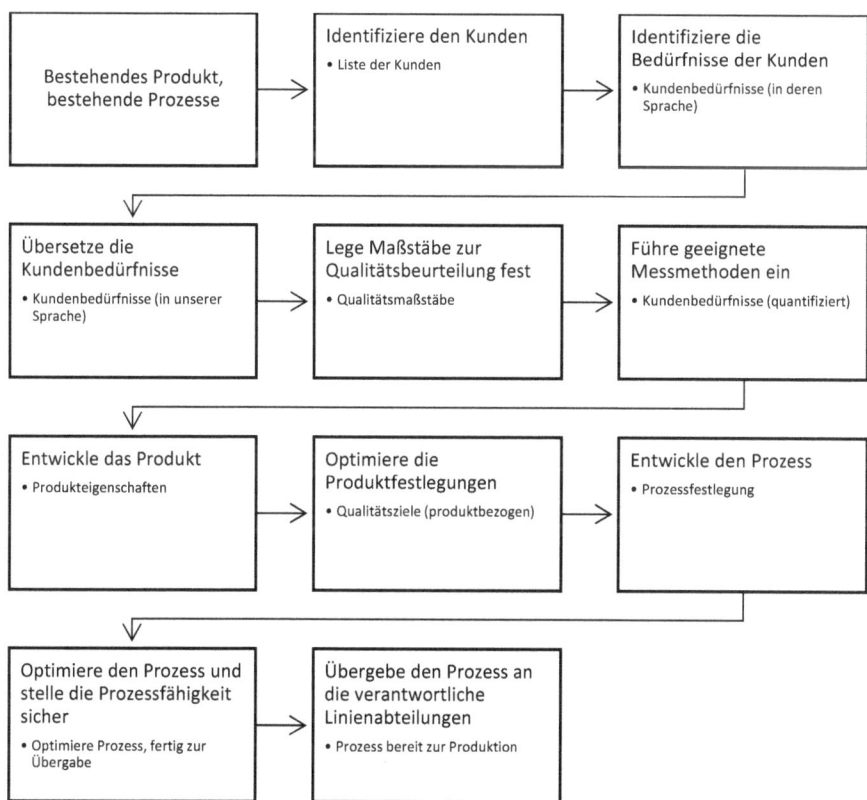

Abbildung 5: Ablauf einer Qualitätsplanung nach Juran (Zooland 2011, S. 100)

Juran beschreibt den Prozess einer systematischen und kontinuierlichen Förderung der Qualität in drei Schritten: Qualitätsplanung, Qualitätsregelung und Qualitätsverbesserung. Das Ziel dieser Qualitätstrilogie ist eine dauerhafte Qualitätsverbesserung (Zooland 2011, S. 103).

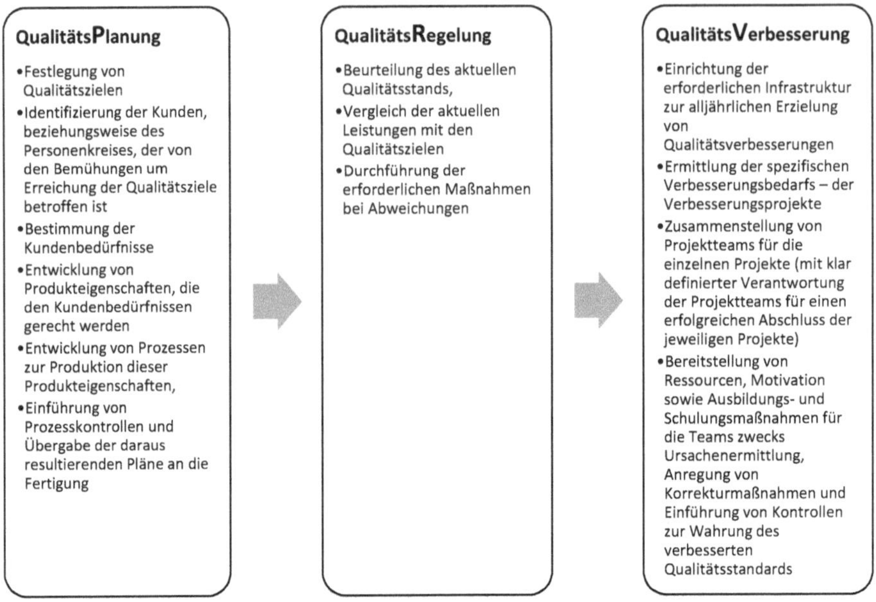

2 Qualität – Qualitätsmanagement

QualitätsPlanung
- Festlegung von Qualitätszielen
- Identifizierung der Kunden, beziehungsweise des Personenkreises, der von den Bemühungen um Erreichung der Qualitätsziele betroffen ist
- Bestimmung der Kundenbedürfnisse
- Entwicklung von Produkteigenschaften, die den Kundenbedürfnissen gerecht werden
- Entwicklung von Prozessen zur Produktion dieser Produkteigenschaften,
- Einführung von Prozesskontrollen und Übergabe der daraus resultierenden Pläne an die Fertigung

QualitätsRegelung
- Beurteilung des aktuellen Qualitätsstands,
- Vergleich der aktuellen Leistungen mit den Qualitätszielen
- Durchführung der erforderlichen Maßnahmen bei Abweichungen

QualitätsVerbesserung
- Einrichtung der erforderlichen Infrastruktur zur alljährlichen Erzielung von Qualitätsverbesserungen
- Ermittlung der spezifischen Verbesserungsbedarfs – der Verbesserungsprojekte
- Zusammenstellung von Projektteams für die einzelnen Projekte (mit klar definierter Verantwortung der Projektteams für einen erfolgreichen Abschluss der jeweiligen Projekte)
- Bereitstellung von Ressourcen, Motivation sowie Ausbildungs- und Schulungsmaßnahmen für die Teams zwecks Ursachenermittlung, Anregung von Korrekturmaßnahmen und Einführung von Kontrollen zur Wahrung des verbesserten Qualitätsstandards

Abbildung 6: Qualitätstrilogie (Zooland 2011, S. 99)

Ein weiterer wichtiger Begründer des Qualitätsmanagements ist **Armand Vallin Feigenbaum**. Auch für Feigenbaum wird Qualität durch die Erwartungen der Kunden bestimmt. Für ihn ist „Quality Everybody's Job" (Zooland 2011, S. 111), d.h., jeder Mitarbeiter ist für Qualität verantwortlich, von der Basis bis zum obersten Management. Auf Feigenbaum geht der Ansatz des „Total Quality Control" (**TQC**) zurück. Es handelt sich um eine weitläufige Form des Qualitätsmanagements, mit Elementen wie unternehmensweite Zusammenführung sämtlicher Qualitätsaktivitäten, hohes Qualitätsbewusstsein und Teilhabe von Mitarbeitern und Führung, konstante Überprüfungen und Rückkopplungsschleifen und eine unbedingte Kundenorientierung (Hensen 2019, S. 45f.).

Aufbauend auf den Arbeiten von Deming, Juran und Feigenbaum hat **Kaoru Ishikawa** den „Company Wide Quality Control" (**CWQC**)-Ansatz entwickelt. Er fordert generelle Kunden-Lieferanten-Beziehungen, die auch die Bedarfe der internen Kunden (Mitarbeiter) mit einbeziehen und wie Feigenbaum „Gruppenkonzepte, mitarbeiterorientierte Qualitätsförderung und Berücksichtigung des sozialen Systems eines Unternehmens" (Hensen 2019, S. 46). Hierbei ist u.a. auch die Konzeption der Qualitätszirkel entstanden.

2.3 Qualitätsmanagement

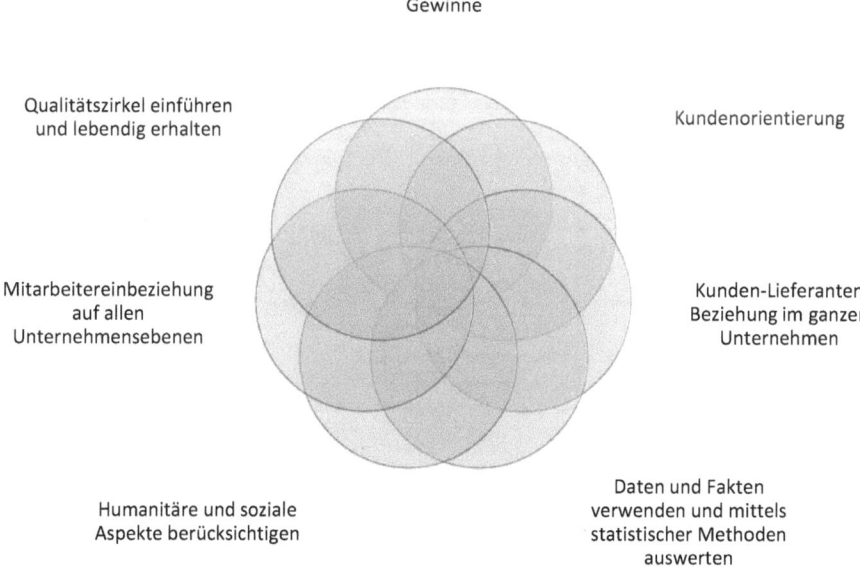

Abbildung 7: Leitsätze des Company Wide Quality Control (CWQC)-Ansatzes (Brunner 2017, S. 4)

Zu nennen ist auch **Taiichi Ohno,** der Entwickler des Toyota Production Systems. „Die wesentlichen Kennzeichen dieses Systems bestehen in der Produktion ohne Lager (**Just in Time**) und der schnellen Reaktion auf dem Markt (**time to market**) … und dem Novum, dass die Produktion in jedem Moment unterbrochen werden kann, wenn ein Vorfall (Störung), der die gesamte Gruppe oder Abteilung oder den gesamten Betrieb mit einbezieht, dies erfordert" (Zooland 2011, S. 79).

Aus den genannten Quellen speist sich eine japanische Qualitätsmanagementphilosophie, die unter dem Begriff **Kaizen** bekannt wurde. Kaizen ist eine Verbindung aus den japanischen Wörtern „Kai" = Veränderung und Zen = zum Besseren. Sie ist auf den Kunden bezogen und folgt dem Motto der ständigen kontinuierlichen Verbesserung unter Einbeziehung aller Mitarbeiter (Bruhn 2019, S. 70). Die Mitarbeiter erhalten ausgeweitete Befugnisse und sind beispielsweise autorisiert, bei Fehlern, Prozesse zu stoppen. Neben der Fließbandarbeit werden auch Gruppenarbeiten möglich. Im Vergleich zur landläufigen Fabrikation führt dies zu einer höheren Wertschöpfung und zu einer größeren Arbeitszufriedenheit.

2 Qualität – Qualitätsmanagement

Brunner führt den Erfolg japanischer Qualitätsmanagementmodelle auf die japanische Mentalität zurück:

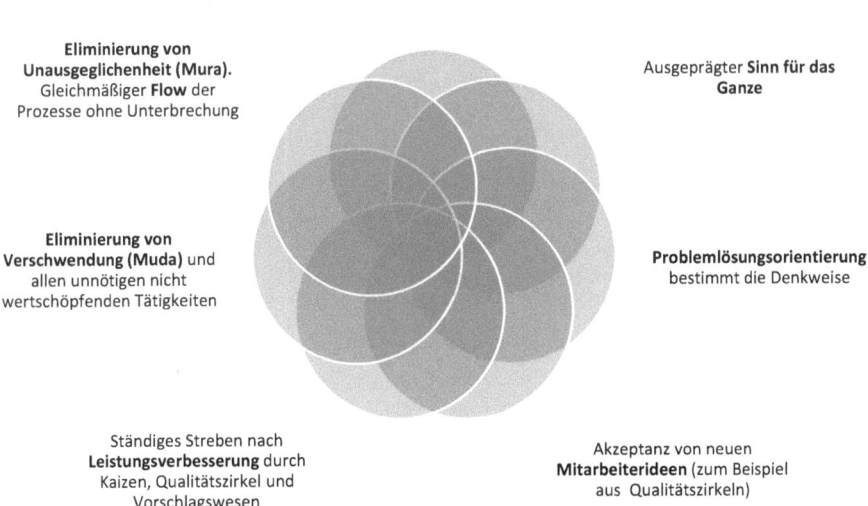

Abbildung 8: Mentale Grundlagen der japanischen Qualitätserfolge (Brunner 2017, S. 6)

Doch die Kaizen-Philosophie (Veränderung zum Besseren) fand auch im Westen ihren Widerhall und wurde unter dem Begriff „Kontinuierliche Verbesserungsprozesse" (**KVP**) in der deutschen Automobilindustrie von Volkswagen[3] und unter der Bezeichnung Total Quality Management (**TQM**) auch in anderen Produktions- und Dienstleistungsbereichen adaptiert. Beim Total Quality Management (TQM) handelt es sich um eine Philosophie der konsequenten Kundenorientierung (vgl. auch Brandl in diesem Band). Neben der Ausrichtung an den Anforderungen und Erwartungen der Kunden sind die Ausdehnung der Qualitätsorientierung auf Kooperationspartner jenseits von Unternehmensgrenzen, der Wechsel von einer Strategie der Nachbesserung zu der einer Fehlervermeidung und die zentrale Rolle der Unternehmensleitung bei der Qualitätsorientierung wesentliche Elemente des Total Quality Managements (TQM) (Grunwald 2013, S. 1047).

---

[3] Bei Volkswagen wurde neben den Führungskräften und Mitarbeitern auch der Betriebsrat eingebunden (Bruhn 2019, S. 70f.).

2.3 Qualitätsmanagement

Total	Quality	Management

• alle sind für die Qualität verantwortlich (Mitarbeitende, Lieferanten, Kundengruppen) und werden einbezogen	• Erreichung der Qualitätsanforderungen und -erwartungen der Kunden	• Gesamtkonzept
		  • Beinhaltet alle Geschäftsprozesse
		  • Verantwortung der Führung
		    • Partizipativ-kooperativer Führungsstil

Abbildung 9: Grundprinzip des Total Quality Managements (TQM) (eigene Darstellung)

Beim Total Quality Management (TQM) ist Qualität kein Ziel, sondern ein Prozess, der nie zu Ende geht. Da Qualität durch die Mitarbeiter aller Abteilungen und Ebenen erzielt wird, braucht das Unternehmen die volle Unterstützung aller Mitarbeiter. Die Führung praktiziert einen kooperativen Führungsstil und übernimmt, zusammen mit den Mitarbeitern, die Verantwortung für das Qualitätsmanagement (Bruhn 2019, S. 63).

2 Qualität – Qualitätsmanagement

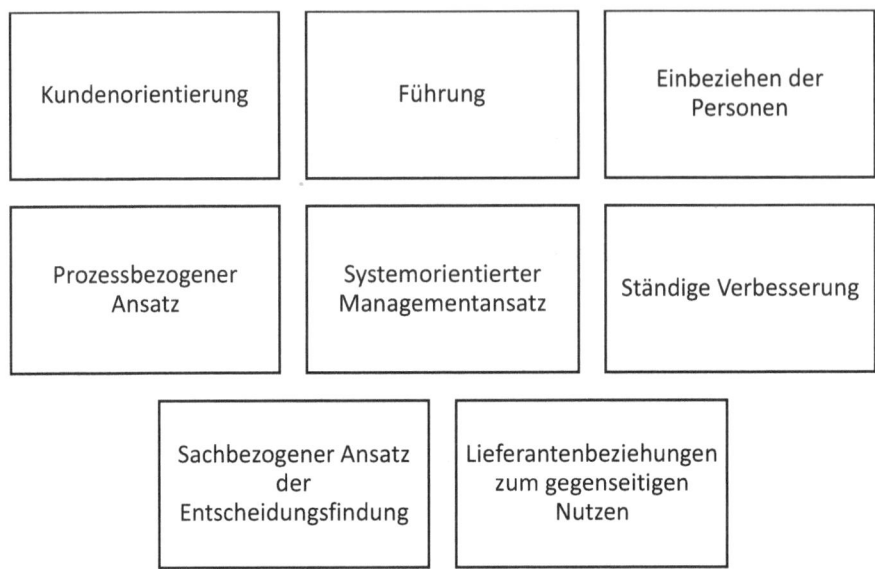

Abbildung 10: Grundsätze des Total Quality Management (Hahm 2016, S. 16-18)

Zu den Instrumenten des Total Quality Management (TQM) gehören u.a. das betriebliche Vorschlagswesen, Qualitätszirkel, Qualitätskonferenzen und Kaizen als kontinuierliche Verbesserung, der Einsatz von Qualitätsbeauftragten, Kunden- und Nutzerbefragungen und das Benchmarking (Grunwald 2013, S. 1048).

Zur Förderung einer an der Qualität orientierten Managementphilosophie in Europa und um die Wettbewerbsfähigkeit gegenüber den USA und Japan zu steigern, wurde 1998 von 14 Großunternehmen die European Foundation for Quality Management (**EFQM**) gegründet (vgl. auch Brandl in diesem Band).

Das EFQM-Modell basiert auf der gleichen zeitlichen Betrachtung von Menschen, Prozessen und Ergebnissen und hat den Anspruch, durch Einbindung aller Stakeholder-Gruppen, die mit der Organisation zu tun haben, wie z.B. Mitarbeiter, Kunden etc., in einem kontinuierlichen Verbesserungsprozess bessere Ergebnisse zu erzielen.

Bei dem Modell werden fünf Befähigerkriterien *(enablers)*, zu dem, was die Organisation tut, und vier Ergebniskriterien *(results)*, zu dem, was sie erreicht haben, angelegt (vgl. auch Brandl in diesem Band). Die fünf Befähiger (Führung, Strategie, Mitarbeiter, Partnerschaften und Ressourcen, Prozesse, Produkte und Dienstleistungen) werden mit je 10 Prozent veranschlagt, ebenso wie die Mitarbeiter- und gesellschaftsbezogenen Ergebnisse, während die kundenbezogenen Ergebnisse und die Schlüsselergebnisse mit jeweils 15 Prozent angesetzt werden.

Es ergibt sich folgendes Bild:

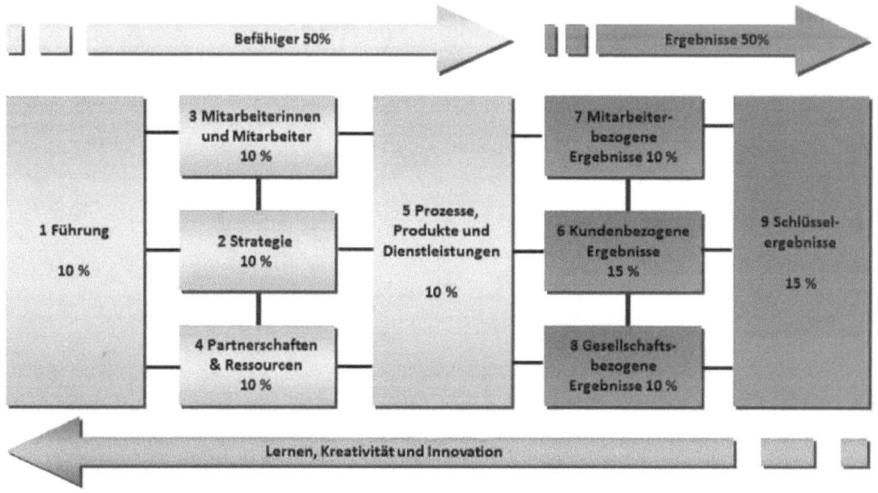

Abbildung 11: EFQM-Modell (Mühlbauer Management Training (o.J.)

Das EFQM-Modell trägt dazu bei, die eigenen Stärken und Schwächen und Verbesserungspotenziale zu erkennen und die Unternehmensstrategie darauf auszurichten.

Fast zeitgleich mit der Entwicklung des EFQM-Modells wurde 1987 aus dem Radius der industriellen Produktion das Qualitätsmanagementsystem **DIN EN ISO 9000ff** entwickelt. Es ist ein international standardisiertes Verfahren, wie die Abkürzungen ISO (für International Organisation for Standardisation), EN (Europäisches Komitee für Normung) und DIN (Deutsches Institut für Normung) veranschaulichen. Der Norm liegt ein Organisationsverständnis zugrunde, das davon ausgeht, dass in einer Organisation Personen in einem Gefüge von Beziehungen, Befugnissen und Verantwortungen zusammenarbeiten. Im ISO-System spielt die Dokumentation eine große Rolle, um ein System der Qualitätsüberprüfung zu ermöglichen. Auch wird versucht, die für Dienstleistungsproduktionen maßgeblichen Prozesse in Verfahrensanweisungen zu standardisieren. Das Ergebnis ist eine Fülle von Checklisten und Formularen. Diese bieten zwar einerseits eine wichtige Orientierungs- und Überprüfungsfunktion, anderseits besteht aber auch die Gefahr der Überreglementierung und des Bürokratismus. Das Verfahren zielt auf eine Zertifizierung des Qualitätsmanagement-Systems auf der Basis eines Qualitätsmanagement-Handbuchs, in dem die Kriterien für die Qualität der Ablaufprozesse beschrieben sind. Nach einer Überprüfung und Begutachtung durch eine unabhängige Zertifizierungsstelle wird bei einer positiven Prozessbewertung ein Gütesiegel (Zertifikat) vergeben.

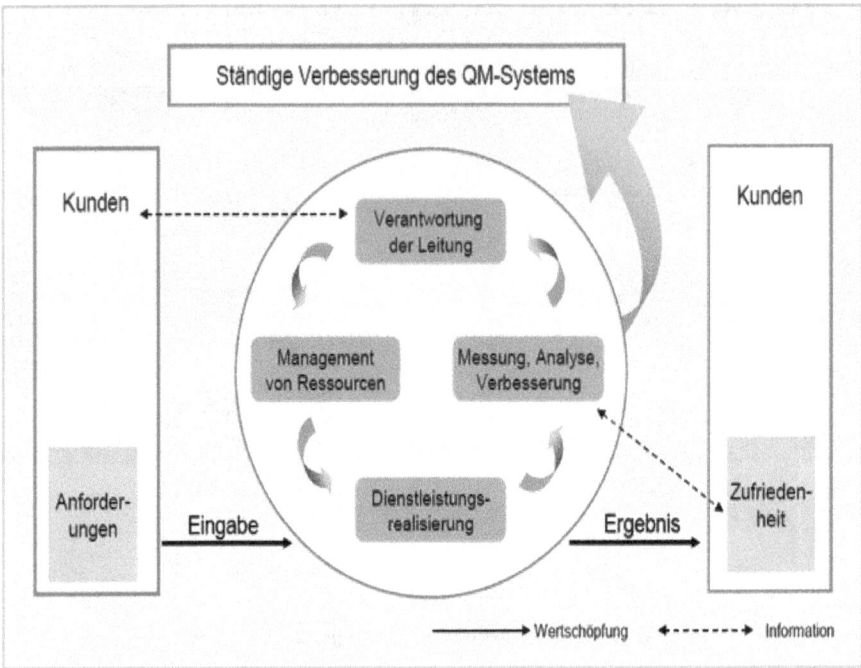

Abbildung 12: Ständige Verbesserung des QM-Systems nach DIN ISO 9001 (Weiterbildung Brandenburg (WB) (o.J.))

2.3.2 Ebenen des Qualitätsmanagements

Qualitätsmanagement kann langfristig auf einer normativen, mittelfristig auf einer strategischen und kurzfristig auf einer operativen Ebene angesiedelt sein.

Das langfristige (**normative**) Qualitätsmanagement legt die **Qualitätspolitik** und somit die dauerhafte Ausrichtung der Organisation im Hinblick auf Qualität fest. Es wird definiert, mit welchen Ansprüchen die Organisation ihre Leistung erbringen will und welche generelle Qualität die Stakeholder erwarten können (Meinhold/ Matul 2011, S. 121). Instrumente des normativen Qualitätsmanagements sind Leitbilder, Grundsatzentscheidungen, Prinzipien, Normen und Regeln.

Das mittelfristige (**strategische**) Qualitätsmanagement widmet sich der **Qualitätsentwicklung**. Es geht darum, Qualitätsziele und in der Folge Qualitätsstrategien, -konzepte, -systeme und -pläne zu entwickeln, um fortlaufend Leistungen zu verbessern.

Beim kurzfristigen (**operativen**) Qualitätsmanagement geht es um die **Qualitätssicherung** auf der Ausführungs- und Prozessebene. Zur Qualitätssicherung werden Standards und Indikatoren (Meinhold/ Matul 2011, S. 123; Hensen 2013, S. 52),

Maßnahmen „zur Ermittlung der Übereinstimmung oder Abweichung von Ist und Soll" (Hermann/Müller 2016, S. 34) und formale Instrumente zur Messung der Qualität (Grunwald 2013, S. 819) entwickelt. Zur Qualitätssicherung gehört auch die Qualitätsförderung zur Schaffung und Pflege kontinuierlicher Verbesserungen und die Qualitätsdokumentation (Gerull 2007, S. 34).

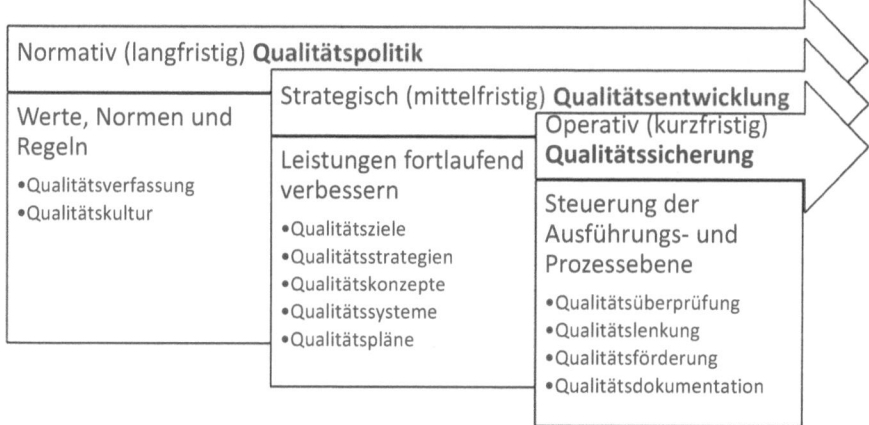

Abbildung 13: Ebenen des Qualitätsmanagements (eigene Darstellung)

2.3.3 Qualitätsmanagement in der Sozialwirtschaft

Seit Mitte der 1990er Jahre spielt das Thema Qualität eine wichtige Rolle in der Sozialwirtschaft. Ursachen hierfür sind: „eine Veränderung des Verständnisses von Sozialstaatlichkeit, eine neue Sichtweise auf die Gestaltung von Organisationen, die Kritik unterschiedlicher Akteure an der bisherigen Gestaltung Sozialer Arbeit" (Hermann/Müller 2019, S. 17). Weiterhin der Professionalisierungsdiskurs und das Verlangen nach einer vermehrten Legitimation Sozialer Arbeit (speziell durch den Ausweis von Wirksamkeit), die Ökonomisierung der Sozialen Arbeit und die Aufnahme des Qualitätsthemas in die Sozialgesetzgebung (Merchel 2013, S. 18; Grunwald 2018, S. 617).

2.3.3.1 Aufnahme des Qualitätsthemas in die Sozialgesetzgebung

Es wurde zuerst in der Krankenversicherung (SGV V), später dann in der sozialen Pflegeversicherung (SGB XI), in der Arbeitsförderung (SGB III), in der Sozialhilfe (zunächst BSHG, dann SGB XII und SGB II) und in der Kinder- und Jugendhilfe (SGB VIII) gefordert, die Qualität der Leistungen nachzuweisen.

- Im Gesundheitswesen verpflichtet das SGB V alle Leistungserbringer im System der gesetzlichen Krankenversicherung, die Qualität ihrer Leistungen zu sichern und weiterzuentwickeln und regelt dabei die Grundanforderungen an die Qualitätssicherung. In § 70 (1) SGB V heißt es: „Die Krankenkassen und die Leistungserbringer haben eine bedarfsgerechte und gleichmäßige, dem allgemein anerkannten Stand der medizinischen Erkenntnisse entsprechende Versorgung der Versicherten zu gewährleisten. Die Versorgung der Versicherten muss ausreichend und zweckmäßig sein, darf das Maß des Notwendigen nicht überschreiten und muss in der fachlich gebotenen Qualität sowie wirtschaftlich erbracht werden." § 135a (1) SGB V verpflichtet die Leistungserbringer zur Qualitätssicherung „Die Leistungserbringer sind zur Sicherung und Weiterentwicklung der Qualität der von ihnen erbrachten Leistungen verpflichtet. Die Leistungen müssen dem jeweiligen Stand der wissenschaftlichen Erkenntnisse entsprechen und in der fachlich gebotenen Qualität erbracht werden." § 135a (1) SGB V enthält weiterhin die gesetzliche Verpflichtung zur Einführung eines internen Qualitätsmanagements und zur Beteiligung an Maßnahmen der einrichtungsübergreifenden externen Qualitätssicherung.

- In der Pflege regelt das SGB XI die Qualität der Leistungen. So verpflichtet § 112 SGB XI (2) Pflegeeinrichtungen zur Qualitätssicherung und fordert ein Qualitätsmanagement: „Die zugelassenen Pflegeeinrichtungen sind verpflichtet, Maßnahmen der Qualitätssicherung sowie ein Qualitätsmanagement nach Maßgabe der Vereinbarungen nach § 113 durchzuführen, Expertenstandards nach § 113a anzuwenden sowie bei Qualitätsprüfungen nach § 114 mitzuwirken."

- In der Arbeitsförderung werden nur solche Träger zugelassen die „ein System zur Sicherung der Qualität" anwenden (§ 178 SGB III). Sie benötigen gemäß § 176 SGB III eine Zertifizierung.

- Die Regelungen in der Sozialhilfe finden sich in den § 75ff. SGB XII. Laut § 75 SGB (3) XII „... hat der Träger der Sozialhilfe Vereinbarungen vorrangig mit Leistungserbringern abzuschließen, deren Vergütung bei vergleichbarem Inhalt, Umfang und vergleichbarer Qualität der Leistung nicht höher ist als die anderer Leistungserbringer." Der Sozialhilfeträger schließt neben einer Vergütungsvereinbarung auch eine Leistungsvereinbarung über „Inhalt, Umfang und Qualität einschließlich der Wirksamkeit der Leistungen" § 76 SGB XII (1). Die Anforderungen im SGB II sind vergleichbar. Auch hier werden Vereinbarungen über „Inhalt, Umfang und Qualität der Leistungen", die Vergütung und „die Prüfung der Wirtschaftlichkeit und Qualität der Leistungen" (§ 17 (3) SGB II) abgeschlossen.

- In der Kinder- und Jugendhilfe werden im § 78b SGB VIII neben Leistungs- und Entgeltvereinbarungen, Qualitätsentwicklungsvereinbarungen verpflichtend gefordert. Die Grundsätze der Qualitätsentwicklung in der Kinder- und Jugendhilfe werden in § 79a SGB VIII geregelt „Um die Aufgaben der Kinder- und Jugendhilfe ... zu erfüllen, haben die Träger der öffentlichen Jugendhilfe Grundsätze und Maßstäbe für die Bewertung der Qualität sowie geeignete Maßnahmen zu ihrer Gewährleistung ... weiterzuentwickeln, anzuwenden und regelmäßig zu überprüfen." § 22 (4) fordert die Weiterentwicklung von „geeignete[n] Maßnahmen zur Gewährleistung der Qualität der Förderung von Kindern in Tageseinrichtungen und in der Kindertagespflege".

Zwar gibt es in den unterschiedlichen Leistungsgesetzen unterschiedliche Ausprägungen der Qualitätsdiskussion, so wird im SGB III eine Zertifizierung gefordert, doch bewegt sie sich in allen Bereichen im Spannungsfeld zwischen Fachlichkeit und Wirtschaftlichkeit und ist eng mit dem Dreiecksverhältnis der Leistungserbringung zwischen Leistungserbringer, Leistungsempfänger und Kostenträger verbunden. (Der Leistungsempfänger begehrt die Leistung, der Kostenträger gewährt und bezahlt sie und der Leistungserbringer erbringt sie.)

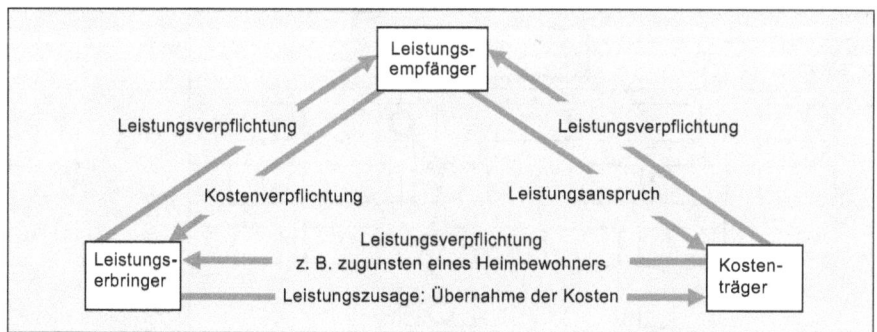

Abbildung 14: Sozialrechtliches Dreiecksverhältnis (Kolhoff 2017, S. 5)

Dabei bedeutet Qualität:

- aus Sicht des Leistungsempfängers, die Erfüllung seiner Erwartungen. *Qualität ist die Ausrichtung der Leistungen auf den Klienten.*
- aus Sicht des Leistungserbringers, die Positionierung am Markt und die Verwirklichung fachlicher Ansprüche. *Qualität ist die marktgerechte Umsetzung fachlicher Vorstellungen.*
- aus Sicht des Kostenträgers, die effektive Erfüllung eines politisch definierten Standards bei begrenzten Budgets. *Qualität ist Bestandteil einer politischen und einer Ressourcendiskussion.*

Das Qualitätsmanagement befindet sich also in einem Spannungsfeld von individuellen Erwartungen und fachlichen Diskussionen vor dem Hintergrund der zur Verfügung stehenden finanziellen Ressourcen (Vomberg 2012, S. 135,136). Aufgabe des Qualitätsmanagements ist es, die unterschiedlichen Interessen transparent zu machen, damit entschieden werden kann, was unter welchen Bedingungen geleistet werden kann, um effektive, klientenorientierte Dienstleistungen auf der Basis professioneller Standards zu ermöglichen. Dabei ergibt sich Qualität „aus dem Grad der Übereinstimmung mit den Erwartungshaltungen der Akteure, die diese im Hinblick auf eine Dienstleistung oder ein Produkt formulieren" (Flösser 2001, S. 1464). Sie steht nicht im Widerspruch zu Wirtschaftlichkeit oder Fachlichkeit, sondern kann als Regulativ zwischen unterschiedlichen Einzelinteressen verstanden werden.

2.3.3.2 Organisation von Dienstleistungsprozessen

Um Qualität herzustellen, gilt es, die Struktur des sozialen Unternehmens an den Bedürfnissen der Kunden, d.h. den Geldgebern oder Kostenträgern und den

Klienten oder Nutzern (Vomberg 2012, S. 133; Grunwald 2013, S. 820)[4] und den entsprechenden Wertschöpfungsketten auszurichten. Statt einer Funktionsorientierung mit klaren hierarchischen Vorgaben, erfolgt eine Prozessorientierung (Structure follows Process).

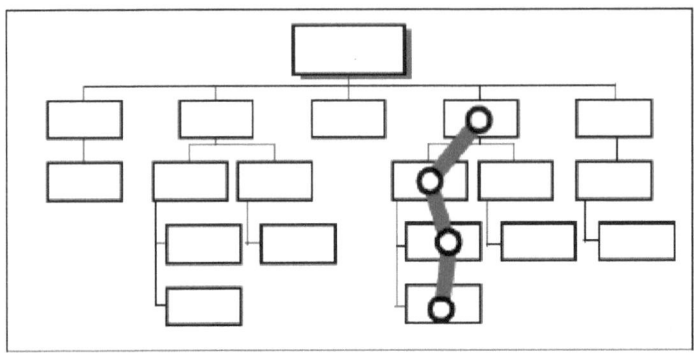

Funktionsorientierung

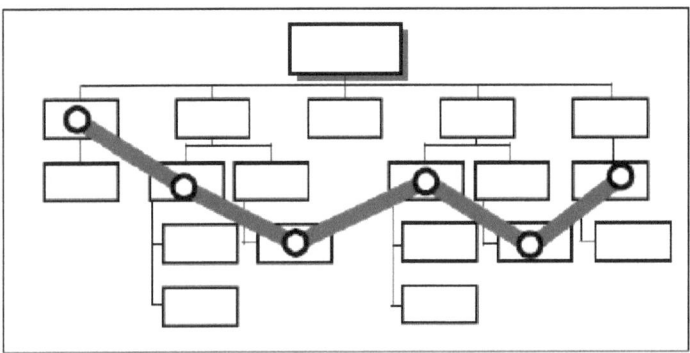

Prozessorientierung

Abbildung 15: Funktions- vs. Prozessorientierung (Kühl o.J.)

Es stehen also nicht die Aufbauorganisation mit ihren Stellen und Abteilungen im Fokus der Betrachtung, sondern die Ablauforganisation mit Prozessen und Prozessketten, die sich an den Bedarfen der Kunden orientieren.

---

4 Da das Qualitätsmanagement auf Kundenzufriedenheit und Kundenbindung zielt und es nicht das Ziel sozialpädagogischer Arbeit sein kann, die Adressaten zu binden (Hahm 2016, S. 20), sind die Kostenträger, die die Leistungen bezahlen, die wichtigsten Kunden der Sozialwirtschaft.

2.3 Qualitätsmanagement

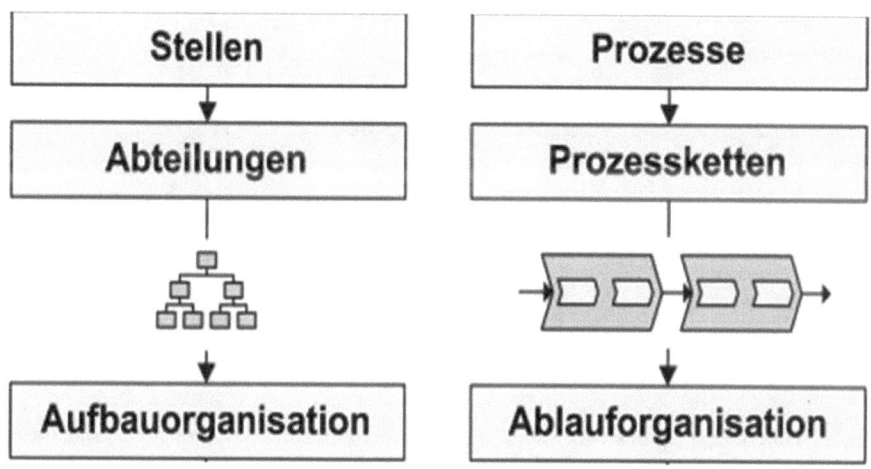

Abbildung 16: Aufbau- und Ablauforganisation (Bleicher 1991, S. 49)

In der betrieblichen Organisation werden Kern-, Management- und Supportprozesse unterschieden

- Die Kernprozesse sind auf den Kunden ausgerichtet und schaffen einen Kundennutzen.
- Die Managementprozesse haben eine regelnde und entscheidende Funktion.
- Die Supportprozesse begleiten die Kernprozesse.

Für einen effektiven Ablauf benötigen Kernprozesse strategische Vorgaben durch die Managementebene und einen Support, d.h. finanzielle, personelle und technische Unterstützung. Welche Leistungen benötigt werden, bestimmen die Verantwortlichen der Kernprozesse.

Kern-, Management- und Supportprozesse können in Prozesslandkarten grafisch dargestellt und systematisiert werden. Anders als bei einem Organigramm, welches die Hierarchie eines Unternehmens abbildet, zeigt die Prozesslandkarte eine hierarchielose Beziehung zwischen den Prozessen auf.

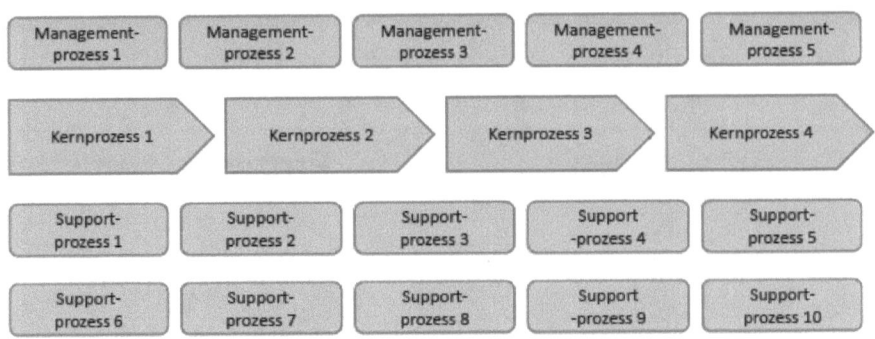

Abbildung 17: Prozesslandkarte (Blog der Lösungsfabrik (2017)

Die Kernprozesse in der Sozialwirtschaft können in linear-sequenzielle und interaktiv-entwicklungsoffene Prozesse unterschieden werden.

- Beispiele für linear-sequenzielle Prozesse sind Abrechnungsverfahren, Entscheidungsprozesse oder Planungsprozesse.
- Beispiele für interaktiv-entwicklungsoffene Prozesse sind Beratungsprozesse, Bildungsprozesse oder Betreuungsprozesse.

Während linear-sequenzielle Prozesse mit Flussdiagrammen gut formallogisch strukturiert und geregelt werden können, sind weiche Faktoren wie Vertrauensaufbau, Beziehungsarbeit, Kommunikation oder Empathie, die bei interaktiv-entwicklungsoffenen Prozessen von Bedeutung sind, nicht in Graphen abbildbar. Da das Prozessergebnis in interaktiv-entwicklungsoffenen Prozessen von der Mitwirkung des Kunden abhängig ist, kann Qualität hier nur in der Interaktion erzielt werden. Qualitätsmanagement in der Sozialwirtschaft lässt sich folglich nicht auf Prozessmanagement reduzieren, sondern entsteht im Zusammenspiel von sozialarbeiterischer und sozialwirtschaftlicher Fachlichkeit.

Literatur

Arnold, Ulli (2014): Die Bedeutung von Qualität in der Sozialwirtschaft, in: Arnold, Ulli/ Grunwald, Klaus / Maelicke, Bernd (Hrsg) (2014): Lehrbuch der Sozialwirtschaft, 4. erweiterte Auflage, Baden Baden: Nomos, S. 585–628.

Auer, Christoph (2004): Performance Measurement für das Customer Relationship Management, Wiesbaden: Deutscher Universitäts-Verlag.

Bleicher, Knut (1991): Organisation, Strategien, Strukturen, Kulturen (2. Aufl.). Wiesbaden: Gabler.

Blog der Lösungsfabrik (2017): Vorlage Prozesslandschaft / Prozesslandkarte, online unter: http://www.blog.loesungsfabrik.de/vorlage-prozesslandschaft-prozesslandkarte/ (letzter Zugriff am 10.9.2020).

Bruhn, Manfred (2019): Qualitätsmanagement für Dienstleistungen. Handbuch für ein erfolgreiches Qualitätsmanagement. Grundlagen – Konzepte – Methoden, 11., überarbeitete und erweiterte Auflage, Berlin: Springer Gabler.

Brunner, Franz J. (Hrsg.) (2017): Japanische Erfolgskonzepte, 4. überarbeitete Auflage, München: Hanser.

Deming, W. Edwards (Hrsg.). (1982). Quality, productivity and competitive position. Cambridge: Massachusetts Inst. Technology.

Deutsche Gesellschaft für Qualität e.V. (DGQ) (Hrsg.) (2016): Qualitätsmanagement in der sozialen Dienstleistung, Weinheim/Basel: Beltz Juventa.

Donabedian, Avedis (1980): The Definition of Quality and Approaches to Its Assessment, Explorations in Quality Assessment and Monitoring. Band 1, Chicago: Health Administration Press.

Drucker, Peter F. (2006): Managing the Non-profit Organization: Principles and Practices, New York: Harper Collins.

Flösser, Gaby (2001): Qualität, in: Otto, Hans-Uwe/ Thiersch, Hans (Hrsg.) (2001): Handbuch der Sozialarbeit/Sozialpädagogik; Neuwied/ Kriftel: Luchterhand.

Gabler Wirtschaftslexikon (2018): Qualität, online unter: https://wirtschaftslexikon.gabler.de/definition/qualitaet-45908/version-269195 (letzter Zugriff am 10.9.2020).

Gerull, Peter (2007): Sozialwirtschaftliches Qualitätsmanagement. Grundlagen, Konzepte, Instrumente, Saarbrücken: VDM Dr. Müller.

Grunwald, K. (2013): EFQM- Modell, in: Grunwald Klaus/Horcher, Georg/ Maelicke Bernd (Hrsg.) (2013): Lexikon der Sozialwirtschaft, 2. aktualisierte und vollständig überarbeitete Ausgabe, Baden-Baden: Nomos, S. 277–279.

Grunwald, Klaus (2013): Total Quality Management (TQM), in: Grunwald Klaus/Horcher, Georg/ Maelicke Bernd (Hrsg.) (2013): Lexikon der Sozialwirtschaft, 2. aktualisierte und vollständig überarbeitete Ausgabe, Baden-Baden: Nomos, S. 1047–1050.

Grunwald, Klaus (2013): Qualität, in: Grunwald Klaus/Horcher, Georg/ Maelicke Bernd (Hrsg.) (2013): Lexikon der Sozialwirtschaft, 2. aktualisierte und vollständig überarbeitete Ausgabe, Baden-Baden: Nomos, S. 814–818.

Grunwald, Klaus (2013): Qualitätsmanagement, in: Grunwald Klaus/ Horcher, Georg/ Maelicke Bernd (Hrsg.) (2013): Lexikon der Sozialwirtschaft, 2. aktualisierte und vollständig überarbeitete Ausgabe, Baden-Baden: Nomos, S. 818–823.

Grunwald, Klaus (2018): Qualitätsmanagement in der Sozialwirtschaft, in: Grunwald, Klaus/ Langer, Andreas (Hrsg.) (2018): Sozialwirtschaft, Handbuch für Wissenschaft und Praxis, Baden-Baden: Nomos, S. 617–635.

Hahm, Nadine (2016): Qualitätsmanagementverfahren in der Sozialen Arbeit. Eine Fallstudie, Hamburg: Reinhard Krämer, S. 16–18.

Hensen, Peter (2019): Qualitätsmanagement im Gesundheitswesen. Grundlagen für Studium und Praxis. 2 Auflage, Wiesbaden: Springer Gabler.

Herrmann, Franz/ Müller, Bettina (2019): Qualitätsentwicklung in der Sozialen Arbeit, Stuttgart: Kohlhammer.

Kolhoff, Ludger (2017): Finanzierung der Sozialwirtschaft. Eine Einführung, 2. vollständig überarbeitete Auflage, Wiesbaden, Springer VS.

Kortendieck Georg (2018): Klienten als (Teilzeit)Mitarbeitende, in: Kolhoff, Ludger/ Grunwald, Klaus (Hrsg.) (2018): Aktuelle Diskurse in der Sozialwirtschaft I, Wiesbaden: Springer VS, S. 41–54.

Kühl, Nikolaus (o.J.): Kostensenkung durch Prozessoptimierung, FH Frankfurt, https://www.brainguide.de/upload/publication/e4/jkkf/35313b4dfe38d37e0ede206e8bdb465e_1311535540.pdf (Zugriff 30.4.2021).

Meinhold, Marianne/ Matul, Christian (2011): Qualitätsmanagement aus der Sicht von Sozialarbeit und Ökonomie, 2. Auflage, Baden-Baden: Nomos.

Merchel, Joachim (2013): Qualitätsmanagement in der Sozialen Arbeit, 4. Auflage, Weinheim/Basel: Beltz Juventa.

Mühlbauer Management Training (o.J.): EFQM-Training, online unter: http://www.muehlbauer-mt.de/training-efqm/efqm-trainings/ (letzter Zugriff am 10.9.2020).

2 Qualität – Qualitätsmanagement

Tschätsch Heinz (1996): Praktische Betriebslehre, Wiesbaden: Springer.
Vomberg, Edeltraud (2012: Qualitätsmanagement in der Sozialen Arbeit, in: Bieker, Rudolf/ Vomberg, Edeltraud (Hrsg). (2012): Management in der Sozialen Arbeit, Stuttgart: Kohlhammer, S. 132–155.
Weiterbildung Brandenburg (WB) (o.J.): DIN ISO 9001, online unter: https://www.wdb-brandenburg.de/DIN-ISO-9001.233.0.html (letzter Zugriff am 10.9.2020).
Zolland Hans-Dieter (2011): Grundlagen Qualitätsmanagement. Einführung in Geschichte, Begriffe, Systeme und Konzepte, 3. Auflage, Oldenbourg/ München: De Gruyter.

Fragen zur Lernzielkontrolle

1. Worauf ist der Qualitätsbegriff zu beziehen?
2. Was ist unter Strukturqualität zu verstehen?
3. Was ist unter Prozessqualität zu verstehen?
4. Was ist unter Ergebnisqualität zu verstehen?
5. Wie ist das Qualitätsmanagement historisch entstanden?
6. Was sind die Grundprinzipien des Total Quality Managements?
7. Welchen Anspruch hat das EFQM-Modell?
8. Was ist die Aufgabe des Qualitätsmanagements in der Sozialwirtschaft?
9. Was sind Beispiele für linear-sequenzielle und interaktiv-entwicklungsoffene Prozesse?

3 Qualitätsmanagement in sozialwirtschaftlichen Organisationen – Spezifika und Herausforderungen

Klaus Grunwald

> **Lernziele**
> 1. Lernende sind im Stande, zentrale Entwicklungen in Sozialwirtschaft und Sozialer Arbeit zu skizzieren, die für den wissenschaftlichen Diskurs um Qualitätsmanagement in sozialwirtschaftlichen Organisationen für Disziplin und Profession sozialer Arbeit von Bedeutung sind.
> 2. Die Leser:innen sind in der Lage, die Problematik einfacher Qualitätsdefinitionen sozialwirtschaftlicher Dienstleistungen darzustellen.
> 3. Studierende sind befähigt, die Qualitätsdebatte in der Sozialwirtschaft in unterschiedliche Kontexte einzuordnen.
> 4. Die Leser:innen können einige Besonderheiten von und Herausforderungen für Qualitätsmanagement in sozialwirtschaftlichen Organisationen beschreiben und kritisch reflektieren.
> 5. Lernende vermögen Grundzüge eines reflektierten Qualitätsmanagements in sozialwirtschaftlichen Organisationen zu diskutieren.

3.1 Einführung

Die Debatte um ‚Qualität' von Dienstleistungen der Sozialen Arbeit und ‚Qualitätsmanagement' in der Sozialwirtschaft erhält ihre Relevanz für Disziplin und Profession Soziale Arbeit sowie für die Sozialwirtschaft vor dem Hintergrund verschiedener Entwicklungen in Sozialwirtschaft und Sozialer Arbeit.

Ein erster Gesichtspunkt ist mit dem Professionalisierungsdiskurs (in) der Sozialen Arbeit, genauer: mit der Stellung der Sozialen Arbeit „zwischen Profession und Organisation" und der Kritik der Erbringung sozialstaatlicher Leistungen verbunden (Dewe/Otto 2015, S. 1237ff.). Trotz (und gerade wegen) der erheblichen Expansion, Verwissenschaftlichung und Professionalisierung der sozialen Berufe und des Ausbaus des sozialstaatlichen Hilfesystems gab es im Zuge einer „Veränderung des Verständnisses von Sozialstaatlichkeit" (Herrmann/Müller 2019, S. 17f.) spätestens seit den 1990er-Jahren und gibt es bis heute immer wieder deutliche Zweifel an der Effektivität sozialstaatlicher Leistungen sowie an dem Erfolg sozialpädagogischen (methodischen) Handelns. „So wurden der Verwaltung mangelnde Kund:innenorientierung, fehlende Zielgenauigkeit, ein überbordender schwerfälliger bürokratischer Apparat sowie Innovationsfeindlichkeit vorgeworfen" (ebd., S. 18). Vor diesem Hintergrund wurden und werden Forderungen nach einer „Bewertung der fachlichen Arbeit", nach einer „Behebung arbeitsfeldspezifischer Mängel" und nach „verbesserter Legitimation Sozialer Arbeit durch den Nachweis von ‚Wirksamkeit'" erhoben, die die Konjunktur des Themas ‚Qualität(smanagement)' deutlich verstärkt haben (Merchel 2017a, S. 762; siehe auch Bleck 2016).

Weiterhin gibt es eine umfassende Verankerung des Themas ‚Qualität' in den relevanten Sozialgesetzen (siehe Kolhoff in diesem Band). Der Gesetzgeber hat insofern die Relevanz des Themas Qualitätsmanagement für die Dienste und Einrichtungen der Sozialwirtschaft sehr gefördert (Dahme/Wohlfahrt 2015, S. 1279ff.).

Der dritte Gesichtspunkt beinhaltet die zunehmende Bedeutung betriebswirtschaftlicher und managerieller Zugänge für Organisationen der Sozialwirtschaft, die im Zusammenhang mit dem Wandel ökonomischer und politischer Rahmenbedingungen festzustellen ist. Wohlfahrtsverbandliche Einrichtungen und (Kommunal-)Verwaltungen wurden ab den 1990er-Jahren zunehmend aus ökonomischer und managerieller Sicht betrachtet, nicht nur, aber auch vor dem Hintergrund neuer Steuerungsmodelle (Grunwald 2001). Damit veränderten sich die Perspektiven auf die Gestaltung von (sozialwirtschaftlichen) Organisationen. Inzwischen wird Qualitätsmanagement zunehmend als Basis modernen Managements begriffen (siehe auch Zollondz/Ketting/Pfundtner 2016).

Zum vierten hat sich in der Organisations- und Managementlehre der Fokus auf Qualitätsmanagement in den letzten Jahren sehr verändert. Qualitätsmanagement wird immer häufiger im Zusammenhang mit der ‚Agilität' von Organisationen und den sich daraus ergebenden Herausforderungen in der Führung derselben verwendet (Sommerhoff/Wolter 2019; Zollondz 2016). Damit sind neue Anforderungen für Führungskräfte verbunden, was die reflektierte und strategisch kluge Gestaltung von Qualitätsentwicklung und -management in sozialwirtschaftlichen Organisationen betrifft (Grunwald 2018b). So muss „immer wieder neu die richtige Balance zwischen Stabilität und Veränderung" gefunden werden, müssen „Qualitäts- und Innovationsmanagement" zusammen gedacht werden und muss Qualitätsmanagement „sein organisationelles und systemgestaltendes Handeln auf die Organisationskultur richten" (Sommerhoff/Wolter 2019, S. 13f.; im Original Hervorhebungen; siehe auch Adam 2020).

Eine zentrale Problematik bei der Auseinandersetzung mit dem Themengebiet des ‚Qualitätsmanagements' liegt darin, dass die Begrifflichkeiten, die in der Qualitätsdebatte verwendet werden, höchst unterschiedlich gefüllt und mit sehr verschiedenen Intentionen verbunden werden: Konzepte des Qualitätsmanagements haben Sozialwirtschaft und Soziale Arbeit seit Mitte der 1990er-Jahre zwar deutlich geprägt, jedoch ohne dass immer klar wäre, von welchem Verständnis von ‚Qualität' – und darauf aufbauend von ‚Qualitätsmanagement' – eigentlich ausgegangen wird. Auch wenn die begrifflichen Schärfungen in diesem Beitrag nicht im Zentrum stehen (siehe dazu Grunwald 2018c, S. 618ff. sowie den Beitrag von Kolhoff in diesem Band), beginnt dieser Beitrag mit einigen Anmerkungen zum Qualitätsbegriff, die für die weiteren Ausführungen von Bedeutung sind. Da es für das Verständnis der Qualitätsdebatte in der Sozialwirtschaft wichtig ist, die Kontexte zu kennen, die den Rahmen für die Auseinandersetzung mit Fragen des Qualitätsmanagements bilden, werden diese in der Folge dargestellt. Im Zentrum des Beitrags stehen die Spezifika von und Herausforderungen für Qualitätsmanagement in sozialwirtschaftlichen Organisationen. Abschließend werden einige Empfehlungen für ein reflektiertes Qualitätsmanagement in sozialwirtschaftlichen Organisationen formuliert.[5]

3.2 Zum Qualitätsbegriff

Im Rückgriff auf den erziehungswissenschaftlichen Qualitätsdiskurs zeigt sich, dass der Begriff der ‚Qualität' eine „deskriptiv-analytische" Dimension (Um welchen Sachverhalt geht es? Wie lässt er sich wertneutral beschreiben?), eine „evaluative" (Wie kann ein Gegenstand unter Bezug auf bestimmte Kriterien/Maßstäbe bewertet werden?) oder/und eine „operative" Dimension (Wie lässt sich ein Gegenstand, Vorgang oder Sachverhalt ‚herstellen', verändern oder ‚optimieren'?) beinhalten kann (Köpp/Neumann 2003, S. 138). Honig (2002) benennt zusätzlich noch eine „normative Dimension", bei der es darum geht, wie ein Vorgang oder ein Produkt beurteilt wird. Dabei können „unterschiedliche Handlungs- und Gestaltungsebenen" differenziert werden: „die Ebene der Interaktion, der Organisation und der Gesellschaft" (Hartz 2012, S. 51; Zech 2015, S. 27ff.).

Insofern ist Qualität keine Wesenseigenschaft oder absolute Größe, sondern immer auf Kriterien bezogen. Diese Kriterien differieren von Anspruchsgruppe zu Anspruchsgruppe, was gerade angesichts der Vielfalt derselben in der Sozialwirtschaft von besonderer Bedeutung ist. Die Definition von Qualität ist nicht nur von den tatsächlich am Leistungsprozess Beteiligten (Leistungsanbieter, unmittelbare Empfänger:innen), sondern auch von anderen Interessensträgern wie Angehörigen, Politik, Öffentlichkeit, Träger oder konkurrierenden Einrichtungen abhängig. Sie alle haben häufig unterschiedliche Vorstellungen, an denen sich ihre Qualitätserwartungen orientieren (Merchel 2013, S. 39ff.). Flösser/Westheide konkretisieren diese Sichtweise für die Frage, wer als ‚Kund:in' Sozialer Arbeit in Frage kommt und benennen als mögliche Kund:innen sozialer Dienstleistungen „erstens die Auftraggeber, zweitens die Finanziers, drittens die Mitarbeiterinnen und Mitarbeiter und viertens die Bürgerinnen und Bürger" (2016, S. 1131).

Das bedeutet, dass die professionelle Perspektive, die den (häufig auch nicht einheitlichen) Stand der Fachdiskussion wiedergibt, konkurriert mit der „adressatenbezogenen Sichtweise der Leistungsempfänger, der Sichtweise der Leistungsfinanzierer und der organisationsbezogenen Perspektive der Leistungserbringer", wobei „eine Kongruenz der Perspektiven bei der Definition von Qualität und bei der Bewertung der Leistung nach solchen Kriterien sehr unwahrscheinlich ist" (Merchel 2017a, S. 763). Diese von den unterschiedlichen Anspruchsgruppen als gültig formulierten Kriterien, die zu ihrer jeweiligen Konkretisierung von ‚Qualität' führen, sind grundsätzlich dynamisch und variabel: Fachliche Positionen können sich in Abhängigkeit von professionellen oder disziplinären Diskursen und ihren ‚Erkenntnissen' wandeln und auch die unterschiedlichen Anspruchsgruppen können ihre Kriterien mehr oder weniger schnell und umfassend verändern (ebd.).

---

5 Dieser Beitrag verwendet Teile von Grunwald 2018c und fokussiert diese hinsichtlich Besonderheiten von und Herausforderungen in sozialwirtschaftlichen Organisationen.

Die Qualitätsvorstellungen sind darüber hinaus abhängig von der Definitionsmacht der jeweiligen Kund:innengruppe, womit sich die Frage der Marktmacht einer Anspruchsgruppe und deren Einflussmöglichkeiten auf die Definition der Qualität der Dienstleistung stellt. Hier ist zu betonen, dass gerade die Sichtweisen derjenigen, die eine relativ schwache Position einnehmen, bei Strategien und Verfahren des Qualitätsmanagements[6] gestärkt werden sollten. Wenn Qualität demnach durch die Übereinstimmung der Anforderungen mit der realisierten Leistung definiert wird, müssen jene Kriterien oder Standards zwischen den beteiligten Anspruchsgruppen ausgehandelt werden, wobei die häufig höchst unterschiedliche Verhandlungsposition der einzelnen Kund:innengruppen zu berücksichtigen ist.

3.3 Kontexte der Qualitätsdebatte in der Sozialen Arbeit

Für das Verständnis der Qualitätsdebatte in der Sozialwirtschaft ist es wichtig, die Kontexte zu markieren, die den Rahmen für die Auseinandersetzung mit Fragen des Qualitätsmanagements bilden. Hier kann mit Struck zwischen einem sozialrechtlichen, einem legitimatorischen und einem fachlichen Kontext der Qualitätsdiskussion differenziert werden (1999, S. 13ff.; siehe auch Merchel 2013, S. 17ff.).

Die sozialrechtliche Dimension nimmt dabei die Notwendigkeit einer Orientierung an den Anforderungen von Gesetzgeber und Kostenträgern in den Blick. Hier wird die Auseinandersetzung mit Instrumenten und Verfahren des Qualitätsmanagements eher bestimmt durch äußeren Druck (Meinhold 2001). Damit eng verbunden ist zum zweiten die legitimatorische Dimension. Im Mittelpunkt dieser häufig auf der Basis des Neo-Institutionalismus begründeten Betrachtungsweise steht die Verbindung der Qualitätsdebatte mit der Politik als der Instanz, die grundlegende Entscheidungen hinsichtlich der Ressourcenbereitstellung trifft sowie mit der Öffentlichkeit, die diese Entscheidungen maßgeblich beeinflussen kann (Biewers Grimm 2020). Unter der Überschrift des „Qualitätsmanagements" werden insofern „theoretische wie pragmatische Auseinandersetzungen um einen angemessenen Nachweis der Leistungen und ihrer Wirkungen" in der Sozialwirtschaft geführt, weil „unter sich verschärfenden sozialpolitischen Bedingungen die Leistungsanbieter verstärkt herausgefordert werden, Qualitätsnachweise ihrer Arbeit zu erbringen, um sich die Förderung durch öffentliche Mittel und damit ihre eigene Existenz zu sichern" (Flösser/Westheide 2016, S. 1125f.; zur Differenzierung zwischen ‚Qualität', ‚Wirkung' und ‚Nutzen' siehe Bleck 2016).

Die fachliche Dimension dagegen steht im Vordergrund, wenn die Auseinandersetzung mit der Qualitätsdebatte gewissermaßen „von innen" kommt und die Beteiligten hoffen, „über Qualitätsbeschreibungen verbindliche Regeln und Klarheit für die interne Kommunikation" und die fachlichen Entscheidungen zu gewinnen (Meinhold 2001, S. 144f.). Bei dieser Dimension liegt der Fokus auf der Orientierung an den Interessen und Blickwinkeln der Nutzer:innen, ohne dass davon ausgegangen werden kann, dass diese Nutzer:innenorientierung tatsächlich

---

6 Qualitätsmanagement ist deutlich zu unterscheiden von Qualitätssicherung und Qualitätsentwicklung; diese Begriffe werden teilweise sehr unscharf und mit vielfältigen Überschneidungen verwendet (siehe Grunwald 2018c, S. 622ff.).

in dem Maße realisiert wird, wie dies beabsichtigt und postuliert wird. Gerade deswegen ist zu betonen, dass eine Organisation mit ihren Strukturen, Regeln und Wirkungen immer wieder neu aus der Sicht der Nutzer:innen betrachtet und auf ihre diesbezügliche Veränderungsnotwendigkeit befragt werden sollte (Merchel 2013, S. 197ff.). Zu dieser fachlichen Dimension gehört außerdem, die (insbesondere in der Betriebswirtschaftslehre) häufig vorzufindende Engführung der Qualitätsdebatte auf binnenorganisatorische Zusammenhänge zugunsten einer Berücksichtigung infrastruktureller, sozialräumlicher und sozialpolitischer Fragen aufzugeben, wie das im Kontext des Managements sozialer Organisationen bereits seit längerem unter der Überschrift „Vom Sozialmanagement zum Management des Sozialen" diskutiert wird (Grunwald 2009).

Eine gravierende Gefahr bei einem primär instrumentell konzipierten Qualitätsmanagement besteht nach Flösser/Westheide darin, dass „profunde Erkenntnisse über das, was eine gute Arbeit in den unterschiedlichen Arbeitsbereichen ausmacht, durch den programmatischen Verweis auf die Existenz eines Qualitätssicherungskonzepts ersetzt werden" und damit keine ernsthaften Beiträge „zu dem, was die ‚Güte' der erbrachten Dienstleistungen ausmacht" erbracht werden (2016, S. 1133). Insgesamt, so stellen die Autorinnen fest, setzen die Konzepte der Qualitätssicherung und des Qualitätsmanagements „einen Schwerpunkt ihrer Bemühungen auf die Herstellung von Transparenz im Produktionsprozess sozialer Dienstleistungen", und zwar „gemeinhin über die Methoden der Standardisierung und der Normierung", beispielsweise mit dem Formulieren von Produktbeschreibungen und Kennziffern, über Systeme der Rechenschaftslegung und der Dokumentation (ebd.). Auf diese Weise laufen sie Gefahr, sich in den „Fallstricke[n] einer Taylorisierung der Arbeitsabläufe" sozialwirtschaftlicher Organisationen zu verstricken und den Aspekt der Zufriedenheit und Motivation von Mitarbeitenden genauso wie die Entwicklung und Umsetzung von Innovationen aus den Augen zu verlieren (ebd.; siehe auch den Beitrag von Brandl in diesem Band).

Auch bei einem Qualitätsmanagement, das die Sicherung der Qualität sozialer Dienstleistungen expertokratisch stark mit der Professionalität von Fachkräften verknüpft, also die „Relevanz professioneller Kompetenzen für die Güte sozialer Dienstleistungen" unterstreicht, gibt es deutliche Probleme angesichts der „sich in den letzten Jahren zuspitzenden Trends der Absenkung von Qualitätsstandards in den Arbeitsbedingungen und Anstellungsverhältnissen" der Fachkräfte (Flösser/Westheide 2016, S. 1134f.; siehe auch Kessl et al. 2016; Beher/Fuchs-Rechlin 2013; Eichinger 2009; auf europäischer Ebene: Wohlfahrt 2016). Hier geht es zum einen um die Frage, wie Arbeitsverträge ausgestaltet sind sowie zum anderen um „die Bedingungen [,] unter denen die tägliche Arbeit stattfindet und die eine gute Arbeit ermöglichen sollen" (ebd.).

Zunehmende Berichte über Burnout-Erkrankungen von Professionellen, über steigende Arbeitsbelastung bei sich erhöhenden Fallzahlen, eine zunehmende qualitative und quantitative Arbeitsdichte und öffentlich diskutierte „Skandalfälle", bei denen „die Frage nach den Gründen für nicht gelingende Interventionen und Fehlverhalten der Fachkräfte aufgeworfen wurde", haben hier die (Fach-)Öffentlichkeit zunehmend sensibilisiert (ebd.). Das Thema „Resilienz am Arbeitsplatz" wird vor diesem Hintergrund immer dringender (Kuhn 2019). Angesichts der in diesen Trends deutlich werdenden „Geringschätzung des gesellschaftlichen Stellenwerts und der Arbeitsleistung der sozialen Berufe" kann hier von einer „Rückkehr der Sozialpolitik in die Qualitätsdebatte" gesprochen werden (ebd.). Für Einrichtungen der Sozialwirtschaft stellt sich die Aufgabe, „gute Arbeit – also Qualität – durch gute und umfassende Inputqualität (Qualifikation, Arbeitsverträge und Rahmenbedingungen der Arbeit) zu gewährleisten" (ebd., S. 1137).

3.4 Spezifika von und Herausforderungen für Qualitätsmanagement in sozialwirtschaftlichen Organisationen

Die Frage nach denselben muss von der spezifischen Bedeutung des Qualitätsdiskurses für Organisationen der Sozialwirtschaft ausgehen. Hier ist zunächst festzuhalten, dass Standards einer qualitativ guten fachlichen Arbeit in der Sozialen Arbeit und die Notwendigkeit deren ständiger Neuformulierung und Überprüfung bereits lange vor der Qualitätsdebatte – beispielsweise unter der Überschrift „Neue Praxis" – intensiv diskutiert wurden, sei es im Rahmen des Professionalisierungsdiskurses (Dewe/Otto 2015), bestimmter Konzepte wie der Lebensweltorientierten Sozialen Arbeit (Grunwald/Thiersch 2016), der Dienstleistungs- (Grunwald 2012) oder der Methodendebatte (Galuske 2013): „Der Sache nach sind Qualitätsdiskurse immer schon Bestandteile einer reflexiven Disziplin und Profession" (Dahme/Wohlfahrt 2015, S. 1278).

Das eigentlich Neue – und damit auch für die Sozialwirtschaft Bedeutsame – am Qualitätsdiskurs kann darin gesehen werden, dass in diesem Zusammenhang neben den Klient:innen der Sozialen Arbeit, den Professionellen, den sozialen Bewegungen oder dem Sozialstaat – die immer schon Themen waren – die Organisationen als eigenständige Akteure in den Blick genommen werden. Hartz formuliert diesen Gewinn aus erziehungswissenschaftlicher Perspektive: So „bietet die über die Qualitätsdebatte erfolgte Aufwertung und Fokussierung der organisationalen Ebene für die Erziehungswissenschaft die Chance, dass organisationstheoretische Fragestellungen in ihrer Bedeutung für die Disziplin stärker ins Bewusstsein geraten" (Hartz 2012, S. 52). Die Organisation wird so nicht mehr primär als fremde, beinahe feindliche Macht – insbesondere bei einer Gleichsetzung von Organisation und Bürokratie oder Organisation und Ökonomie – verstanden, sondern ihre Gestaltung wird als notwendiger Bestandteil einer ganzheitlichen sozialpädagogischen Fachlichkeit angesehen. Das mag heute selbstverständlich klingen, war es aber lange Zeit in keiner Weise!

Von Bedeutung ist damit, dass bürokratiekritisch die Schwachstellen der eigenen Organisation als Phänomene von Organisationskulturen und -strukturen ausdrücklich thematisiert werden und explizit die *Verbindung und wechselseitige Bezogenheit von Fachlichkeit und organisationaler Gestaltung* hervorgehoben wird. So werden ‚Fachfragen' zunehmend auch als ‚Organisationsfragen' und umgekehrt ‚Organisationsfragen' auch als ‚Fachfragen' betrachtet: ‚Organisationsfragen' beinhalten fachliche Überlegungen sowie Setzungen und ‚fachliche Fragen' bedürfen einer entsprechenden organisationalen Strukturierung und Sicherung, wenn sie in die Realität umgesetzt werden sollen (Müller 2000, S. 138). Gerade

3.4 Spezifika von und Herausforderungen für Qualitätsmanagement

bezüglich dieser Verknüpfung von Fach- und Organisationsfragen lässt sich pointieren, dass neben dem „sozialpädagogischen Blick" auch ein „sozialwirtschaftlicher Blick" notwendig ist, der das Wirtschaften mit „solchen Gütern..., die als ‚sozial' definiert werden" fokussiert (Grunwald/Langer 2018, S. 45). Ein solcher „sozialwirtschaftlicher Blick" diskutiert sowohl die Ressourcen- als auch die Management- und Organisationsfrage dezidiert von der Sozialen Arbeit aus, um dieses Feld nicht fremden Disziplinen und Professionen zu überlassen (Grunwald 2011; „Gegensätze und Vermittlungsversuche" zwischen „Organisation und Professionalität" thematisiert Biewers Grimm 2020, S. 44ff.).

Eine erste Anforderung für ein reflektiertes Qualitätsmanagement in sozialwirtschaftlichen Diensten und Einrichtungen besteht insofern darin, dass im Rahmen von Bestrebungen des Qualitätsmanagements explizit die Verbindung und wechselseitige Bezogenheit von Fachlichkeit der Dienstleistungserbringung und organisationaler Gestaltung hervorgehoben wird und die Schwachstellen der eigenen Organisation als Phänomene von Organisationskulturen und -strukturen ausdrücklich thematisiert und methodisch bearbeitet werden (können) (Grunwald 2016).

Zentral ist die Herausforderung, den „Sinnbezug im Qualitätsmanagement" zu verbinden mit einer „reflektierten Steuerungserwartung" (Merchel 2013, S. 208ff.; siehe auch Grunwald 2019; Grunwald 2018a; Merchel 2017b). Entscheidend ist, dass in Organisationen Klarheit darüber herrscht, (1) warum und mit welcher Zwecksetzung Strategien und Verfahren des Qualitätsmanagements entwickelt, eingesetzt und optimiert werden (sollen) und (2) wo die Grenzen einer organisationalen Steuerung mithilfe von Strategien und Methoden des Qualitätsmanagements liegen. Nur wenn Mitarbeitende verstehen, welcher Sinn dem Einsatz von Aufwand und Ressourcen für Qualitätsmanagement zugrunde liegt, und wie dieser begründet wird, können sie motiviert werden, bei der Qualitätsentwicklung (und ggf. -sicherung) aktiv mitzuwirken und die entsprechenden Vorgaben umzusetzen. Umgekehrt gilt aber auch: Nur wenn Mitarbeitende eingebunden und beteiligt werden, haben sie die Chance, die Bedeutung des Themas und seiner Realisierung für die eigene Einrichtung zu verstehen.

Qualitätsmanagement sollte nicht primär betrieben werden, um die Legitimität der Organisation angesichts der Erwartungen der Umwelt sicherzustellen (Grunwald 2018c, S. 617f.; siehe auch für die Jugendarbeit Biewers Grimm 2020 und für die stationäre Erziehungshilfe Schmidt 2018), sondern es sollte intern geklärt und kommuniziert werden, welcher Sinn mit dem Einsatz von Strategien und Verfahren des Qualitätsmanagements verbunden wird. Es muss begründet und transparent gemacht werden, warum der (teilweise hohe) Aufwand betrieben wird und warum bestimmte Verfahren und Zugänge genutzt werden (sollen) – auch um die Mitarbeitenden der unterschiedlichen Bereiche und Hierarchieebenen zu gewinnen und um zu verhindern, dass das Thema Qualitätsmanagement technologisch ausgehöhlt wird.

Merchel nennt zentrale Fragen, die in Einrichtungen der Sozialwirtschaft gestellt werden sollten, um die Sinnhaftigkeit des Einsatzes von Qualitätsmanagement nachvollziehbar zu machen:

- „Welchen Sinn ordnen wir den QM-Prozessen zu?
- Mit welchen QM-Verfahren kommen wir dieser von uns konturierten Sinnhaftigkeit am ehesten nahe?
- Welchen Aufwand müssen wir beim Qualitätsmanagement betreiben, um uns unseren organisationsspezifischen Sinn-Erwartungen an Qualitätsmanagement auf der Handlungs- und Effektebene anzunähern?" (2017b, S. 366).

Wichtig ist aber auch die offene Auseinandersetzung mit den Grenzen einer organisationalen Steuerung – erst einmal allgemein (siehe Grunwald 2018a; 2019), dann aber auch konkret bezogen auf Steuerung mittels Methoden des Qualitätsmanagements. Es muss klar sein, welche Effekte erreicht werden können und welche Effekte vielleicht wünschenswert wären, aber doch eher auf eine Steuerungseuphorie als auf einen Steuerungsrealismus zurückgehen.

Eine große Gefahr insbesondere bei unzureichender Begründung und Kommunikation von Verfahren des Qualitätsmanagements besteht darin, dass diese als „Ausweitung von Kontrolle oder als Mittel zur disziplinierenden Bewertung" erlebt werden und sie so „Gegenstand und Werkzeug mikropolitischer Interventionen" werden auf der Basis der „dem Qualitätsbegriff inhärenten Bewertungsdimension" (Merchel 2017b, S. 367; siehe auch Herrmann/Bolay 2015, S. 520; Moldaschl 2001). Da die mikropolitische Besetzung und Belastung von Qualitätsmanagement nicht grundsätzlich verhindert werden kann, muss sie zumindest durch eine offene, explizite und kooperative Erzeugung von Sinn für Strategien und Verfahren des Qualitätsmanagements eingegrenzt werden. Die soziale Dynamik, die durch den Einsatz von Qualitätsmanagement in sozialwirtschaftlichen Organisationen hervorgerufen wird, ist bei der Gestaltung der Prozesse des Qualitätsmanagements sorgfältig zu berücksichtigen – Qualitätsmanagement verstanden als Qualitätsentwicklung ist immer auch Organisationsentwicklung und hat Konsequenzen für die Personalentwicklung und -führung (Grunwald 2018b; Zech 2017).

Um den Erfolg der Sinnerzeugung zu gewährleisten, sind dialogische Zugänge zu Qualitätsmanagement notwendig, bei denen den Mitarbeitenden nicht bestimmte Maßnahmen ‚vorgesetzt', sondern mit ihnen – und wo immer möglich: auch mit den Adressat:innen – gemeinsam (weiter-)entwickelt werden. Gerade das Thema der strukturellen Einbindung von Adressat:innen in die Konstruktion und Optimierung von Angeboten sozialwirtschaftlicher Organisationen wird in der Sozialen Arbeit seit langer Zeit intensiv diskutiert, sei es im Rahmen einer Lebensweltorientierten Sozialen Arbeit (Grunwald/Thiersch 2016), sei es im Kontext einer (radikalisierten) Dienstleistungsorientierung (Grunwald 2012, S. 31ff.; siehe auch Dahme/Wohlfahrt 2015, S. 1284; Schaarschuch 2020; Schaarschuch 2003; Oelerich/Schaarschuch 2005). Soll diese Perspektive für Qualitätsmanagement in sozialwirtschaftlichen Organisationen fruchtbar gemacht werden, dann ist in erster Linie zu klären – so sehr prägnant Struck –, was aus der Perspektive der Nutzer:innen ‚gute' bzw. ‚schlechte' fachliche Arbeit ausmacht und wie dies methodisch ohne allzu große Verfälschungen in Erfahrung gebracht werden kann (1999, S. 17ff.). Es geht gerade bei ‚Qualitätsentwicklung' darum, „die Institution, ihre Strukturen, Regeln und Wirkungen immer wieder aus der Perspektive der Nutzer und Betroffenen zu ‚lesen' und entsprechend diesen Erkenntnissen zu verändern" (ebd., S. 14; siehe zu Qualitätsentwicklung auch Herrmann/Müller 2019).

Weiterhin ist zu überlegen, welche Verfahren genutzt werden können, um die gegebene Praxis einer gründlichen und multiperspektivischen Reflexion zu unterziehen und wie diese Verfahren kontinuierlich optimiert und im Sinne eines dauerhaften Qualitätsmanagements systematisiert werden können, ohne dabei einer neuen Bürokratisierung und Technisierung Tür und Tor zu öffnen (Struck 1999, S. 17ff.). Das Verhältnis von Aufwand und Nutzen sollte angemessen sein und Mitarbeitenden nachvollziehbar gemacht werden können. Zentrale Anforderungen für das Qualitätsmanagement in sozialwirtschaftlichen Einrichtungen sind hier die Praktikabilität von Verfahren des Qualitätsmanagements sowie ihre Passung auf die jeweiligen Arbeitsfelder der Sozialen Arbeit mit ihren spezifischen Fragen und Notwendigkeiten, auf die Größe, Struktur und Kultur der Organisation und auf die gewünschte Funktion der Verfahren in der jeweiligen Einrichtung.

Die Dienste und Einrichtungen sind dabei zu unterstützen, unter ausdrücklicher Partizipation der Adressat:innen, der Mitarbeitenden und der Leitungsebene eigene Fragen zu stellen und diese fachlich – nicht primär formal! – qualifizierten Fragen zu einem wesentlichen Ausgangs- und Zielpunkt der jeweiligen Qualitätsbemühungen zu machen (Merchel 2013, S. 209ff.). Die Erfahrungen, die Mitarbeitende und Adressat:innen mit Modellen und Instrumenten des Qualitätsmanagements sammeln, sollten regelmäßig erhoben sowie explizit und einrichtungsöffentlich zum Thema gemacht werden und für die Optimierung, vielleicht aber auch Umsteuerung von Zugängen und Verfahren des Qualitätsmanagements genutzt werden. Auf diese Weise wird „das Motiv der Kontrolle und der unmittelbaren Verhaltenssteuerung von Mitarbeitern" in den Hintergrund gedrängt (Merchel 2013, S. 209) und werden stattdessen individuelle und organisationale Lernprozesse befördert (siehe Schröer 2018; Merchel 2019b; Herzig/Sundermann 2018), ganz im Sinne eines ‚Entwicklungsorientierten Managements' und der angestrebten ‚Agilität' von Organisationen (siehe Grunwald 2018b, S. 351ff.).

Damit dies gelingt, ist es wichtig, sehr genau zu überlegen, welche Methoden des Qualitätsmanagements für welche organisationalen Ziele geeignet sind. Je nachdem, ob es in erster Linie – insbesondere bei einem eher administrativen Charakter der Aufgaben – um die Standardisierung von Verfahren oder ob es primär – insbesondere bei interaktiven und adressat:innenorientierten Aufgaben sowie sozialpädagogischen Prozessen – um eine an formulierten Kriterien ausgerichtete Evaluation geht, ist der Einsatz der Methoden und Instrumente unterschiedlich auszurichten, auch hinsichtlich der Reduktion von Komplexität (Merchel 2017b, S. 367f.). Zu berücksichtigen ist, dass auch standardisierte Verfahren nicht „quasi automatisch eine angestrebte Qualität" erzeugen und deswegen kontinuierlicher systematisierter Bewertung im Sinne einer kriteriengeleiteten Evaluation bedürfen, um die verschiedenen impliziten Annahmen kritisch zu reflektieren (Merchel 2017a, S. 765f.).

3 Qualitätsmanagement in sozialwirtschaftlichen Organisationen

Die Sinnerzeugung ist wiederum eng verknüpft mit einer internen Verständigung, wie die Beteiligten ‚gute Arbeit' definieren und inhaltlich füllen, sowohl bezüglich der zu erbringenden Leistungen als auch bezüglich der dazu nötigen Verfahren; Zech/Dehn sprechen hier zutreffend von „Qualität als gutes Gelingen" (2017, S. 18ff.). Haussen Lewis betont diesbezüglich die Notwendigkeit, „Dokumentation und Eigensinn" von Adressat:innen und Sozialarbeitenden miteinander zu verknüpfen (2016, S. 50). Die Definition von ‚guter Arbeit' sollte immer auch die „fachliche Legitimation der Qualitätsinhalte" einschließen (Merchel 2013, S. 209). Damit diese hergestellt werden kann ist es nötig, dass die Arbeit an fachlichen Qualitätsstandards nicht auf der Ebene allgemeiner ‚Konzeptbegriffe' (Empowerment, Lebensweltorientierung, Lebensqualität, Normalisierung, Integration, Inklusion, Prävention usw.) stehen bleibt, sondern diese so konkretisiert werden, dass mess- und bewertbare Qualitätsmaßstäbe als Grundlage für eine fundierte fachliche Qualitätsarbeit vorhanden sind, auf die im organisationalen Alltag zurückgegriffen werden kann (Grunwald 2015b, S. 122ff.; Merchel 2013, S. 32). In diesem Zusammenhang ist nicht nur eine Schulung von Qualitätsmanagementbeauftragten, sondern eine breite Qualifizierung der Mitarbeitenden und Leitungskräfte für die aktive Gestaltung von Qualitätsentwicklungsprozessen von besonderer Bedeutung.

Eine weitere Herausforderung für ein so umrissenes fachliches Qualitätsmanagement besteht darin, die Breite verschiedener Qualitätsdimensionen zwischen Struktur-, Prozess- und Ergebnisqualität systematisch zu berücksichtigen (Merchel 2013, S. 208ff.; Vomberg 2010, S. 19ff.; siehe auch Kolhoff in diesem Band und exemplarisch sehr spannend für den ASD Merchel 2019a). Thematisiert werden müssen nicht nur Rahmenbedingungen (wie finanzielle, personelle, räumliche und organisationsstrukturelle Ausstattung), sondern es müssen auch die Prozesse fachlichen und organisationalen Handelns (die ‚Regeln der Kunst') und die ‚Ergebnisse' (seien sie in der Organisation, im Gemeinwesen oder in der sozialen Infrastruktur verortet) in Überlegungen der Qualitätsentwicklung einbezogen werden.

Dies alles kann nur gelingen, wenn die Personen, die eine Organisation letztverantwortlich führen, tatsächlich ihre Steuerungsverantwortung in einer für die Mitarbeitenden erkennbaren Weise wahrnehmen. Diese Steuerungsverantwortung beinhaltet die persönliche ‚Haltung' gegenüber Qualitätsmanagement und seiner Relevanz – seines ‚Sinnes' – für die konkrete Organisation in der jeweils spezifischen Situation und eine klare Position, welcher Aufwand für welche Verfahren und welche Ziele angemessen ist und wie diese kommuniziert werden können und müssen. Leitungskräfte sollten in der Lage sein, den Einsatz von Methoden kritisch einschätzen zu können und zu übersehen, welche Kompetenzen für diese benötigt werden und welche Unterstützung durch Qualitätsmanagementbeauftragte oder andere (leitende) Mitarbeitende gebraucht wird, um die Prozesse sorgfältig und zielorientiert zu gestalten (siehe Grunwald 2018b). Sie sollten schließlich fähig sein, die „paradoxen Effekte und ungewollten Nebenfolgen des Qualitätsmanagements" (Kühl 2015, S. 77ff.) zu berücksichtigen, ohne sich von ihnen lähmen zu lassen und die Steuerung des Qualitätsentwicklungsprozesses als Ganzen zu verantworten, ohne die Grenzen der (eigenen) Steuerungsfähigkeit zu übersehen (Grunwald 2015a; siehe Grunwald 2018a).

3.5 Schlusswort

Abschließend kann festgehalten werden, dass es kritisch zu reflektieren ist, inwieweit der Einsatz von Strategien und Verfahren des Qualitätsmanagements in Einrichtungen der Sozialwirtschaft im Konkreten tatsächlich zu produktiven Qualitätsdiskursen und damit zu einem Zuwachs an Fachlichkeit führt (Grunwald 2016). Auch wenn sicherlich mit Verfahren einer strukturierten Qualitätsentwicklung die Chance besteht, Reflexionsprozesse bezüglich des fachlichen und methodischen Handelns sowie des organisationalen und sozialpolitischen Rahmens zu begünstigen, bleibt doch zu fragen, ob und inwieweit Qualitätsmanagement Einrichtungen der Sozialwirtschaft nachhaltig unterstützt (bzw. grundsätzlicher: unterstützen kann), Risiken und Spannungsfeldern in Sozialpolitik und Organisationsgestaltung produktiv zu gestalten (Merchel 2017a, S. 766; siehe auch Herrmann/Bolay 2015, S. 520; Herrmann/Müller 2019).

Dahme/Wohlfahrt spitzen zu: „Qualitätsmanagement in sozialen Diensten, in einem staatlich regulierten Bereich, auch wenn er sich selbst neuerdings mit Markt- und Wettbewerbskategorien beschreibt, stößt an objektive Grenzen und erscheint vielfach lediglich als ideologische Beigabe zur effizienzorientierten Leistungssteuerung" und verweist darauf, „dass die Qualitätsdiskussion im Bereich sozialer Dienstleistungen vor dem Hintergrund sozialpolitischer Entscheidungen gesehen werden muss, in denen unternehmerisches Handeln, Kund:innenorientierung und die Beschäftigung mit Qualitätssicherungs- und Qualitätsmanagementmaßnahmen für die sozialen Dienstleister zur Notwendigkeit gemacht wurden" (2015, S. 1285).

Da es jedoch eine unbestreitbare Aufgabe des Managements sozialwirtschaftlicher Organisationen ist, Qualitätsmanagement in ihnen bewusst zu gestalten und mittels Verfahren des Qualitätsmanagements und der Qualitätsentwicklung die eigene Organisation weiter zu entwickeln, sollen nun auf der Basis der bisherigen Ausführungen einige zusammenfassende Empfehlungen für ein reflektiertes Qualitätsmanagement in sozialwirtschaftlichen Organisationen gegeben werden.

- Qualitätsmanagement in der Sozialwirtschaft sollte sich in einer Weise auf Fragen einer Organisationsqualität und auf Fragen einer fachlichen Ausgestaltung der Dienstleistungserbringung beziehen, dass beide Dimensionen sich gegenseitig ergänzen und stützen und keine der beiden die andere dominiert.
- Sozialökonomische, sozialpolitische, sozialrechtliche, organisationale und fachlich-sozialpädagogische Kontexte produzieren spezifische, teils öffentliche Sinngehalte und stellen sozialwirtschaftliche Organisationen vor erhebliche Anforderungen der ‚Steuerung' von ‚Qualität', denen offensiv, explizit und dialogisch mit systematischen Prozessen organisationalen Lernens – im Sinne der Agilität von Organisationen – zu begegnen ist.

- Wichtig ist, weder einer politischen Instrumentalisierung des Qualitätsthemas im Zeichen von Sparprogrammen noch einer technologischen Engführung desselben zu erliegen.
- Steuerung im Rahmen von Qualitätsmanagement ist angesichts vielfältiger Dilemmata und Paradoxien nur eingeschränkt möglich, aber unverzichtbar.
- Strategien und Zugänge der Qualitätsentwicklung – mit Konsequenzen für Organisations- und Personalentwicklung – sollten im Vordergrund stehen, ohne das Thema der Qualitätssicherung zu übergehen.
- Dabei sollten multiperspektivische Modelle und Verfahren eines Qualitätsmanagements im Sinne von Qualitätsentwicklung so realisiert werden, dass der Sinn, der mit ihnen verbunden wird, gemeinsam entwickelt, getragen und breit kommuniziert wird.
- Ausgangspunkt muss die Perspektive der Nutzer:innen sein, ohne dass die Interessen anderer interner und externer Anspruchsgruppen und deren teilweise widersprüchliche Qualitätskonstrukte übergangen würden.
- Qualitätsmanagement sollte professionelles sozialpädagogisches Handeln mit seinem Wertebezug nicht unterlaufen, sondern im Interesse der Adressat:innen begleiten und unterstützen.

Ein so geschärftes Qualitätsmanagement kann sehr produktiv für Dienste und Einrichtungen der Sozialwirtschaft sein. Es bedarf dazu einer permanenten kritischen, fachlich inspirierten Reflexion und einer kontinuierlichen Weiterentwicklung.

Fragen zur Lernzielkontrolle

1. Welche Entwicklungen in Sozialwirtschaft und Sozialer Arbeit sind für den wissenschaftlichen Diskurs um Qualitätsmanagement in sozialwirtschaftlichen Organisationen von Bedeutung?
2. Was ist bei der Definition der ‚Qualität' sozialwirtschaftlicher Dienstleistungen zu beachten?
3. Welche Kontexte gibt es, in die die Beschäftigung mit Fragen des Qualitätsmanagements in der Sozialwirtschaft eingeordnet werden können? Bitte beschreiben Sie diese!
4. Was ist das eigentlich Neue und damit auch für die Sozialwirtschaft Bedeutsame am Qualitätsdiskurs?
5. Vor welchen Herausforderungen steht ein kritisch reflektiertes Qualitätsmanagement in sozialwirtschaftlichen Organisationen?

Literatur

Adam, Patricia (2020): Agil in der ISO 9001. Wie Sie agile Prozesse in Ihr Qualitätsmanagement integrieren. Wiesbaden: Springer Gabler.

Beher, Karin/Fuchs-Rechlin, Kirsten (2013): Wie atypisch und prekär sind die Beschäftigungsverhältnisse in sozialen Berufen? In: Sozialmagazin 38, H. 1-2, S. 52-64.

Biewers Grimm, Sandra (2020): Qualitätskonstruktionen. Zur Verarbeitung divergierender Qualitätsanforderungen in der Jugendarbeit. Mit einem Vorwort von Franz Hamburger. 2., korr. Aufl., Weinheim/Basel: Beltz Juventa.

Bleck, Christina (2016): „Qualität", „Wirkung" oder „Nutzen"? Zentrale Zugänge zu Resultaten Sozialer Arbeit in professionsbezogener Reflexion. In: Borrmann, Stefan/Thiessen, Barbara (Hrsg.): Wirkung Sozialer Arbeit. Potenziale und Grenzen der Evidenzbasierung für Profession und Disziplin. Opladen: Barbara Budrich, S. 107-124.

Dahme, Heinz-Jürgen/Wohlfahrt, Norbert (2015): Qualität. In: Otto, Hans-Uwe/Thiersch, Hans (Hrsg.): Handbuch Soziale Arbeit. Grundlagen der Sozialarbeit und Sozialpädagogik. 5., erw. Aufl., München: Reinhardt, S. 1278-1287.

Dewe, Bernd/Otto, Hans-Uwe (2015): Profession. In: Otto, Hans-Uwe/Thiersch, Hans (Hrsg.): Handbuch Soziale Arbeit. Grundlagen der Sozialarbeit und Sozialpädagogik. 5., erw. Aufl., München: Reinhardt, S. 1233-1244.

Eichinger, Ulrike (2009): Die Restrukturierung der Rahmenbedingungen Sozialer Arbeit aus der Beschäftigtenperspektive. In: Neue Praxis 39, H. 2, S. 117-128.

Flösser, Gaby/Westheide, Linda (2016): Qualität. In: Schröer, Wolfgang/Struck, Norbert/Wolff, Mechthild (Hrsg.): Handbuch Kinder- und Jugendhilfe. 2., überarb. Aufl., Weinheim: Beltz Juventa, S. 1125-1139.

Galuske, Michael (2013): Methoden der Sozialen Arbeit. Eine Einführung. 10., von Karin Bock und Jessica Fernandez Martinez bearb. Aufl., Weinheim: Beltz Juventa.

Grunwald, Klaus (2019): Soziale Arbeit, ihre Selbstverortung und ihr Verhältnis zu Fragen der Steuerung sozialwirtschaftlicher Unternehmen. In: Wöhrle, Armin/Beck, Reinhilde/Grunwald, Klaus/Schellberg, Klaus/Schwarz, Gotthardt/Wendt, Wolf Rainer: Grundlagen des Managements in der Sozialwirtschaft. 3. Aufl., Baden-Baden: Nomos 2019, S. 77-109.

Grunwald, Klaus (2018a): Management sozialwirtschaftlicher Organisationen zwischen Steuerungsskepsis, Dilemmatamanagement und Postheroischer Führung. In: Grunwald, Klaus/Langer, Andreas (Hrsg.): Sozialwirtschaft. Ein Handbuch für Wissenschaft und Praxis. Baden-Baden: Nomos 2018, S. 369-390.

Grunwald, Klaus (2018b): Organisationsentwicklung/Change Management in und von sozialwirtschaftlichen Organisationen. In: Grunwald, Klaus/Langer, Andreas (Hrsg.): Sozialwirtschaft. Ein Handbuch für Wissenschaft und Praxis. Baden-Baden: Nomos 2018, S. 333-356.

Grunwald, Klaus (2018c): Qualitätsmanagement in der Sozialwirtschaft. In: Grunwald, Klaus/Langer, Andreas (Hrsg.): Sozialwirtschaft. Ein Handbuch für Wissenschaft und Praxis. Baden-Baden: Nomos 2018, S. 617-635.

Grunwald, Klaus (2016): Qualitätsmanagement im Kontext einer Lebensweltorientierten Sozialen Arbeit. In: Grunwald, Klaus/Thiersch, Hans (Hrsg.): Praxishandbuch Lebensweltorientierte Soziale Arbeit. Handlungszusammenhänge und Methoden in unterschiedlichen Arbeitsfeldern. 3., vollst. überarb. Aufl., Weinheim: Beltz Juventa, S. 445-459.

Grunwald, Klaus (2015a): Postheroisches Management als Herausforderung für Fach- und Leitungskräfte aus der Perspektive einer Lebensweltorientierten Sozialen Arbeit. In: Zeitschrift für Sozialpädagogik 13, H. 2, S. 178-185.

Grunwald, Klaus (2015b): Qualitätsmanagement als methodisch gestütztes und auf Kriterien bezogenes Konzept. In: Bolay, Eberhard/Iser, Angelika/Weinhardt, Marc (Hrsg.): Methodisch Handeln – Beiträge zu Maja Heiners Impulsen zur Professionalisierung der Sozialen Arbeit. Wiesbaden: Springer VS, S. 119-131.

Grunwald, Klaus (2012): Dienstleistung. In: Enzyklopädie Erziehungswissenschaft Online, Fachgebiet: Soziale Arbeit, hrsg. von Wolfgang Schröer und Cornelia Schweppe. Weinheim/Basel: Beltz Juventa. doi: 10.3262/EEO14120220.

Grunwald, Klaus (2011): Zu Notwendigkeit und Spezifika eines sozialwirtschaftlichen Blicks in der Sozialen Arbeit. In: Thiersch, Hans/Treptow, Rainer (Hrsg.): Zur Identität der Sozialen Arbeit. Sonderheft 10. Lahnstein: Neue Praxis, S. 171-173.

Grunwald, Klaus (Hrsg.) (2009): Vom Sozialmanagement zum Management des Sozialen? Baltmannsweiler: Schneider Verlag Hohengehren.

Grunwald, Klaus (2001): Neugestaltung der freien Wohlfahrtspflege. Management des organisationalen Wandels und die Ziele der Sozialen Arbeit. Weinheim/München: Juventa 2001.

Grunwald, Klaus/Langer, Andreas (2018): Sozialwirtschaft – eine Einführung in das Handbuch. In: Grunwald, Klaus/Langer, Andreas (Hrsg.): Sozialwirtschaft. Ein Handbuch für Wissenschaft und Praxis. Baden-Baden: Nomos 2018, S. 45-64.

Grunwald, Klaus/Thiersch, Hans (Hrsg.) (2016): Praxishandbuch Lebensweltorientierte Soziale Arbeit. Handlungszusammenhänge und Methoden in unterschiedlichen Arbeitsfeldern. 3., vollst. überarb. Aufl., Weinheim: Beltz Juventa.

Hartz, Stefanie (2012): Qualität. In: Horn, Klaus-Peter/Kemnitz, Heidemarie/Marotzki, Winfried/Sandfuchs, Uwe (Hrsg.): Klinkhardt Lexikon Erziehungswissenschaft, 3 Bände. Bd. 3. Bad Heilbrunn: Klinkhardt, S. 51-52.

Haussen Lewis, Antje (2016): Dokumentation und Eigensinn. In: Bakic, Josef/Diebäcker, Marc/Hammer, Elisabeth (Hrsg.): Aktuelle Leitbegriffe der Sozialen Arbeit. Ein kritisches Handbuch. Bd. 3, Wien: Löcker, S. 50-67.

Herrmann, Franz/Bolay, Eberhard (2015): Qualitätsmanagement in der Sozialen Arbeit durch Praxisforschung und reflexives methodisches Handeln. In: Neue Praxis 45, H. 5, S. 519-538.

Herrmann, Franz/Müller, Bettina (2019): Qualitätsentwicklung in der Sozialen Arbeit. Grundlagen, Methoden, Umsetzung. Stuttgart: Kohlhammer.

Herzig, Michael/Sundermann, Larissa M. (2018): Aus Fehlern lernen: Ein Modell zur partizipativen Qualitätsentwicklung in sozialen Non-Profit-Organisationen. In: Gmür, Markus/Andessner, René/Greiling, Dorothea/Theuvsen, Ludwig (Hrsg.): Wohin entwickelt sich der Dritte Sektor? Konzeptionelle und empirische Beiträge aus der Forschung. Tagungsband zum 13. Internationalen NPO-Forschungscolloquium an der Universität Fribourg/Freiburg, 19. – 20. April 2018. Freiburg, Schweiz: Verbandsmanagement Institut (VMI), S. 215-221.

Honig, Michael-Sebastian (2002): Pädagogische Qualität als erziehungswissenschaftliches Problem. In: Neue Praxis 32, H. 3, S. 216-231.

Kessl, Fabian/Polutta, Andreas/van Ackeren, Isabell/Dobischat, Rolf/Thole, Wolfgang (Hrsg.) (2016): Prekarisierung der Pädagogik – Pädagogische Prekarisierung? Erziehungswissenschaftliche Vergewisserung. Weinheim/Basel: Beltz Juventa.

Köpp, Christina/Neumann, Sascha (2003): Sozialpädagogische Qualität. Problembezogene Analysen zur Konzeptualisierung eines Modells. Weinheim: Juventa.

Kühl, Stefan (2015): Sisyphos im Management. Die vergebliche Suche nach der optimalen Organisationsstruktur. 2., akt. Aufl., Frankfurt a.M./New York: Campus.

Kuhn, Detlef (Hrsg.): Resilienz am Arbeitsplatz. 2., vollst. überarb. Aufl., Frankfurt a.M.: Mabuse 2019.

Meinhold, Marianne (2001): Die transparente Darstellung der Qualität und Leistungsfähigkeit Sozialer Arbeit – Teil der Handlungskompetenz der Sozialen Arbeit. In: Pfaffenberger, Hans (Hrsg.): Identität – Eigenständigkeit – Handlungskompetenz der Sozialarbeit/Sozialpädagogik als Beruf und Wissenschaft. Münster: LIT, S. 137-152.

Merchel, Joachim (2019a): Qualitätskriterien: Was macht einen „guten ASD" aus? In: Merchel, Joachim (Hrsg.): Handbuch. Allgemeiner Sozialer Dienst (ASD). 3. aktual. u. erw. Aufl., München: Reinhardt, S. 448-457.

Merchel, Joachim (2019b): Qualitätsmanagement und Organisationslernen: Zur Förderung von Lernbereitschaft und Entwicklungsfähigkeit im ASD, in: Merchel, Joachim (Hrsg.): Handbuch. Allgemeiner Sozialer Dienst (ASD). 3. aktual. u. erw. Aufl., München: Reinhardt, S. 438-447.

Merchel, Joachim (2017a): Qualitätsentwicklung. In: Kreft, Dieter/Mielenz, Ingrid (Hrsg.): Wörterbuch Soziale Arbeit. Aufgaben, Praxisfelder, Begriffe und Methoden der Sozialarbeit und Sozialpädagogik. 8., vollst. überarb. u. akt. Aufl., Weinheim/Basel: Beltz Juventa, S. 762-766.

Merchel, Joachim (2017b): Worum geht es eigentlich beim Qualitätsmanagement? Zur Kritik an Sinndefiziten in der Praxis des Qualitätsmanagements. In: Roehl, Heiko/Asselmeyer, Herbert (Hrsg.): Organisationen klug gestalten. Das Handbuch für Organisationsentwicklung und Change Management. Stuttgart: Schäffer-Poeschel, S. 362-370.
Merchel, Joachim (2013): Qualitätsmanagement in der Sozialen Arbeit. 4., akt. Aufl., Weinheim: Beltz Juventa.
Moldaschl, Manfred (2001): Qualität als Spielfeld und Arena: Das mikropolitische Verständnis von Qualitätsmanagement – und seine Grenzen. In: Wächter, Hartmut/Vedder, Günther (Hrsg.): Qualitätsmanagement in Organisationen. DIN ISO 9000 und TQM auf dem Prüfstand. Wiesbaden: Gabler, S. 115-138.
Müller, Burkhard (2000): Welche Unternehmensphilosophie braucht die Jugendhilfe? In: Evangelische Jugendhilfe 77, H. 3, S. 135-142.
Oelerich, Gertrud/Schaarschuch, Andreas (Hrsg.) (2005): Soziale Dienstleistungen aus Nutzersicht. Zum Gebrauchswert Sozialer Arbeit. München: Reinhardt.
Schaarschuch, Andreas (2020): Die Nutzerinnen und Nutzer Sozialer Arbeit und der Kapitalismus. In: Otto, Hans-Uwe (Hrsg.): Soziale Arbeit im Kapitalismus. Gesellschaftstheoretische Verortungen. Professionspolitische Positionen. Politische Herausforderungen. Weinheim/Basel: Beltz Juventa 2020, S. 195-203.
Schaarschuch, Andreas (2003): Die Privilegierung des Nutzers. Zur theoretischen Begründung sozialer Dienstleistung. In: Otto, Hans-Uwe/Olk, Thomas (Hrsg.): Soziale Arbeit als Dienstleistung. Grundlegungen, Entwürfe, Modelle. Neuwied: Luchterhand, S. 150-169.
Schmidt, Sabrina (2018): Qualitätsmanagement in der Heimerziehung. Eine neo-institutionalistische Analyse organisationaler Übersetzungsprozesse der Qualitätsmanagementnorm DIN EN ISO 9001 von leistungserbringenden Einrichtungen im Bereich der stationären Erziehungshilfe. Weinheim/Basel: Beltz Juventa.
Schröer, Andreas (2018): Organisation als pädagogisches Konzept. In: Grunwald, Klaus/Langer, Andreas (Hrsg.): Sozialwirtschaft. Handbuch für Wissenschaft und Praxis. Baden-Baden: Nomos 2018, S. 239-251.
Sommerhoff, Benedikt/Wolter, Olaf (2019): Agiles Qualitätsmanagement. Schnell und flexibel zum Erfolg. München: Hanser.
Struck, Norbert (1999): Die Qualitätsdiskussion in der Jugendhilfe in Deutschland. In: Sozialpädagogisches Institut im SOS-Kinderdorf e.V. (Hrsg.): Qualitätsmanagement in der Jugendhilfe. München: Eigenverlag, S. 6-21.
Vomberg, Edeltraud (2010): Praktisches Qualitätsmanagement. Ein Leitfaden für kleinere und mittlere Soziale Einrichtungen. Stuttgart: Kohlhammer.
Wohlfahrt, Norbert (2016): Zur Qualität pädagogischer Beschäftigungsverhältnisse in der europäischen Sozialwirtschaft. In: Kessl, Fabian/Polutta, Andreas/van Ackeren, Isabell/Dobischat, Rolf/Thole, Wolfgang (Hrsg.): Prekarisierung der Pädagogik – Pädagogische Prekarisierung? Erziehungswissenschaftliche Vergewisserung. Weinheim/Basel: Beltz Juventa, S. 155-166.
Zech, Rainer (2017): Qualitätsentwicklung als Organisationsentwicklung und Professionalisierung. In: Roehl, Heiko/Asselmeyer, Herbert (Hrsg.): Organisationen klug gestalten. Das Handbuch für Organisationsentwicklung und Change Management. Stuttgart: Schäffer-Poeschel, S. 337-342.
Zech, Rainer (2015): Qualitätsmanagement und gute Arbeit. Grundlagen einer gelingenden Qualitätsentwicklung für Einsteiger und Skeptiker. Wiesbaden: Springer.
Zech, Rainer/Dehn, Claudia (2017): Qualität als Gelingen. Grundlegung einer Qualitätsentwicklung in Bildung, Beratung und Sozialer Dienstleistung. Göttingen: Vandenhoeck & Ruprecht.
Zollondz, Hans-Dieter (2016): Agilität. In: Zollondz, Hans-Dieter/Ketting, Michael/Pfundtner, Raimund (Hrsg.): Lexikon Qualitätsmanagement. Handbuch des Modernen Ma-

nagements auf der Basis des Qualitätsmanagements. 2., komplett überarb. u. erw. Aufl., Oldenbourg: De Gruyter, S. 28-30.

Zollondz, Hans-Dieter/Ketting, Michael/Pfundtner, Raimund (Hrsg.) (2016): Lexikon Qualitätsmanagement. Handbuch des Modernen Managements auf der Basis des Qualitätsmanagements. 2., komplett überarb. u. erw. Aufl., Oldenbourg: De Gruyter.

4 Qualitätsmanagementkonzepte in den Handlungsfeldern der Sozialwirtschaft

Jochen Ribbeck

> **Lernziele (Inhaltsangabe)**
>
> In diesem Kontext werden Qualitätsmanagementkonzepte in ausgewählten Handlungsfeldern der Sozialwirtschaft vorgestellt. Zunächst erfolgen eine kurze begriffliche Klärung und eine Darlegung der Auswahlkriterien. Es wird ein dann Modell der Dienstleistungsqualität als gemeinsamer konzeptioneller Bezugsrahmen vorangestellt. Nacheinander werden schließlich verschiedene Qualitätsmanagementkonzepte erläutert. Dabei wird jeweils die Grundidee, der Denkansatz skizziert, das zugrunde liegende Modell und die eingesetzten Verfahren erklärt. Die ausgewählten Qualitätsmanagementkonzepte sollen einen Einblick ermöglichen, wie Qualitätsmanagement in unterschiedlichen Arbeitsfeldern der Sozialwirtschaft konkret umgesetzt wird.

4.1 Begriffliche Klärung und Auswahlkriterien

Qualitätsmanagement ist allgemein als qualitätsorientierte Steuerung einer Organisation zu verstehen. Qualitätsentwicklung und -sicherung sind darin eingeschlossen (Ribbeck, 2018, S. 24). Branchenübergreifende Qualitätsmanagementsysteme, wie die DIN EN ISO 9001:2015 oder das EFQM-Modell werden in den Kapiteln vier und sieben vorgestellt. **Qualitätsmanagementkonzepte** sind ebenfalls qualitätsorientierte Steuerungsansätze, allerdings bezogen auf bestimmte Handlungsfelder. Damit sind Qualitätsmanagementkonzepte klar gegenüber fachlich ausgerichteten Konzepten der Qualitätsentwicklung abzugrenzen. Letztere dienen dazu, professionelle Praxis systematisch zu evaluieren, um daraus Erkenntnisse über sinnvolle und notwendige inhaltliche, konzeptionelle Veränderungs- und Verbesserungsbedarfe zu gewinnen. Qualitätsmanagementkonzepte hingegen haben einen organisationalen Steuerungsradius und gleichzeitig einen konkreten Entwicklungskontext und Anwendungsbezug. Bedingt durch den gesamtorganisationalen Bezug sind Qualitätsmanagementkonzepte meist anschlussfähig zu den „großen" Qualitätsmanagementsystemen. Während es eine schwer überschaubare Zahl unterschiedlicher Qualitätsentwicklungskonzepte gibt, lassen sich tatsächlich nur wenige Qualitätsmanagementkonzepte finden, die die genannten Kriterien erfüllen.

4.2 Das GAP-Modell der Dienstleistungsqualität von Parasuraman, Zeithaml, Berry

Parasuraman, Zeithaml und Berry entwickelten in den 1980er-Jahren auf der Basis empirischer Untersuchungen ein Modell der Dienstleistungsqualität (1985;

1988). Als solches dient es in diesem Kontext als Rahmenmodell für die hier vorzustellenden Qualitätsmanagementkonzepte. Wie alle genuinen Qualitätsmanagementsysteme und -konzepte steht die Erfüllung der Qualitätserwartungen zentraler Anspruchsgruppen im Mittelpunkt. Dabei wird von der Grundannahme ausgegangen, dass die Qualität sozialer Dienstleistungen nicht ausschließlich in der direkten Interaktion zwischen Dienstleistungsgebern, -innen und Leistungsempfängern, -innen entsteht. Dienstleistungsqualität entsteht vielmehr durch das Zusammenwirken einer Vielzahl unterschiedlicher Faktoren, Abläufe und Strukturen entlang des gesamten organisationalen Leistungs- bzw. Wertschöpfungsprozesses. Die Autoren beschreiben entlang dieses Wertschöpfungsprozesses fünf Schlüsselstellen oder Lücken (sog. Gaps) zwischen Kundenerwartungen und realisierter Dienstleistungsqualität (vgl. 1985, S. 44ff.; vgl. 1988, S. 35ff.).

1. Zunächst muss das Management Kenntnis von den zentralen Kund:innenerwartungen haben. (Gap 1)
2. Die erwartete Dienstleistungsqualität muss in Form von Richtlinien, Zielen und prozessbezogenen Standards spezifiziert werden. (Gap 2)
3. Die Spezifikationen von Dienstleistungsqualität müssen in der Arbeitspraxis konkret angewandt werden. (Gap 3)
4. Die Erstellung der Dienstleistung und die gegenüber Kund:innen kommunizierten Leistungsversprechen müssen kongruent sein. (Gap 4)
5. Dies führt schlussendlich dazu, dass erwartete und tatsächlich wahrgenommene Dienstleistungsqualität im Idealfall übereinstimmen. (Gap 5).

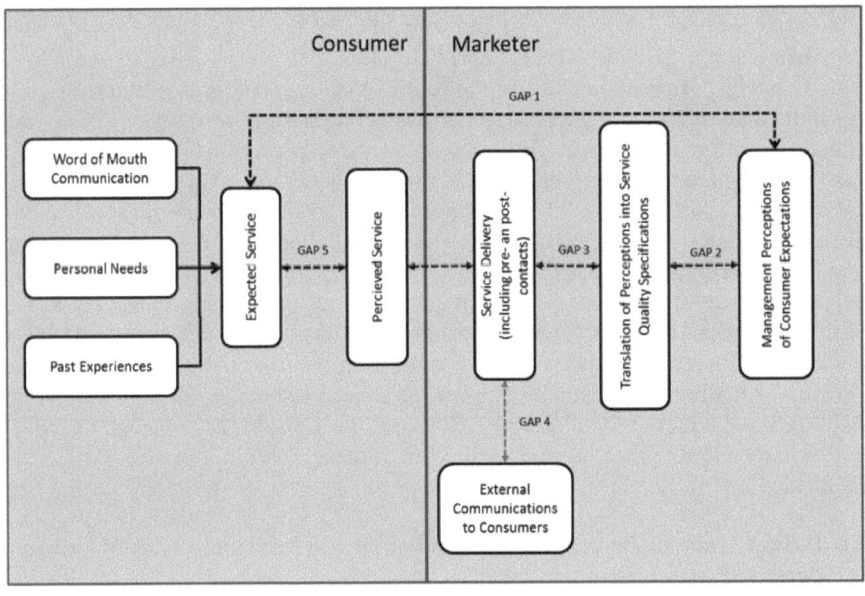

Abbildung 18: GAP-Modell der Dienstleistungsqualität (Parasuraman/Zeithaml/Berry 1985, S. 44)

Das GAP-Modell findet in der Praxis breite Anwendung. Insbesondere lassen sich aus dem skizzierten Schlüsselstellen (Gaps) konkrete qualitätsfördernde Maßnahmen ableiten. Im Zusammenhang personenbezogener Dienstleistungen etwa kommt der Wahrnehmung der Qualitätsforderungen der unmittelbaren Leistungsempfänger:innen durch die Mitarbeiter:innen selbst eine zentrale Bedeutung zu. Mitarbeiter:innen im direkten Kontakt mit Leistungsempfänger:innen haben neben der eigentlichen Leistungserbringung auch die Aufgabe, deren Qualitätserwartungen wahrzunehmen und an das Management zu kommunizieren. Ebenso von Bedeutung ist in diesem Kontext die horizontale, interdisziplinäre Kommunikation.

4.3 GAB-Verfahren in der Sozialen Arbeit

Das GAB-Verfahren wurde 1996 von der Münchner Gesellschaft für Ausbildungsforschung und Berufsentwicklung konzipiert. Die Bezeichnung GAB steht für eben diese Gesellschaft.

Grundidee

Das GAB-Verfahren fokussiert im Kern das zentrale humanistische Motiv der Selbstentfaltung, indem eine breite und individuelle Beteiligung an der inhaltlichen und methodischen Gestaltung des Qualitätsmanagements realisiert wird. Dem GAB-Verfahren liegt ferner eine systemisch-konstruktivistische Haltung zugrunde. Danach kann Qualität nicht objektiv festgestellt und standardisiert werden, sondern ist „eine Frage des Verständnisses, der Sinndeutung einer Handlung, einer Aufgabe oder einer Leistung" (GAB, 2016, S. 42). Qualität im GAB-Verfahren wird trotzdem nicht der Beliebigkeit anheimgestellt. Vielmehr wird ein umfassender organisationaler Rahmen des Qualitätsmanagements beschrieben, der dem dynamischen, interaktionalen Qualitätsverständnis Sozialer Arbeit Rechnung trägt und gleichzeitig eine Systematisierung ermöglicht, die sogar eine Zertifizierung nach der DIN EN ISO 9001 oder der AZAV zulässt.

Modell

Das normative Zentrum des Modells ist das Prinzip der dialogorientierten, interaktionalen Entwicklung von Qualität. Diese Grundhaltung wird gerahmt durch zwei korrespondierende Elemente des Qualitätsmanagements. Die Instrumente Leitbild, Konzepte und Handlungsleitlinien fokussieren die Ebene der Ziele und Strategie („Was wollen wir erreichen?"). Als Pendant fungieren die Instrumente Praxisüberprüfung, Kollegiales Lernen und Systematische Evaluation als Ziel- und Ergebniskontrolle („Was haben wir erreicht?"). Damit ist jedoch keine eindimensionale Qualitätssicherung gemeint, sondern das zirkuläre, entwicklungsorientierte Verständnis des PDCA-Zyklus zugrunde gelegt, der das Modell quasi wie ein Rahmen umschließt.

4 Qualitätsmanagementkonzepte in den Handlungsfeldern der Sozialwirtschaft

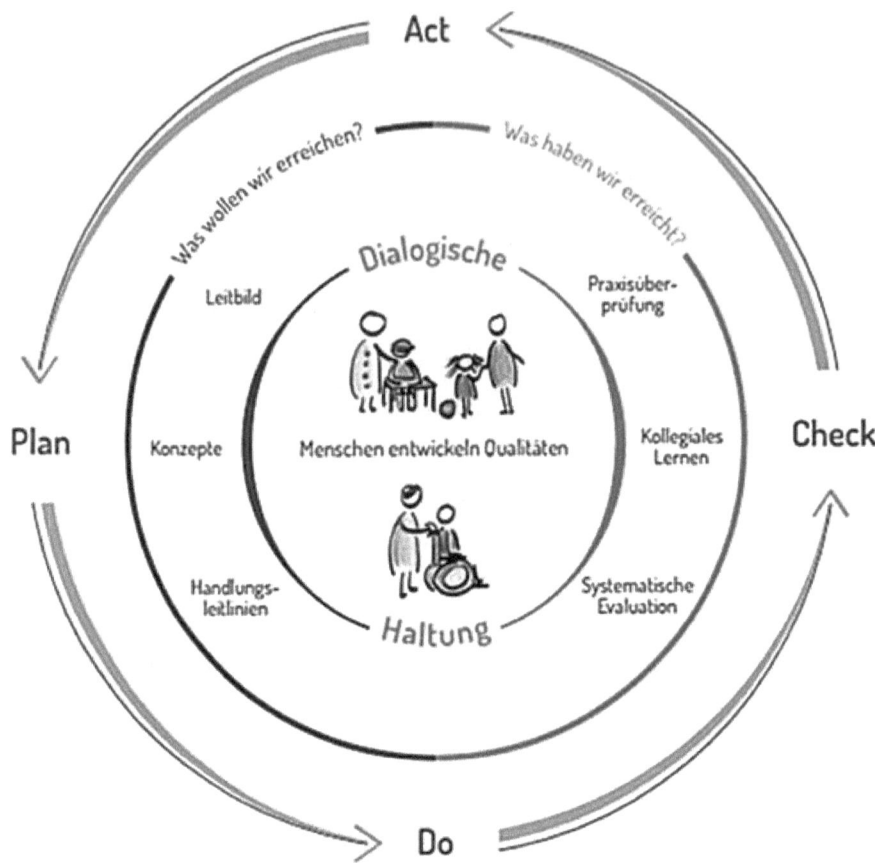

Abbildung 19: Das Modell des GAB-Verfahrens (GAB 2016, S. 29)

Verfahren

Das GAB-Verfahren vereint eine Reihe ineinandergreifende Instrumente (vgl. GAB, 2016, S. 30ff.):

1. Das **Leitbild** ist das normative Element für Konzepte und Handlungsleitlinien. Es formuliert das organisationale Selbstverständnis, Erwartungen an Fach- und Führungskräfte sowie grundlegende Qualitätsziele.
2. **Konzepte** konkretisieren Ziele und Planungen durch spezifischer Aussagen hinsichtlich Vorgehensweisen, einzusetzender Ressourcen, notwendiger Qualifikationen usw. GAB betont, dass Konzepte partizipativ entwickelt werden sollten, um damit einen intensiven Reflexionsprozess zu ermöglichen.
3. **Handlungsleitlinien** werden als spezifische, situationsbezogene Festlegungen für Aufgaben und Abläufe definiert. Sie sollen dabei einen Orientierung gebenden Rahmen bilden, innerhalb dessen je nach fachlichen und sachlichen An-

forderungen weitere Durchführungshinweise und Regelungen vorgenommen werden.
4. **Praxisüberprüfung** bezeichnet die Reflexion der Fachpraxis und die Erarbeitung sinnvoller Veränderungen und Verbesserungen.
5. Unter der Bezeichnung **Kollegiales Lernen** sind unterschiedliche Instrumente zusammengefasst, wie z. B. Intervison, Hospitation, Fallsupervision oder Fallbesprechung. Diese Instrumente dienen vor allem der Personalentwicklung.
6. **Systematische Evaluation** bezeichnet die methodisch gestützte Auswertung der Fachpraxis. Die Wirkungsweise einzelner Programm- oder Konzeptbestandteile sollen ausgewertet werden, ebenso der Ablauf spezifischer Prozesse oder die Zufriedenheit von Mitarbeitenden.

Das GAB-Verfahren beschreibt darüber hinaus weitere Instrumente:

7. In einem **Qualitätsmanagement-Handbuch** wird das Qualitätsmanagement der Organisation beschrieben. Es umfasst das Leitbild, eine Beschreibung des Aufbaus der Organisation des Qualitätsmanagements sowie auch Konzepte, Handlungsleitlinien und weitere Handlungsanleitungen.
8. Das **Qualitätsmanagementsystem** wird jährlich im Rahmen eines internen Audits einer Prüfung unterzogen. Alle drei Jahre wird das gesamte Qualitätsmanagementsystem überprüft. Schließlich werden die Ergebnisse des Audits mit der Leitung im Kontext eines Management Reviews ausgewertet.

4.4 KTQ im Gesundheitswesen

KTQ steht für „Kooperation für Transparenz und Qualität im Gesundheitswesen". KTQ ist eine gemeinnützige GmbH, die 2001 gegründet wurde, um für Krankenhäuser ein eigenes Zertifizierungsverfahren zu entwickeln.

Grundidee

Das Ziel von KTQ ist die „Optimierung von Prozessen innerhalb der Patientenversorgung" (KTQ, 2017). Der zentrale Ansatz besteht in einer kriteriengeleiteten systematischen Bewertung der Organisation und einer abschließenden externen Zertifizierung.

Modell

Das KTQ-Modell stellt die Versorgung der Patient:innen in den Mittelpunkt. Dazu werden bestimmte Prozesse aus zentralen Bereichen (im Modell: Kategorien) in den Blick genommen: Patient:innenorientierung – Mitarbeiter:innenorientierung – Sicherheit/ Risikomanagement – Informations- und Kommunikationswesen – Unternehmensführung – Qualitätsmanagement.

4 Qualitätsmanagementkonzepte in den Handlungsfeldern der Sozialwirtschaft

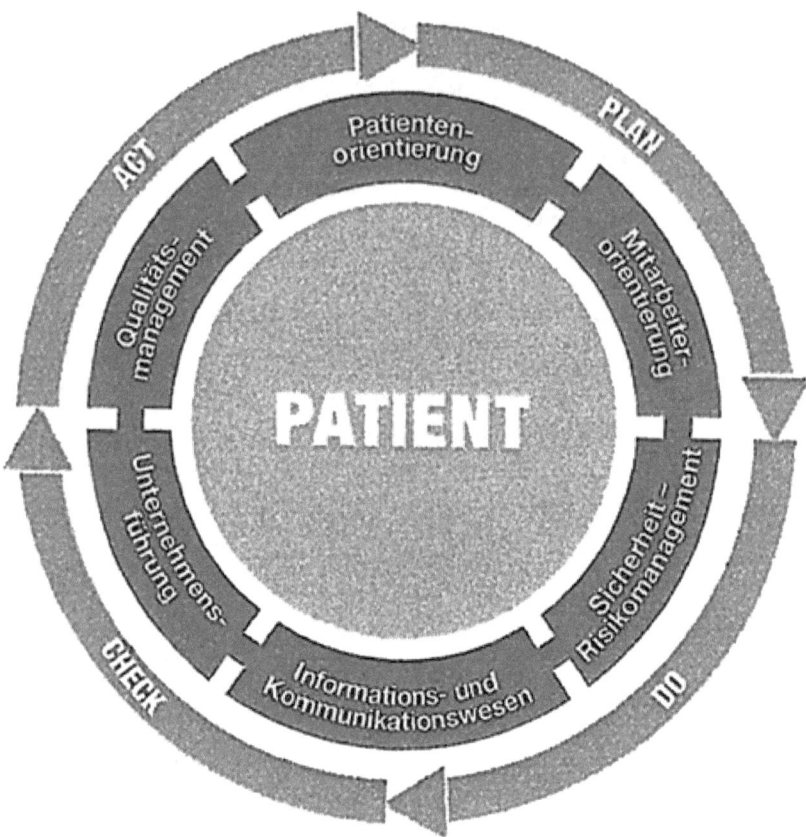

Abbildung 20: Das KTQ-Modell (KTQ 2015, S. 13)

Den Kategorien sind jeweils Subkategorien und Kriterien zugeordnet. Die Kriterien werden schließlich durch Themen/Anforderungen näher erläutert. Diese Systematik sieht exemplarisch wie folgt aus:

Tabelle 1: KTQ-Katalog Krankenhaus 2015 im Überblick: Kategorien, Subkategorien, Kriterien (KTQ 2015, S. 46ff.)

Kategorie	Subkategorie		Kriterium	
1 Patientenversorgung	1.1	Rahmenbedingungen der Patientenversorgung	1.1.1	Erreichbarkeit und Aufnahmeplanung
			1.1.2	Leitlinien und Standards
			1.1.3	Information und Beteiligung der Patienten
			1.1.4	Ernährung und Service
	1.2	Akut-/Notfallversorgung	1.2.1	Erstdiagnostik und Erstversorgung
	1.3	Elektive, ambulante Versorgung	1.3.1	Elektive, ambulante Diagnostik und Behandlung
			1.3.2	Ambulante Operationen
	1.4	Stationäre Versorgung	1.4.1	Stationäre Diagnostik, Interdisziplinarität und Behandlung
			1.4.2	Therapeutische Prozesse
			1.4.3	Operative Prozesse
			1.4.4	Visite
	1.5	Weiterbetreuung/ Übergang in andere Bereiche	1.5.1	Entlassungsprozess
	1.6	Sterben und Tod	1.6.1	Umgang mit sterbenden Patienten, palliative Versorgung
			1.6.2	Umgang mit Verstorbenen

1.1.3 Information und Beteiligung des Patienten
1 Patientenrechte, Berücksichtigung von Patientenverfügungen, Vollmachten, Betreuungsstatus
2 Patientenaufklärung unter Berücksichtigung rechtlicher Vorgaben
3 Informationsmaterial und -medien während der Behandlung
4 Einbeziehung der Patienten zur Krankheitsbewältigung
5 Einbeziehung des Angehörigen, Bezugs- und Begleitpersonen
6 Umgang mit Fremdsprachlichkeit
7 Respektierung der Privat- und Intimsphäre
...

Abbildung 21: Beispiel Themen/Anforderungen (KTQ 2015, S. 55)

Verfahren

Im Rahmen der Selbstbewertung werden die zu jedem Kriterium gehörenden Prozesse beschrieben. Dabei sind alle genannten Themen/Anforderungen zu berücksichtigen. Die Beschreibung orientiert sich dabei am PDCA-Zyklus: Zunächst ist die Planung der Prozesse darzulegen, Qualitätsziele und Kennzahlen werden benannt. Es wird dann die tatsächliche Umsetzung beschrieben. In der Folge werden Angaben darüber gemacht, wie die gesetzten Vorgaben und Planungen konkret überprüft werden. Schließlich werden Verbesserungsmaßnahmen beschrieben.

Jedes Kriterium wird gemäß einer spezifischen Systematik bewertet. Für jedes Kriterium können maximal 18 Punkte vergeben werden. Der Punktwert ergibt sich aus den Einzelwertungen der vier Schritte im PDCA-Zyklus. Der Schritt „Do" erhält dabei eine höhere Gewichtung. Bei 55 Kriterien mit einer maximal möglichen Punktzahl von 18 können bis zu 990 Gesamtpunkte erzielt werden. Bei der Bewertung sind zudem Erreichungs- und Durchdringungsgrad der Kriterien einzuschätzen. Der Erreichungsgrad bezeichnet, inwieweit die Kriterien inhaltlich umgesetzt sind. Durchdringungsgrad bezieht sich auf die Breite der Umsetzung innerhalb der Organisation.

		Anforderungen sind... nicht erfüllt ...in keinen Bereich umgesetzt	Anforderungen sind... ansatzweise erfüllt ...in wenigen Bereich umgesetzt	Anforderungen sind... teilweise erfüllt ...in mehreren Bereich umgesetzt	Anforderungen sind... umfassend erfüllt ...in allen Bereich umgesetzt	arithm. Mittel der Summe Erreichungs- und Durchdringungsgrades (Beispiel)	Ergebnis
PLAN	Erreichungsgrad	0	1	2	3	2	1,5
	Durchdringungsgrad	0	1	2	3	1	
DO	Erreichungsgrad	0	1 2 3	4 5 6	7 8 9	6	5
	Durchdringungsgrad	0	1 2 3	4 5 6	7 8 9	4	
CHECK	Erreichungsgrad	0	1	2	3	2	2
	Durchdringungsgrad	0	1	2	3	2	
ACT	Erreichungsgrad	0	1	2	3	1	1
	Durchdringungsgrad	0	1	2	3	1	
						Summe	9,5
						ggfs. Aufrundung, immer zum höheren Punktwert	
						Summe:	10

Abbildung 22: Beispiel für die Bewertung eines Kriteriums (KTQ 2015, S. 24)

Das **Zertifizierungsverfahren** beginnt mit einer Selbstbewertung der Organisation. Die Ergebnisse werden in einem KTQ-Selbstbewertungsbericht und in einer verkürzten Form als KTQ-Qualitätsbericht dokumentiert. Eine Zertifizierungsstelle wird mit der Fremdbewertung beauftragt und beide Berichte eingereicht. Die Zertifizierungsstelle prüft die Antragsunterlagen und schlägt ein Visitor:innenteam vor. Das Visitor:innenteam prüft die eingereichten Berichte. Es folgt ein Termin in der Organisation mit Begehungen, Dokumentenanalysen und Gesprächen. Das Visitor:innenteam verfasst einen Visitationsbericht. Das Zertifizierungsverfahren endet schließlich mit der Verleihung eines drei Jahre gültigen KTQ-Zertifikats. Das Unternehmen erhält den Visitationsbericht und der Qualitätsbericht wird veröffentlicht.

Das KTQ-Modell unterscheidet verschiedene Zertifizierungsvarianten: Verbundzertifizierung, vernetzte Zertifizierung, Gesamtzertifizierung und Zertifizierung einer Organisationseinheit.

4.5 LQW in der Weiterbildung

Die Lernerorientierte Qualitätstestierung (LQW) gilt als das verbreitetste Qualitätsmanagementsystem in der beruflichen Fort- und Weiterbildung. Es wurde im Zusammenhang mit einem Modellversuch der Bund-Länder-Kommission zwischen 2000 und 2003 für den Bildungsbereich entwickelt (vgl. Gnahs & Quilling, 2019, S. 49).

Grundidee

LQW zielt darauf ab, die Bildungsorganisation umfassend und systematisch auf die Lernenden auszurichten. Es wird dabei grundlegend angenommen, dass das Lern- und Bildungsgeschehen selbstgesteuert abläuft und nicht direkt durch organisationale Strukturen beeinflusst werden kann. Die Organisation kann Bildungsprozesse aber unterstützen und sich entsprechend systematisch anpassen und entwickeln. Qualitätsmanagement soll die für individuelles Lernen notwendigen Rahmenbedingungen schaffen (vgl. Hippel & Grimm, 2010, S. 25). Durch die Verbindung von organisationalem Qualitätsmanagement und fachspezifischer Qualitätsentwicklung ist LQW auch als Ansatz der Organisationsentwicklung oder auch des Organisationalen Lernens zu verstehen. LQW schließt mit einer Zertifizierung ab, versteht Bildungsqualität aber dennoch als einen fortlaufenden Prozess der Reflexion und Verbesserung.

Modell

Qualitätsmanagement im Sinne der LQW beschreibt die Bildungsqualität förderlichen organisationalen Rahmenbedingungen in vier Lernkontexten (vgl. Zech, 2006, S. 39).

4 Qualitätsmanagementkonzepte in den Handlungsfeldern der Sozialwirtschaft

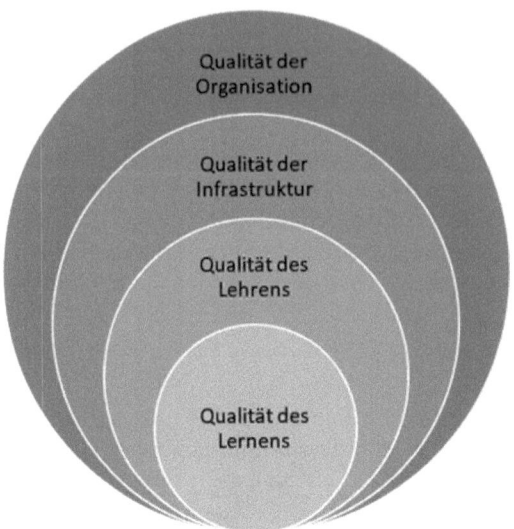

Abbildung 23: Lernkontexte in LQW-Modell (Zech 2006, S. 39)

Die konzentrisch angeordneten Lernkontexte werden in elf Qualitätsbereiche übertragen. Innerhalb der Qualitätsbereiche werden jeweils konkrete Anforderungen beschrieben.

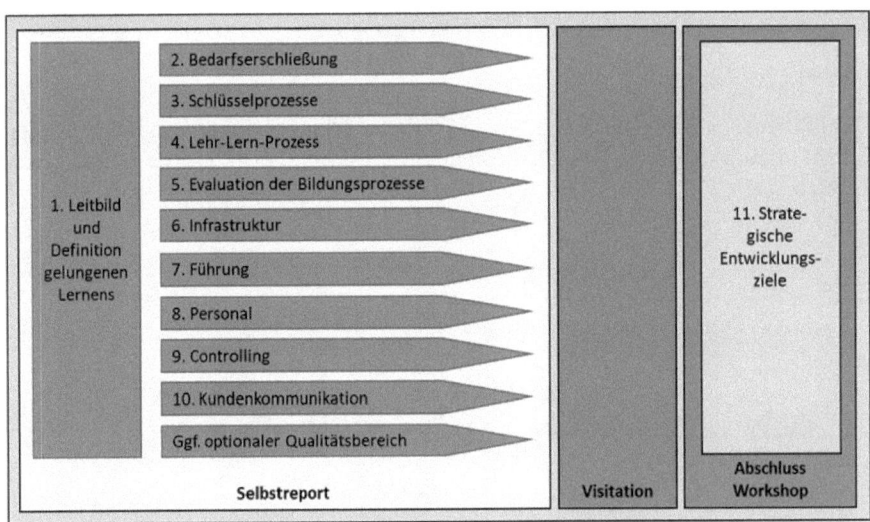

Abbildung 24: Der Qualitätsentwicklungs- und -testierungsprozess (Zech 2006, S. 42)

Das **Leitbild** und die Qualitätsdefinition gelungenen Lernens sind Bezugspunkt und Richtschnur für alle anderen Qualitätsbereiche.

Bedarfserschließung bedeutet, regionale und gesellschaftliche Bildungsbedarfe, aber auch individuelle Bildungsbedürfnisse systematisch zu erheben. Zu den **Schlüsselprozessen** werden die Prozesse gerechnet, die Bildung unmittelbar betreffen, in diesem Sinne wertschöpfungsrelevant sind. Der Qualitätsbereich **Lehr-Lern-Prozess** fokussiert insbesondere die Kompetenzen des Lehrpersonals und daneben Lernziele, Inhalte und Lehrformate. Die **Evaluation der Bildungsprozesse** markieren einen weiteren Qualitätsbereich. Unter **Infrastruktur** werden alle räumlichen, zeitlichen, technischen und versorgungsbezogenen Strukturen des Lernumfeldes sowie die Arbeitsbindungen zusammengefasst. Der Qualitätsbereich **Führung** bezieht sich hier insbesondere auf koordinierende Aufgaben. In diesem Sinne sind nicht nur Leitungsstellen mit Führungstätigkeiten befasst. Im Qualitätsbereich **Personal** werden thematisch Personalplanung, -einsatz und -entwicklung subsumiert. Dabei werden nicht nur Qualifikationsziele, sondern auch Arbeitsmotivation und -zufriedenheit intendiert. Dem Qualitätsbereich **Controlling** kommt die Aufgabe zu, Zielerreichungsgrade zu überprüfen, auch unter wirtschaftlichen Gesichtspunkten. Der letzte Qualitätsbereich **Kundenkommunikation** betont die grundlegende Ausrichtung der Organisation an den Bedürfnissen von Kunden:innen.

Der abschließende Qualitätsbereich betrifft die **strategische** Planung und **Zielausrichtung** der Organisation. Hier wird nochmals deutlich, dass LQW auch als Modell der Organisationsentwicklung zu verstehen ist.

Verfahren

Der Zertifizierungs- oder auch Testierungsprozess von LQW beginnt damit, dass die Bildungsorganisation in den genannten 11 Qualitätsbereichen die organisationsspezifischen Anforderungen reflektiert, bewertet und in Form eines **Selbstreports** dokumentiert.

Ein Leitfaden hilft den Organisationen, die Selbstbewertung vorzunehmen (vgl. Zech, 2017). Die einzelnen Qualitätsbereiche werden darin zunächst grundsätzlich erläutert, dann jeweils näher spezifiziert, es werden Anforderungen formuliert und bestimmte Nachweismöglichkeiten benannt. Exemplarisch ist dies für den Qualitätsbereich 1 veranschaulicht:

Tabelle 2: Tabelle des Qualitätsbereiches Leitbild (Zech 2017, S. 58)

Qualitätsbereich 1: Leitbild		
Ein Leitbild ist die organisationsintern vereinbarte Selbstbeschreibung, wenn sie in der Lage ist, die Operationen des Systems anzuleiten. Das Leitbild muss von außen als Profil der Organisation erkennbar und von innen erlebbar sein. Das Leitbild enthält eine Definition gelungenen Lernens als Ausweis des Selbstverständnisses der Weiterbildungsorganisation gegenüber Kunden.		
Spezifikationen	Anforderungen	Nachweismöglichkeiten
Identität und Auftrag	Das Leitbild enthält Aussagen zu allen acht Spezifikationen.	Protokolle
Werte		Dokumente
Kunden: Auftraggeber und Teilnehmende, Adressaten/Zielgruppen	Das Leitbild ist partizipativ erstellt bzw. revidiert.	Veröffentlichungen
	Es ist schriftlich fixiert.	Verfahrensregeln
Allgemeine Organisationsziele	Es ist extern kommuniziert und extern veröffentlicht.	etc.
Fähigkeiten	Die Revisionsverantwortung für das Leitbild ist festgelegt.	
Leistungen		
Ressourcen	Die eingesetzten Verfahren und die damit erzielten Ergebnisse werden bewertet. Schlussfolgerungen werden gezogen.	
Definition gelungenen Lernens		

Die **Anforderungen** sind für die Testierung entscheidend, weil darin die nachzuweisende Qualität angegeben ist. Der Selbstreport wird von einer Testierungsstelle begutachtet. Sind bestimmte Mindestanforderungen erfüllt, wird eine **Visitation**, also eine Begutachtung vor Ort, durchgeführt. Im Idealfall erfolgen ein **Abschlussworkshop** und die Vergabe eines **Testats**.

4.6 PQ-Sys® des Paritätischen Wohlfahrtsverbandes

Die Wohlfahrtsverbände haben jeweils eigene Qualitätsmanagementkonzepte entwickelt. Stellvertretend wird das Qualitätsmanagementkonzept des Paritätischen Wohlfahrtsverbandes vorgestellt.

Grundidee, Denkansatz

PQ-Sys® ist ein Akronym für das Paritätische Qualitätssystem. Es wurde 1998 konzipiert und seitdem fortlaufend weiterentwickelt. 2014 wurde die Paritätische Qualitätsgemeinschaft Bund gegründet, um die Mitgliedsorganisationen bei der Einführung und Weiterentwicklung eigener Qualitätsmanagementsysteme zu unterstützen.

PQ-Sys® baut auf den „großen" Qualitätsmanagementsystemen DIN EN ISO 9001:2015 und EFQM auf und ist konzeptionell so weit gefasst, dass die angeschlossenen Organisationen und Dienste unter dem Dach des Paritätischen

Wohlfahrtsverbandes unterschiedliche gesetzliche und fachliche Anforderungen in Bezug auf Qualitätsmanagement integrieren können.

Modell

Das PQ-Sys®-Modell umfasst vier Bereiche:

Bildung/Training
QM-Ausbildung
Zertifikatslehrgänge und Seminare in Kooperation mit Landesverbänden, Akademien und Bildungswerken

Methodisch-technische Unterstützungsleistungen
Kunden- und Mitarbeiterbefragungen
Arbeitshilfen
Qualitäts-Checks
QM-Dokumentation

Paritätisches Qualitätssystem PQ-Sys®

Beratung/Vernetzung/ Interessensvertretung
Beratung
Qualitätsgemeinschaften
Vertretung in Gremien
Bundesweiter Austausch, Vernetzung

Zertifizierung und Systementwicklung
Unabhängige Zertifizierung durch kooperierende Zertifizierer
Anerkennung
Weiterentwicklung des Systems

Abbildung 25: PQ-Sys® Angebote im Überblick (mod. Der Paritätische Gesamtverband 2018, S. 5).

Der Paritätische Gesamtverband hält ein differenziertes und systematische **Bildungs- und Trainingsprogramm** vor, um in Organisationen notwendiges Managementwissen aufzubauen. Das Spektrum der Bildungsangebote reicht von Grundlagen, spezifischen Managementtrainings bis hin zu Auditorenlehrgängen.

Der Paritätische Gesamtverband **berät** und **begleitet Organisationen** in Fragen des Qualitätsmanagements. Neben der gezielten Beratung einzelner Organisationen fördert der Verband durch Qualitätsgemeinschaften den Austausch und die **Vernetzung** der verschiedenen Einrichtungen und Träger. Zudem vertritt er die qualitätsbezogenen Ziele und Interessen des Verbandes sowie der zugehörigen Organisationen gegenüber politischen Gremien und Verantwortungsträgern.

PQ-Sys® umfasst auch eine Bandbreite an **methodisch-technischen Unterstützungsleistungen**. Dazu zählen Kunden:innen- und Mitarbeiter:innenbefragungen als fundamentale Basis im Qualitätsmanagement sowie eine Reihe von Arbeitshilfen und Checklisten zur Selbstbewertung der Organisationen. Eine zentrale Funktion hat der sog. Qualitäts-Check PQ-Sys®. Er dient einer umfangreichen, systematischen Selbstbewertung interessierter Organisationen in Bezug auf die Erfüllung der Anforderungen zur Einführung von Qualitätsmanagement.

Ein letzter Bereich beinhaltet die **Zertifizierung** und **Systementwicklung**. Die Organisationen können sich durch kooperierende Zertifizierungsstellen extern begutachten lassen. Als Grundlage dienen Kriterien aus vier Stufen des Paritätischen Qualitätssiegels in verschiedenen fachlichen Varianten. Nach Durchlaufen aller Stufen wird das Paritätische Qualitäts-Siegel verliehen. Ziel ist insgesamt, dass sich die Organisationen ihr Qualitätsmanagement systematisch in Richtung Excellence-Modell entwickeln können. Schließlich stellt die Paritätische Qualitätsgemeinschaft die Weiterentwicklung und die Anerkennung des PQ-Sys® durch die Aufsichtsgremien sicher.

Verfahren

PQ-Sys® ist kein bestimmtes Verfahren. Es beinhaltet vielmehr unterschiedliche Angebote zur Qualifizierung im Qualitätsmanagement, Konzepte, Arbeitshilfen und methodische Vorgehensweisen bis hin zur Zertifizierung speziell für soziale Organisationen. An dieser Stelle werden das **Qualitäts-Check PQ-Sys®** sowie das **Paritätische Qualitätssiegel** vorgestellt.

Mit dem **Qualitäts-Check PQ-Sys®** des Paritätischen Wohlfahrtsverbandes können Organisationen der Sozialen Arbeit systematisch den Stand Ihrer Qualität und Ihres Qualitätsmanagements ermitteln. Darauf aufbauend sollen Verbesserungsmöglichkeiten aufgezeigt und systematisch umgesetzt werden. Eine Selbstbewertung nach dem Qualitäts-Check PQ-Sys® ist Voraussetzung für eine Zertifizierung im PQ-Sys®.

Dem Qualitäts-Check PQ-Sys® liegt ein Prozessmodell zugrunde, das sieben Qualitätsbereiche und jeweils verschiedene Unterbereiche definiert. Ähnlich dem Prozessmodell der DIN EN ISO 9001:2015 orientieren sich alle Prozesse grundlegend an den Qualitätserwartungen der zentralen Anspruchsgruppen. Jeder Qualitätsbereich wird inhaltlich kommentiert. Der Check steht als eine Arbeitshilfe zur Verfügung. Zunächst wird der Grad der Erfüllung der jeweiligen Qualitätskriterien eingeschätzt. Die Gewichtung und Ampel-Funktion erleichtern eine Priorisierung bei der Planung von Verbesserungsmaßnahmen. Nachweise werden dokumentiert und verlinkt, sodass gleichzeitig eine Qualitätsdokumentation aufgebaut wird. Das Vorgehen der Selbstbewertung nach dieser Arbeitshilfe findet sich im Prinzip auch im EFQM-Modell wieder.

4.6 PQ-Sys® des Paritätischen Wohlfahrtsverbandes

	Prozessmodell Qualitäts-Check PQ-Sys®						
Bedarf, Wünsche und Anforderungen der Nutzer/innen und weiterer Interessengruppen	1 Werte & Konzeption	Orientierung an Interessengruppen	Rechtliche und fachliche Grundlagen	Leitbild und Qualitätspolitik	Konzeption und Fachkonzepte	Das zeichnet uns besonders aus	Zufriedene Nutzer/innen und weitere Interessengruppen
	2 Betriebliche Sicherheit	Arbeits-, Gesundheitsschutz, Prävention	Datenschutz	Infektionsschutz und Hygiene	Medikamente und Medizinprodukte	Lebensmittelhygiene	
	3 Führung	Ziele, Strategie und Planung	Gremien und Vernetzung	Information und Kommunikation	Chancen und Risiken, Vertragswesen	Finanzen und Steuerung	
	4 Personal	Aufbauorganisation, Zuständigkeiten	Personalgewinnung und -entwicklung	Personalbeteiligung und -anerkennung	Arbeitszeit und Work-Life-Balance	Ehrenamt, Freiwillige	
	5 Infrastruktur und Unterstützung	Räumlichkeiten und Versorgungstechnik	Ausstattung, EDV, Transportmittel	Verwaltung und Buchführung	Dokumentation	Beschaffung und Dienstleistungen durch Dritte	
	6 Leistungen	Information und Erstkontakt	Bedarfsermittlung und Leistungsplanung	Durchführung, Steuerung, Beendigung der Leistungen	Kriterien der Leistungsprozesse 1	Kriterien der Leistungsprozesse 2	
	7 Bewertung des QM und OE	Selbstbewertung/ Evaluation der Organisation	Zufriedenheit der Interessengruppen	Bewertung durch Aufsichtsbehörden und Dritte	Vorbeugung und Fehlermanagement	Entwicklung neuer Dienstleistungen, Innovation	
	Ergebnisse	PQ-Sys®-Modell	Grunddaten	Inhalt	Glossar	Lizenz	

Abbildung 26: Prozessmodell Qualitäts-Check PQ-Sys (Der Paritätische Gesamtverband 2021a).

Qualitätsbereich: Grundlagen und Konzeption	G	Ist	Pkt	Nachweis, Ablageort, Link	Maßnahmen Was?	Wann?	Wer?
Qualitätskriterium: Orientierung an Nutzer/innen und weiteren Anspruchsgruppen							
Rückmeldungen von Nutzer/innen werden erfasst, in der Einrichtung kommuniziert und bewertet.	3	4	3				
Interessen, Bedürfnisse und Erwartungen von relevanten Anspruchsgruppen werden systematisch ermittelt.	3	2	1,5	Befragungen und Analyse der Interessen, Bedürfnisse, Erwartungen	Rrgelmäßige Erhebungen sind erforderlich.	Bis Jahresende	QMB
Die Weiterentwicklung der Angebote orientiert sich an den Bedarfen, Interessen und Erwartungen der Nutzer/innen und den weiteren relevanten Anspruchsgruppen.	3	1	0,8	Elektronischer Ordner Angebote	Anpassung der Angebote entsprechend systematischer Erhebung und Analyse	Erstes Quartal Folgejahr	Bereichs-leitung

Bewertungsskala

G = Gewichtung
(Wertigkeit der Frage)

3 = sehr wichtig
2 = wichtig
1 = weniger wichtig

Ist = Selbsteinschätzung
(Kriterium ist erfüllt:)

4 = voll (100%)
3 = weitgehend (75%)
2 = teilweise (50%)
1 = kaum (25%)
0 = nicht (0%)

Pkt. = Bewertungspunkte

Die Bewertungspunkt ergeben sich aus der Multiplikation von: Gewichtung, Selbsteinschätzung und eines Faktors

Abbildung 27 (Der Paritätische Gesamtverband 2021b).

PQ-Sys® umfasst verschiedene Zertifizierungsverfahren. Der Paritätische Wohlfahrtsverband hat in Bezug auf einzelne Arbeitsfelder in der Sozialwirtschaft spezifische Verfahren der Begutachtung entwickelt, die die jeweils geltenden Rechtsnormen und fachlichen Anforderungen der Arbeitsfelder berücksichtigen. Diese spezifischen Begutachtungsverfahren werden unter der Bezeichnung **Paritätisches**

Qualitäts-Siegel geführt und sind von relevanten staatlichen Stellen anerkannt (Der Paritätische Gesamtverband, 2021c; Der Paritätische Gesamtverband, 2018). Der Paritätische Wohlfahrtsverband hat mit ausgewählten Zertifizierungsgesellschaften Rahmenverträge abgeschlossen, die für teilnehmende Organisationen Sonderkonditionen ermöglichen. Das Paritätische Qualitäts-Siegel ist vierstufig aufgebaut. Die erste Stufe sieht eine externe Begutachtung in der Organisation vor, allerdings noch ohne Zertifizierung nach der ISO 9001. Bereits die erste Stufe berücksichtigt je nach Handlungsfeld der Organisation spezifische rechtliche Vorgaben. Die Begutachtung wird dreijährig wiederholt. Auf der zweiten Stufe wird eine Zertifizierung nach der DIN EN ISO 9001:2015 durchgeführt. Die dritte Stufe integriert ausgewählte Kriterien des EFQM-Modells. Die vierte Stufe schließlich erfordert ein umfassendes Assessment nach dem EFQM-Modell. Organisationen, die alle Stufen durchlaufen haben, erhalten das Paritätische Qualitäts-Siegel.

4.7 Das Aachener Qualitätsmanagementmodell und Q.Wiki

Das Aachener Qualitätsmanagementmodell wurde in Kooperation des Lehrstuhls für Fertigungsmesstechnik und Qualitätsmanagement des Werkzeugmaschinenlabors (WZL) der Rheinisch-Westfälischen Technischen Hochschule Aachen (RWTH) und des Fraunhofer Instituts für Produktionstechnik unter der Federführung von Prof. Dr. Schmitt entwickelt. Obwohl im technischen Bereich konzipiert, versteht und zeigt es sich als umfassender und branchenunabhängiger Qualitätsmanagementansatz im Sinne von Total Quality Management (vgl. Schmitt & Pfeifer, 2015, S. 126). Eine Übertragung des Modells in Sozialunternehmen ist daher möglich. 2009 kam es mit dem Modell Aachen GmbH zu einer Ausgründung aus der RWTH Aachen und dem Fraunhofer IPT. Das Unternehmen entwickelt und vertreibt seitdem interaktive Managementsysteme auf Basis der Wiki-Technologie. Das Aachener Qualitätsmanagementmodell wird hier grundlegend vorgestellt. Verfahrensbezogen wird auf das Managementsystem Q.Wiki eingegangen, das aus dem Aachener Qualitätsmanagementmodell hervorgegangen ist. Q.Wiki ist ein Beispiel, wie Qualitätsmanagement IT-gestützt umgesetzt werden kann.

Grundidee

Das Aachener Qualitätsmanagementmodell ist konzeptionell nicht neu, sondern greift auf bestehende Qualitätsmanagementansätze und -systeme zurück, insbesondere auf das Prinzip der kontinuierlichen Verbesserung, die Prozessorientierung der ISO 9000er-Reihe und das St. Galler Managementmodell (vgl. Schmitt & Pfeifer, 2015, S. 117). Im Mittelpunkt steht die Frage, wie Qualität im Schnittpunkt zwischen Qualitätsforderungen relevanter Anspruchsgruppen, strategischer Ausrichtung der Organisation und der betrieblich-operativen Umsetzung entsteht. Dem Modell liegt somit ein unternehmerisches Qualitätsverständnis zugrunde (vgl. Schmitt, Lenkewitz, & Behrens, 2007, S. 16).

Modell

Nach dem Aachener Qualitätsmanagementmodell realisieren sich Leistungen zwischen der marktorientierten strategischen Ausrichtung des Unternehmens und der operativen Umsetzung. Marktforderungen, insbesondere Kundenforderungen, aber auch gesetzliche Vorgaben oder Erwartungen anderer Anspruchsgruppen, können nicht unmittelbar und erfolgversprechend in Leistungen übersetzt werden. Vielmehr bedarf es des Zusammenspiels zwischen normativen Vorgaben, strategischer Planung und operativer Umsetzung. Das Aachener Qualitätsmanagementmodell zeichnet also ein mehrachsiges Spannungs- oder auch Gestaltungsfeld zwischen Markt-, Kund:innenforderungen[7], Unternehmensausrichtung und Unternehmensfähigkeiten. Der Grad der Überschneidung markiert den Bereich unternehmerischer Qualität.

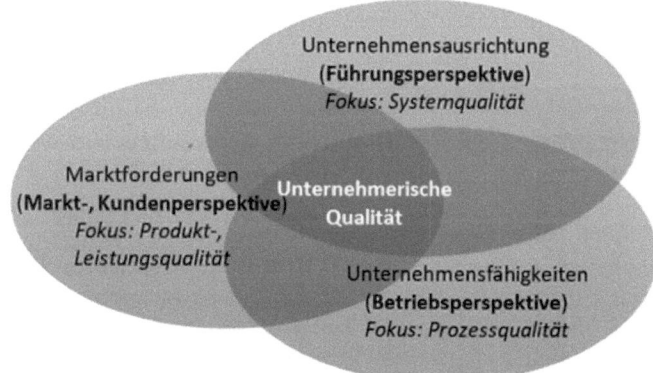

Abbildung 28: Das unternehmerische Qualitätsverständnis (in Anlehnung an Schmitt/Lenkewitz/Behrens 2007, S. 16 und Zollondz 2011, 364)

In Bezug auf die Pole dieses Gestaltungsfeldes unterscheidet das Aachener Qualitätsmanagementmodell drei in kontinuierlicher Wechselwirkung stehende Betrachtungsperspektiven (vgl. v.a. Schmitt & Pfeifer, 2015, S. 117ff.; vgl. a. Schmitt, Lenkewitz, & Behrens, 2007, S. 17; Zollondz, 2011, S. 364): Im Zentrum der Betrachtung stehen Markt-, insbesondere Kundenforderungen in Bezug auf Produkt- oder Leistungsqualität (Markt-, Kundenperspektive). Der Grad der Transformation ist systematisch zu erfassen und kontinuierlich zu verbessern. Der Fokus richtet sich ferner auf die Systemqualität des Unternehmens (Führungsperspektive). Zentrale Aufgabe des Managements besteht darin, die zentralen Unternehmensziele und -strategien mit den betrieblichen Leistungsprozessen zu verbinden. Das bedeutet auch, die organisationalen Fähigkeiten zu entwickeln. Die Betriebsperspektive schließlich fokussiert die Ebene der operativen Umsetzung. Hier muss die Organisation in der Lage sein, Anforderungen aus Markt-, Kunden:innen- als auch Führungsperspektive in zielführende Prozesse zu übersetzen.

Das Aachener Qualitätsmanagementmodell lässt sich in einer Prozesslandkarte abbilden, die vier Kernelemente aufweist: Markt, Management, Quality Stream

---

[7] Schmitt, Lenkewitz und Behrends sprechen 2007 noch von Kundenperspektive und differenzieren zwischen internen und externen Kunden. 2015 führt Schmitt nur noch den Begriff Marktperspektive respektive Marktforderungen. Hier wurden beide Begriffe zusammengeführt.

und Ressourcen & Dienste. Die Kernelemente korrespondieren mit den drei skizzierten Betrachtungsperspektiven. Der **Markt** ist das Kernelement. Qualitätserwartungen zentraler Anspruchsgruppen sind Ausgangspunkt und Maßstab aller wertschöpfenden Prozesse der Organisation. Das zentrale Kernelement ist der **Quality Stream**. Der Quality Stream umfasst alle wertschöpfungsrelevanten Prozesse. Orientierungsmaßstab des Quality Streams sind die Erwartungen bzw. die Zufriedenheit externer sowie interner Anspruchsgruppen. Der Quality Stream gliedert sich in einen Quality Forward und einen Quality Backward Chain. Der **Quality Forward Chain** bezieht sich auf alle Tätigkeiten, Techniken und Methoden zur Erreichung und Sicherung der Qualität von Produkten und Leistungen. Der **Quality Backward Chain** umfasst alle internen und externen Daten zur Bewertung der Produktions- und Leistungsprozesse, deren systematische Einbindung und Nutzung sowie sämtliche daraus abzuleitenden korrektiven Aktivitäten. Das Kernelement **Management** beinhaltet alle thematischen Aspekte, die für die Gestaltung und Steuerung des Quality Stream erforderlich sind. Identität und Werte stellen die normative Basis dar. Ziele und Strategien orientieren sich daran und sind gleichzeitig mit Blick auf Veränderungen des Marktes und Kundenforderungen einer Dynamik unterworfen. Diese Dynamik muss in der Gestaltung des Quality Stream aufgenommen und übersetzt werden. Das vierte Kernelement **Ressourcen & Dienste** schließlich betrifft die Betriebsebene. Der Einsatz betrieblicher Ressourcen, insbesondere Personal, aber auch Betriebsmittel und Infrastruktur sowie Technologien und Methoden sind für die Erreichung der Organisationsziele zwingend erforderlich. Zur Koordination und Steuerung der einzusetzenden Ressourcen und Dienste bedarf es systematischer Information und Kommunikation ebenso wie laufende Prozesse der Bewertung und Anpassung.

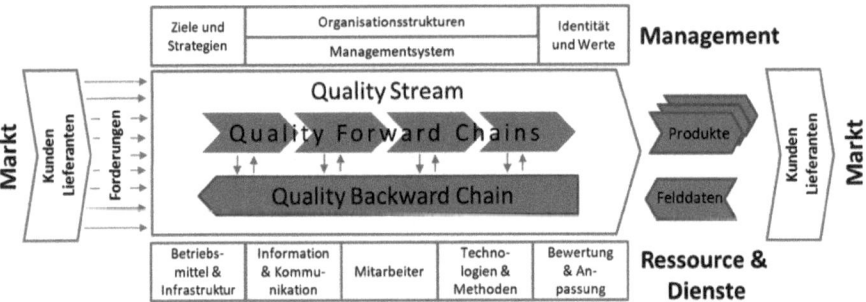

Abbildung 29: Das Aachener Qualitätsmanagement Modell (Schmitt/Pfeifer 2015, S. 125)

Verfahren

Q.Wiki, vertrieben von der Modell Aachen GmbH, ist ein webbasiertes Portal, das eine umfassende Prozessmodellierung und -steuerung ermöglicht. Strukturelle Blaupause von Q.Wiki ist eine an das Aachener Qualitätsmanagementmodell angelehnte Prozesslandschaft.

4.7 Das Aachener Qualitätsmanagementmodell und Q.Wiki

Grundsätzlich ist Prozessmanagement ein strukturbestimmendes Prinzip im Qualitätsmanagement. Unabhängig vom eingesetzten Qualitätsmanagementsystem oder -konzept müssen Organisationen ihre zentralen, wertschöpfungsrelevanten Prozesse beschreiben, entwickeln und steuern. Vielfach wird dies durch eine entsprechende Nachweisdokumentation realisiert. In der Praxis zeigt sich jedoch, dass zwischen der Prozessdefinition und -implementierung eine Art Konfliktzone entsteht. Prozessstandards müssen über reale Führungstätigkeit umgesetzt werden. Hinzu kommt ein zentralisiertes Dokumentenmanagement. Die Folge sind zeitliche Verzögerungen, enorme administrative Aufwände und Motivations- bzw. Akzeptanzverluste.

Q.Wiki verfolgt einen anderen Ansatz. Das Portal unterstützt zunächst das organisationale Prozessmanagement umfassend. Rein technisch wird der gesamte Prozess der Dokumentenlenkung über das Portal Q.Wiki erfasst. Dokumente können dabei in beliebiger Form und in beliebigen Formaten erstellt und verwaltet werden.

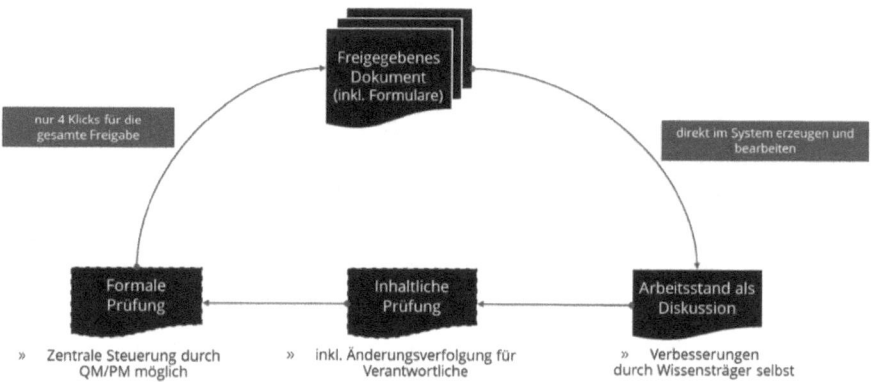

Abbildung 30: Unveröffentlichte Präsentation Modell Aachen 2019

Durch die Anwendung der Wiki-Technologie kann das Portal darüber hinaus insbesondere interaktiv und dynamisch genutzt werden. Die Prozessentwicklung erfolgt transparent, dezentral und vor allem synchron. Durch Q.Wiki werden nicht nur Dokumente erstellt und technisch abgelegt, sondern gleichzeitig der begleitende kommunikative Prozess erfasst. Diese Eigenschaft lässt das Programm gerade auch im Feld personenbezogener Dienstleistungen, in dem von einem dynamischen, kooperativen Qualitätsverständnis ausgegangen werden muss, anschlussfähig erscheinen.

Zu erwähnen ist, dass Q.Wiki als Basis für andere prozessorientierte Qualitätsmanagementsysteme fungiert. Das Portal bietet über Prozessmanagement hinaus Applikationen zu anderen Managementbereichen wie etwa Risiko-, Audit- oder Projektmanagement.

> **Fragen zur Lernzielkontrolle**
>
> 1. Wie wird Qualität nach dem GAP-Modell von Parasuraman, Zeithaml und Berry grundlegend erklärt?
> 2. Welche Funktion haben Handlungsleitlinien im GAB-Verfahren?
> 3. Wie läuft im KTQ-Modell grundsätzlich ein Selbstbewertungsprozess ab?
> 4. Inwieweit ist LQW auch als Ansatz der Organisationsentwicklung zu verstehen?
> 5. Welche Stufen unterscheidet das Qualitäts-Siegel des Paritätischen Wohlfahrtsverbandes?
> 6. Begründen Sie, warum das Portal Q.Wiki einem dynamischen Qualitätsverständnis in Sozialunternehmen gerecht wird?

Literaturverzeichnis

Der Paritätische Gesamtverband. (2018). *PQ-Sys(R) Das Paritätische Qualitätssystem.* Abgerufen am 9.3.2021 von https://www.der-paritaetische.de/service/das-paritaetische-qualitaetssystem-pq-sysr/.

Der Paritätische Gesamtverband. (2021a). *Prozessmodell Qualitäts-Check PQ-Sys.* Abgerufen am 5.3.2021 von https://www.der-paritaetische.de/service/das-paritaetische-qualitaetssystem-pq-sysr/qualitaets-check-pq-sysr-einfacher-einstieg/.

Der Paritätische Gesamtverband. (2021b). *Prinzipdarstellung Qualitäts-Check PQ-Sys.* Abgerufen am 5.3.2021 von https://www.der-paritaetische.de/service/das-paritaetische-qualitaetssystem-pq-sysr/qualitaets-check-pq-sysr-einfacher-einstieg/.

Der Paritätische Gesamtverband. (2021c). *Zertifizierung im Paritätischen Qualitäts-System PQ-Sys im Überblick.* Abgerufen am 5.3.2021 von https://www.der-paritaetische.de/service/das-paritaetische-qualitaetssystem-pq-sysr/zertifizierung-und-anerkennung-pq-sysr/.

Der Paritätische Gesamtverband. (2021d). *Ablauf der externen Begutachtung zur Verleihung des Paritätischen-Qualitässiegels Reha.* Abgerufen am 5.3.2021 von https://www.der-paritaetische.de/service/das-paritaetische-qualitaetssystem-pq-sysr/zertifizierung-und-anerkennung-pq-sysr/.

GAB. (2016). *Menschen entwickeln Qualität. Qualitätsmanagement nach dem GAB-Verfahren. Ein Leitfaden für pädagogische und soziale Arbeitsfelder.* Bielefeld: Bertelsmann Verlag.

Gnahs, D., & Quilling, E. (2019). *Qualitätsmanagement. Konzepte und Praxiswissen für die Weiterbildung.* Springer Fachmedien.

Hippel, A., & Grimm, R. (2010). *Qualitätsentwicklungskonzepte in der Weiterbildung Frühpädagogischer Fachkräfte. Expertise für das Projekt Weiterbildungsinitiative Frühpädagogischer Fachkräfte (WiFF).* München: Deutsches Jugendinstitut.

KTQ. (2017). *KTQ-Verfahren.* Abgerufen am 10.11.2017 von http://www.ktq.de/index.php?id=9.

Parasuraman, A., Zeithaml, V. A., & Berry, L. L. (1988). Communication and Control Processes in the Delivery of Service Quality. *Journal of Marketing, Vol. 52,* S. 35-48.

Parasuraman, A., Zeithaml, V., & Berry, L. (1985). A conceptual model of service quality and its implications for future research. *Journal of Marketing, 49, Vol. 49,* S. 41-50.

Ribbeck, J. (2018). *Qualitätsmanagement in Sozialunternehmen. Grundlagen – Systeme und Konzepte – Implementierung und Steuerung.* Regensburg: Walhalla Verlag.

Schmitt, R., & Pfeifer, T. (2015). *Qualitätsmanagement. Strategien – Methoden – Techniken (5., überarbeitete Aufl.).* München, Wien: Carl Hanser Verlag.

Schmitt, R., Lenkewitz, C., & Behrens, C. (11 2007). Das Aachener Qualitätsmanagement-Modell. Unternehmerisch umgesetzt. *Management und Qualität,* S. 16-18.

Zech, R. (2006). *Handbuch Lernerorientierte Qualitätstestierung in der Weiterbildung (LQW). Grundlegung – Anwendung – Wirkung*. Bielefeld: Bertelsmann Verlag.

Zech, R. (2017). *Lernerorientierte Qualitätsentwicklung in der Weiterbildung. Leitfaden für die Praxis. Modellversion 3 (6., korrigierte Aufl.)*. Hannover: ArtSet.

Zollondz, H.-D. (2011). *Grundlagen Qualitätsmanagement. Einführung in Geschichte, Begriffe, Systeme und Konzepte (3., überarbeitete, aktualisierte und erweiterte Aufl.)*. München: Oldenbourg Verlag.

5 Die QM-Systeme sind in die Jahre gekommen – Wie geht's weiter?

Paul Brandl

> **Lernziele**
> - Die fünf wichtigsten Treiber der Veränderung in der Sozialwirtschaft können benannt werden.
> - Es soll erkannt werden, wie sich Veränderungen in den sozialen Dienstleistungen sowie hinsichtlich der technologischen Möglichkeiten in neuen Anforderungen an das Qualitätsmanagement (QM) niederschlagen.
> - Es sollen die drei wesentlichsten QM-Ansätze und die Kritikpunkte an ihnen benannt werden können.
> - Die Möglichkeit der Weiterentwicklung von QM-Systemen anhand eines Beispiels soll nachvollzogen werden können.

5.1 Anknüpfungen und Zielsetzung

Die Sozialwirtschaft ist mittlerweile weitgehend ausdifferenziert und an einem Punkt angelangt, der nach einer Anpassung bzw. Neupositionierung der sozialen Dienstleistungen an die veränderten Bedürfnisse der Klient:innen und technologischen Möglichkeiten verlangt. Es geht zunehmend um eine Umkehr der Denkrichtung, also nicht mehr nur „Denken für die Klient:innen", sondern „Denken von den Klient:innen aus". Die Richtung der Veränderungen ist vor dem Hintergrund der fünf „Entwicklungstreiber" zu sehen (Brandl/Ehrenmüller 2019a):

- Die **demografische Entwicklung** bringt eine Veränderung der Anforderungen an soziale Dienstleistungen mit sich. Sie werden auch technologisch ermöglicht.
- Dies bringt neue **finanzielle Herausforderungen** für Öffentliche Haushalte, insbesondere um die technologischen Möglichkeiten und hygienischen Anforderungen nach der Corona-Pandemie zu ermöglichen.
- Die **Chancen der Digitalisierung und Technologieentwicklung** bringen weitere Investitionsnotwendigkeiten, ermöglichen neue Arbeitsformen (etwa „Agile Organisation") und eine ressourcenschonende Arbeitsorganisation.
- Die **persönliche Teilhabe** der älter werdenden Bevölkerung wird **aufgrund** der **abnehmenden Mobilität** dieser Personen zu einer weiteren Herausforderung – weniger für die Pflege als für die regionalen kommunalen und ehrenamtlichen Strukturen.
- Als „Turbo" wirkt auf diese vier Entwicklungstreiber die Tatsache, dass bereits im Jahr 2018 ein **Personalmangel** auf dem Arbeitsmarkt feststellbar war und daher nach Möglichkeiten der ressourcenschonenden Neuorganisation der sozialen Dienstleistungen gesucht werden muss, um qualifizierte Dienstleistungen im gewohnten und benötigten Ausmaß sicherzustellen.

Es ist daher ein Gebot der Stunde, darüber nachzudenken, wie mit weniger Ressourcen und damit nachhaltig und ressourcenschonend mehr soziale Dienstleistungen erbracht werden können. Das Erhöhen der „Effizienz" muss unter einem neuen Paradigma gedacht werden: Nicht die damit bisher verfolgte Kostensenkung ist das Hauptthema, sondern mangels ausreichender Ressourcen (wie etwa Personal) braucht es maximale Effizienz in den Sozialbetrieben, um die Arbeit erledigen zu können. Es braucht dafür wahrscheinlich ein Bündel von strategisch ausgerichteten Maßnahmen:

- die Stärkung der ambulanten Dienste
- die Erhöhung der Attraktivität des Arbeitens in der Sozialwirtschaft
- der Abbau von bürokratischen Regelungen etwa durch den Einsatz der Erkenntnisse aus der Logistik und dem Lean Management bzw. Lean Service
- der Einsatz von mehr finanziellen Ressourcen
- die konsequente Forschung, Entwicklung und anschließende Nutzung von (neu entwickelten) Technologien verbunden mit agilen Organisationsformen.

Bereits aus diesen Ausführungen ergeben sich eine Reihe von (neuen) Anforderungen an die Unternehmen der Sozialwirtschaft, an ein Managementsystem und damit auch an ein weiterzuentwickelndes Qualitätsmanagement bis hin zu den Führungskräften. So war es in den Anfängen die Kontrolle am Ende eines Montagebandes. In Folge zunehmender arbeitsteiliger Produktion entwickelte sich diese Anforderung immer mehr zur Qualitätssicherung, um eine reibungslose abteilungs- und unternehmensübergreifende Zusammenarbeit zu gewährleisten. Der zunehmende Konkurrenz- und Kostendruck im Profitbereich brachte ab den 70er-Jahren des letzten Jahrhunderts schließlich die kontinuierliche Verbesserung von Arbeitsabläufen – in Betrieben der Autoindustrie beg:innend – hervor. Mittlerweile haben sich diese Entwicklungen auch im Qualitätsmanagement (QM) nicht nur in kleineren Produktionsbetrieben, sondern auch im Dienstleistungsbereich fortgesetzt, beg:innend mit den Unterstützungsprozessen auch im Bereich der sozialen Dienstleistungen. Dies ermöglicht eine weitere Optimierung im Zuge des Erstellens von Prozessen und Dienstleistungen (Stichworte: PDCA-Zyklus oder kontinuierliche Verbesserung). Die nachstehende Grafik stellt die „klassischen" vier Phasen der QM-Entwicklung dar, die nun um eine weitere Phase ergänzt wird: Die Weiterentwicklung von QM-Systemen in Richtung eines branchenspezifischen, prozessbasierten Qualitätsmanagements speziell für (soziale) Dienstleistungen (Brandl/Ehrenmüller 2019a):

5.2 Die wichtigsten QM-Systeme als Ausgangsbasis

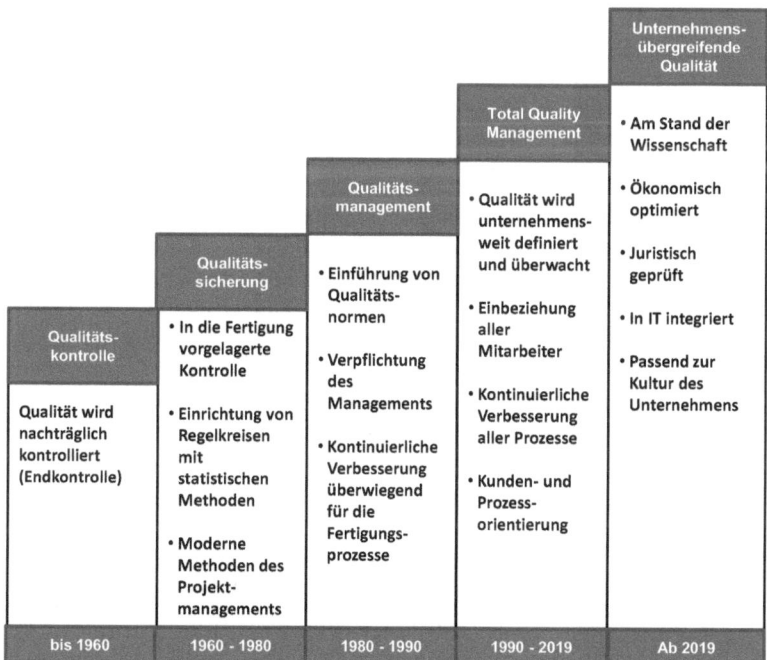

Abbildung 31: *Entwicklung des Qualitätsmanagements (Brandl/Ehrenmüller, 2019a)*

Während die ersten vier Phasen bisher immer nur auf ein Produkt oder einen Betrieb ausgerichtet waren, wird in der fünften Phase nach einer unternehmensübergreifenden Qualität gefragt, die neben dem kontinuierlichen Verbesserungsprozess als weiteres dynamisches Element eben den technischen Fortschritt inklusive der Nachhaltigkeit beinhaltet. Zudem erweitern ökonomisch optimierte Referenzprozesse den Qualitätsbegriff und führen so zu einer Weiterentwicklung des Qualitätsthemas in Richtung der Reifegrade von Prozessen und den zu erstellenden Dienstleistungen.

5.2 Die wichtigsten QM-Systeme als Ausgangsbasis

5.2.1 Am Anfang entstand ISO

5.2.1.1 Grundzüge der ISO[8]

Mit der Normenreihe der ISO 9000er-Serie wurde 1987 eine Basis für Qualitätsmanagementsysteme eingeführt, die bis heute maßgebliche Inputs für alle folgenden Konzepte bringt. Die als ISO 9001 eingeführte und international anerkannte Normenreihe basiert auf einem Standard, der im Jahr 1979 von der British Standards Institution (BSI) begründet wurde. Mit der Normenreihe EN ISO 9000ff.

---

[8] ISO (o.J.).

sind Normen geschaffen worden, die die Grundsätze für Maßnahmen zum Qualitätsmanagement dokumentieren. Gemeinsam bilden sie einen zusammenhängenden Satz von Normen für Qualitätsmanagementsysteme, die das gegenseitige Verständnis auf nationaler und internationaler Ebene erleichtern sollen: Jedes Produkt (= Dienstleistung) unterliegt anderen spezifischen Anforderungen und ist demnach nur unter individuellen Qualitätssicherungsmaßnahmen zu erzeugen.

In der aktuellen Version EN ISO 9001:2015 wird erstmals die Dienstleistung als eine spezielle Ausformung eines Produkts artikuliert, die maßgeblich von der Mitwirkung des externen Faktors „Kunde" abhängt. Die Sichtweise der Revision 2008 hatte nämlich einen sehr wichtigen Faktor noch nicht ausreichend berücksichtigt: In vielen Fällen findet eine Dienstleistung an einem materiellen Trägermedium statt. Ein Beispiel hierfür ist die Dienstleistung einer Autoreparatur, die an dem Fahrzeug des Kunden stattfindet. In der Sozial- und Gesundheitswirtschaft wird die Dienstleistung zu einem hohen Anteil an einem Menschen erbracht. Deshalb muss klar zwischen der Dienstleistung einerseits und dem Leistungsobjekt andererseits, an dem die Dienstleistung erfolgt, unterschieden werden. Neben den „klassischen" Produktionsfaktoren tritt in Dienstleistungsunternehmen der sogenannte „externe Faktor" (= der Kunde). Dies führt zu folgender Unterscheidung:

- **Sachbezogene Dienstleistungen**: Bei sachbezogenen Dienstleistungen stellt der Kunde das Dienstleistungsobjekt (z. B. das zu reparierende Fahrzeug) zur Verfügung.
- **Personenbezogene Dienstleistungen**: Im Fall von personenbezogenen Dienstleistungen ist der Kunde bei der Erstellung der Dienstleistung beteiligt. Abhängig vom Grad der Beteiligung kann zwischen einer „passiven Beteiligung" (physische Präsenz) und einer „aktiven Beteiligung" (Mitwirkung) unterschieden werden.

Das erfolgreiche Führen und Betreiben einer Organisation erfordert, dass sie in systematischer und klarer Weise geleitet und gelenkt wird. Ein Weg zum Erfolg kann die Einführung und Aufrechterhaltung eines Managementsystems sein, das auf ständige Leistungsverbesserung ausgerichtet ist, indem es die Erfordernisse aller interessierten Parteien berücksichtigt. Eine Organisation zu leiten und zu lenken umfasst neben anderen Managementdisziplinen auch das Qualitätsmanagement. Das Herzstück ist das Prozessmodell der Normen EN ISO 9000:2000ff. (Völk 2015):

Abbildung 32: Prozessmodell des Qualitätsmanagements nach DIN EN ISO 9000:2000ff.

Der PDCA-Zyklus als kontinuierlicher Verbesserungsprozess ist hier somit integriert und man kann davon ausgehen, dass das Modell für alle Unternehmen und Branchen gültig ist.

5.2.1.2 Die vier internationalen Normen für ein QM nach ISO 9000

Die Basis für ein Qualitätsmanagement nach der DIN EN ISO 9000er-Normenreihe bilden die folgenden vier internationalen Normen:

EN ISO 9000 – Grundlagen und Begriffe

Diese Norm definiert Grundlagen und Begriffe zu Qualitätsmanagementsystemen. Erläutert werden die Grundlagen für Qualitätsmanagementsysteme und die in der Normenreihe EN ISO 9000ff. verwendeten Begriffe. Zudem werden seit 2015 folgende sieben Grundsätze des Qualitätsmanagements aufgelistet:

1. Kundenorientierung
2. Verantwortlichkeit der Führung
3. Einbeziehung der beteiligten Personen
4. Prozessorientierter und systemorientierter Managementansatz
5. Kontinuierliche Verbesserung
6. Sachbezogener Entscheidungsfindungsansatz
7. Lieferantenbeziehungen zum gegenseitigen Nutzen

Der Nutzer erhält die inhaltlichen und begrifflichen Kenntnisse zum sicheren Umgang mit dieser „Definitionsnorm". Auch der prozessorientierte Ansatz des Qualitätsmanagements wird basierend auf dem PDCA-Zyklus erklärt – veröffentlicht als Ausgabe ISO 9000:2015-11.

EN ISO 9001 – Anforderungen

EN ISO 9001 legt die Mindestanforderungen an ein Qualitätsmanagementsystem fest, denen eine Organisation zu genügen hat, um Produkte und Dienstleistungen bereitstellen zu können, welche die Kundenerwartungen sowie allfällige behördliche Anforderungen erfüllen. Zugleich soll das Managementsystem einem stetigen Verbesserungsprozess unterliegen. Diese Norm ist auch die Grundlage für die Erteilung von Zertifikaten für alle Branchen („Darlegungsnorm"). Wesentliche Kapitel sind:

- Kapitel 4: QMS – Allgemeine Anforderungen, Dokumentationsanforderungen.
- Kapitel 5: Die Verantwortung der obersten Leitung umfasst die Selbstverpflichtung zur klaren Regelung bezüglich Leitung, Kundenorientierung, Qualitätspolitik, Planung, Verantwortung, Befugnisse und Kommunikation sowie der Managementbewertung.
- Kapitel 6: Das Management der Ressourcen umfasst das Bereitstellen der Ressourcen, personellen Ressourcen, Infrastruktur, Arbeitsumgebung.
- Kapitel 7: Die Produktrealisierung beginnt mit der Planung und den kundenbezogenen Prozessen, der Entwicklung, Beschaffung, Produktion und Dienstleistungserbringung bis zur Lenkung von Überwachungsmitteln.
- Kapitel 8: Messung, Analyse und Verbesserung schließt die Überwachung und Messung, die Lenkung fehlerhafter Produkte, die Datenanalyse sowie die Verbesserung mit ein.

Die allgemeinen Anforderungen enthalten folgende grundsätzliche Anforderungen:

- Ein QMS aufbauen, dokumentieren und verwirklichen, aufrechterhalten und ständig verbessern.
- Die für das QMS relevanten Prozesse identifizieren.
- Abfolge und Zusammenwirken der Arbeitsschritte festlegen.
- Kriterien und Methoden zum wirksamen Prozessmanagement festlegen.
- Die zur Erbringung von Produktion und Dienstleistungen erforderlichen Ressourcen und Informationen bereitstellen.
- Die Prozesse in geeigneter Weise überwachen, messen und analysieren.
- Maßnahmen zur geplanten Zielerreichung und ständigen Prozessverbesserung treffen.
- Sicherstellen, dass die definierten Prozesse den Normanforderungen der DIN EN ISO 9001 abdecken.
- Ausgegliederte Prozesse, die die Erstellung einer Dienstleistung beeinflussen, durch das QMS erfassen und lenken.

Damit deckt die allgemeine Norm sämtliche Produktions- und Dienstleistungsbetriebe ab. Es muss daher eine Anpassung an den jeweiligen Betrieb erfolgen.

EN ISO 9004 – Leiten und Lenken für den nachhaltigen Erfolg einer Organisation

Basierend auf EN ISO 9001 stellt die Empfehlungsnorm EN ISO 9004 einen Leitfaden bereit und gibt Empfehlungen bzw. Anregungen für die Einführung und Verbesserung eines QMS. Dieser Leitfaden kann auch als Anleitung zur Selbstbewertung genutzt werden. Die Norm dient auch zur Ausrichtung an umfassende QM-Ansätze (TQM). Im Anhang gibt es Listen, die konkrete Hinweise etwa zu den "Reifegraden" geben. Die Unterteilung orientiert sich an einer fünfteiligen Skala:

- Reifegrad 1 als Minimalanforderung,
- Reifegrad 2 auf dem Weg zu Reifegrad 3 (Angabe in Prozent oder qualitativ),
- Reifegrad 3 sollte von einer ISO 9001-zertifizierten Unternehmung erreicht werden,
- Reifegrad 4 auf dem Weg zu Reifegrad 5 (Angabe in Prozent oder qualitativ),
- Reifegrad 5 orientiert sich an der Spitzenleistung im jeweiligen Sektor.

EN ISO 19011 – Leitfaden zur Auditierung von Managementsystemen

Diese Norm gibt eine Anleitung zur Umsetzung von Auditprinzipien, zum Management von Auditprogrammen und zur Durchführung von Audits für Qualitätssysteme. Ferner gibt sie eine Anleitung zur Qualifikation von Auditoren. Sie ist anwendbar für interne und externe Audits. Der Leitfaden bietet einen systematischen, unabhängigen und dokumentierten Ablauf zur Durchführung von Audits und deren objektive Auswertung („Durchführungsnorm"). Die Norm regelt auch die Qualifikation und Bewertung von Auditoren.

5.2.1.3 Kritische Würdigung von EN ISO 9000ff. aus der Sicht eines prozessbasierten QMS[9]

Mit der Normenreihe der EN ISO 9000ff. ist eine Basis für die Artikulierung und externe Beurteilung von Qualitätsmanagement gelegt worden. Die Weiterentwicklungen, auch die Fassung aus dem Jahr 2015, sind grundsätzlich dafür gedacht, neben einem produktionstechnisch bzw. materiell ausgerichteten Managementsystem auch Dienstleistungen hinsichtlich ihrer Qualität zu erfassen und zu bewerten sowie Organisationen weiterzuentwickeln.

ISO als allgemeiner Normensatz ist stark aus der Sicht des Managements formuliert und soll trotzdem im Sinne eines kontinuierlichen Verbesserungsprozesses betrieben werden. Das QMS kommt aus dem Produktionsbereich und wird daher sozialen Dienstleistungen auch in der aktuellen Fassung nur bedingt gerecht. Aufgrund der sehr allgemein gehaltenen Bestimmungen ist zwar der PDCA-Zyklus zu übernehmen, eine Präzisierung in Richtung sozialer Dienstleistungen bleibt

---

[9] In Anlehnung an Brandl/Ehrenmüller 2019a.

dennoch als Forderung bestehen. Gleichzeitig stellt es eine Basis im Sinne von grundlegenden Klärungen dar, die in der Folge erweitert werden müssen.

Das Auditprogramm ist dahin ausgelegt, dass überprüft wird, ob die vom Management gemäß der Norm artikulierten Vorgaben umgesetzt werden. Es ist aber nicht vorgesehen, die Qualität anhand von Vorgaben zu bewerten. Damit wird keine objektive, auf andere Organisationen umlegbare Qualität gesichert, sondern nur die in der betreffenden Organisationseinheit mit dem Kunden vereinbarte Produktreife nachvollziehbar hergestellt. Dieser Aspekt kann mit einem Vergleich folgendermaßen darstellt werden: Wenn ein Weinproduzent beschließt, (nach anerkannten önologischen Maßstäben) schlechten Wein zu hohen Preisen zu produzieren und dafür Kunden gewinnt, deren Entscheidungskriterium für Wein der Preis ist, und diese Qualität im Audit bestätigt wird, so ist der Betrieb qualitätsgesichert. Um ein Qualitätszertifikat zu erlangen, muss daher eine Organisation nach den EN ISO 9000-Normen überprüft werden können, nicht aber zwingend prozessorientiert, effizient, fehlerfrei und kundenorientiert organisiert sein.

Die Stärken und Schwächen kurzgefasst:

Tabelle 3: Stärken und Schwächen der DIN EN ISO 9000

Stärken und Schwächen der DIN EN ISO 9000ff.
☺ Etabliertes System mit hoher Anpassungsfähigkeit an eine spezifische Organisation.
☺ Reifegrade werden artikuliert.
☹ Der Kunde wird als „externer Faktor" bezeichnet, eine Kooperation ist nicht intendiert.
☹ Im Mittelpunkt steht die selbst definierte Produktqualität.
☹ Die kundenorientierte Ergebnisqualität wird vom Management vorgegeben und enthält keine objektive Überprüfbarkeit. Dienstleistungen sind nicht direkt angesprochen.
☹ Prozesse werden punktuell, nicht prozessual auditiert.
☹ Die ISO 9000ff. ist ein Prüfsystem mit eindeutigem Regelwerk und kein ergebnisorientiertes Prozess- und Qualitätsmanagementsystem.
☹ Es erfordert einen hohen Aufwand, um es aus der allgemein gehaltenen Formulierung branchen- und betriebsspezifisch zu konkretisieren.

5.2.2 Das TQM als erweiternder Zwischenschritt[10]

5.2.2.1 Grundzüge des TQM

Während die EN ISO 9000ff. hauptsächlich auf Produktqualität abzielt, steht Qualität im Total Quality Management für das Erreichen aller Managementziele eines Unternehmens. Technische Perfektion alleine ist kein Garant für Spitzenleistungen, sondern es bedarf auch noch der erforderlichen Einstellungen des Menschen, um den Erfolg eines Unternehmens sicherzustellen. Auf dieser Erkenntnis

---

[10] TQM (o.J.).; siehe auch den Beitrag zum Thema Qualitätsmanagement von Ludger Jolhoff in diesem Band.

baut Total Quality Management auf und macht aus einem rein technisch-administrativen Qualitätsmanagementsystem ein soziotechnisches Führungsmodell, das alle Mitarbeiter:innen und alle Hierarchien auf Qualität ausrichtet. TQM ist keine Alternative, sondern eine Vorgehensweise zur Umsetzung eines Qualitätsmanagementsystems. Während die zur Umsetzung genutzten Werkzeuge und Methoden oft die gleichen sind, geht ein umfassendes Qualitätsmanagementsystem im Sinne von TQM über die Mindestanforderungen der EN ISO 9000ff. hinaus, indem es Qualität zum obersten Ziel der Organisation macht und eine Firmenkultur erfordert, die alle Mitarbeiter:innen auf die maximale Zufriedenstellung der Kunden ausrichtet. Dieses Hauptziel kann nur erreicht werden, wenn durch die Mitwirkung aller Mitarbeiter:innen ein langfristiger Geschäftserfolg, ein Nutzen für die Mitglieder der Organisation sowie für die Gesellschaft hergestellt wird.

Die nachfolgende Grafik (TCW 2020) soll dies für einen Produktionsbetrieb veranschaulichen. Dasselbe gilt in adaptierter Form auch für einen Dienstleistungsbetrieb:

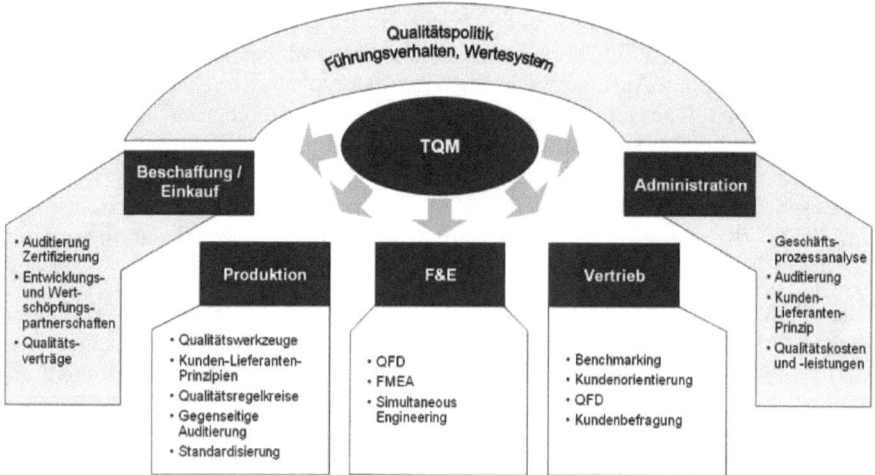

Abbildung 33: Konzept des Total Quality Management (TQM, o.J.)

Jedenfalls erweitert das TQM-Modell den Blick auf das Thema „Qualität" zunächst von einem Prozess auf das gesamte Unternehmen.

5.2.2.2 Kritische Würdigung von TQM aus der Sicht eines prozessbasierten QMS

TQM ist kein Qualitätsmanagementsystem, sondern ein Grundkonzept, auf dessen Basis sich derartige Konzepte entwickeln lassen. Berücksichtigt man diesen Umstand, kann man aber wesentliche Punkte daraus ableiten:

Tabelle 4: Stärken und Schwächen von TQM, (Brandl/Ehrenmüller, 2019a)

Stärken und Schwächen von TQM
☺ Stellt eine nützliche Weiterentwicklung von EN ISO 9000ff. hinsichtlich eines prozessorientierten QMS dar.
☺ Fokussiert die Erreichung von Managementzielen.
☺ Kann branchenunabhängig verstanden werden.
☺ Lässt sich auch auf Dienstleistungsbetriebe umlegen.
☹ Bleibt auch auf ein Unternehmen beschränkt.

5.2.3 Das EFQM als Weiterentwicklung[11]

5.2.3.1 Die Grundprinzipien des EFQM[12]

Nach EN ISO 9000ff. ist als zweites großes QM-System das EFQM entstanden. Die European Foundation for Quality Management (EFQM) ist eine gemeinnützige Organisation, die 1988 mit Unterstützung der Europäischen Kommission von 14 europäischen Unternehmen in den Niederlanden gegründet wurde. Das mittlerweile meistverbreitete TQM-Konzept in Deutschland hat einen ganzheitlichen, ergebnisorientierten Ansatz, weshalb es im nachfolgenden Kapitel detaillierter vorgestellt wird. Insbesondere auch, weil eine Reihe weiterer branchenspezifischer Modelle wie die QMS-Modelle E-Qalin vorwiegend im stationären und mobilen Bereich der Altenarbeit und von Behinderteneinrichtungen (Qualitätsmanagement im Gesundheitswesen 2020), EQUASS (European Quality in Social Services 2020) und KTQ (Kooperation für Transparenz und Qualität im Gesundheitswesen 2020) auf diesem Modell aufbauen.

Die EFQM setzt sich für die Verbreitung und Anwendung von QM-Systemen nach dem EFQM-Modell für die Selbsteinschätzung von Organisationen und als Basis für ein dreistufiges Auszeichnungsprogramm ein. Das Modell stellt ein Beispiel für ein Total Quality Management und kann von allen Organisationen sowohl im öffentlichen als auch im privatwirtschaftlichen Bereich eingesetzt werden. Es ist ein Unternehmensmodell, das eine ganzheitliche Sicht auf die jeweilige Organisation ermöglichen soll. Es hat drei Säulen:

- Menschen, Führung
- Prozesse, Produkte, Dienstleistungen
- Schlüsselergebnisse

Um dauerhaft „exzellente" Ergebnisse zu erzielen, werden alle Mitarbeiter:innen in einen kontinuierlichen Verbesserungsprozess eingebunden. Durch die permanente Beachtung aller Kriterien werden Informationen über den aktuellen Stand, die kontinuierliche Verbesserung und künftige Trends erarbeitet. Das EFQM-Modell ist ein Werkzeug, das Hilfestellung für den Aufbau und die kontinuierliche Weiterentwicklung eines umfassenden Managementsystems gibt. Es soll helfen,

---

11 Siehe auch den Beitrag zum Thema Qualitätsmanagement von Ludger Kolhoff in diesem Band.
12 Quality Austria 2019.

eigene Stärken, Schwächen und Verbesserungspotenziale zu erkennen und die Unternehmensstrategie darauf auszurichten (EFQM-Modell 2013):

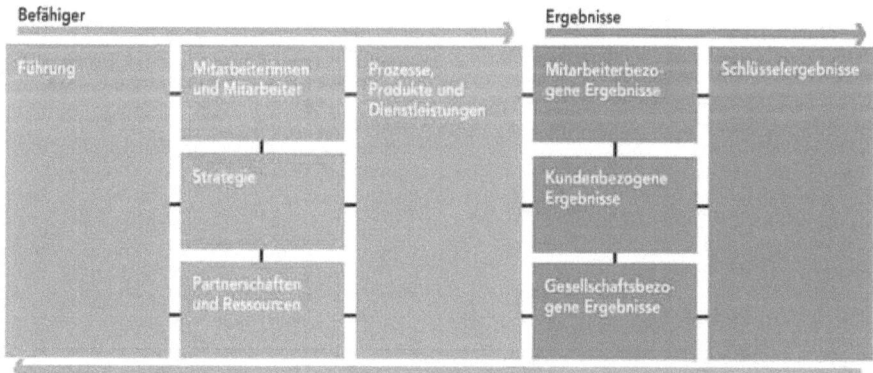

Abbildung 34: Das EFQM-Modell 2012, ©EFQM

Das Modell unterscheidet neun Kriterien, die aus fünf Voraussetzungen (enablers) und vier Ergebniskriterien (results) bestehen. Sie werden entsprechend der nachfolgenden Prozentzahlen gewichtet:

Voraussetzungen/Befähiger	50 %
1. Führung	10 %
2. Strategie	10 %
3. Mitarbeiter:innen	10 %
4. Partnerschaften und Ressourcen	10 %
5. Prozesse, Produkte und Dienstleistungen	10 %
Ergebniskriterien/Resultate	50 %
6. Mitarbeiter:innenbezogene Ergebnisse	10 %
7. Kund:innenbezogene Ergebnisse	15 %
8. Gesellschaftsbezogene Ergebnisse	10 %
9. Schlüsselergebnisse	15 %

Jede dieser Gruppen ist in mehrere Teilkriterien aufgeschlüsselt. Dies wird nachfolgend am Kriterium der Führung dargestellt. Zum präziseren Einschätzen erfolgt eine Aufteilung in fünf Teilkriterien (EFQM 2018):

1. Führungskräfte entwickeln die Vision, Mission, Werte und ethischen Grundsätze und sind Vorbilder.
2. Führungskräfte definieren, überprüfen und verbessern das Managementsystem und die Leistung der Organisation.
3. Führungskräfte befassen sich persönlich mit externen Interessengruppen.
4. Führungskräfte stärken zusammen mit den Mitarbeiter:innen der Organisation eine Kultur der Excellence.
5. Führungskräfte gewährleisten, dass die Organisation flexibel ist und Veränderungen effektiv gemanagt werden.

5 Die QM-Systeme sind in die Jahre gekommen – Wie geht's weiter?

Die acht Grundprinzipien von EFQM, die 2010 neu für das Excellence-Modell formuliert wurden, sind (EFQM 2010):

Tabelle 5: Reifegrade der acht Grundprinzipien des EFQM

Prinzip/Ziel	Kick-off	Auf dem Weg	Reife Organisation
Ausgewogene Ergebnisse erzielen: Exzellente Organisationen erfüllen ihre Aufgabe durch ausgewogene Ergebnisse, die sowohl die langfristigen als auch kurzfristigen Bedürfnisse ihrer Stakeholder befriedigen und, wenn es von Bedeutung ist, auch übertreffen.	Alle relevanten Stakeholder sind identifiziert.	Die Bedürfnisse der Stakeholder werden systematisch bewertet.	Es gibt transparente Vorgehensweisen, um die Erwartungen der Interessengruppen auszugleichen.
Nutzen für Kunden schaffen: Exzellente Organisationen sind sich bewusst, dass ihr Daseinszweck in erster Linie durch ihre Kunden gesetzt ist. Für diese streben sie nach Erneuerung und Wertschöpfung, indem sie deren Bedürfnisse und Erwartungen verstehen und antizipieren. Oder um es in den Worten von Peter Drucker zu sagen: „Der Zweck des Unternehmens ist es, Kunden glücklich zu machen".	Kund:innenzufriedenheit wird bewertet.	Ziele sind mit den Kund:innenbedürfnissen und -erwartungen verknüpft.	Treibende Kräfte bzgl. Kund:innenzufriedenheits- bedürfnissen werden verstanden, gemessen und lösen Maßnahmen aus.
Mit Vision, Inspiration und Integrität führen: Exzellente Organisationen haben Führungskräfte, die die Zukunft gestalten und verwirklichen, und die vorbildlich für Werte und Ethik einstehen.	Vision, Mission und Leitbild sind formuliert.	Unternehmenspolitik, Mitarbeitende und Prozesse sind auf die Vision, Mission ausge-richtet. Die im Leitbild formulierten Werte und Prinzpen werden gelebt. Es gibt ein Führungskonzept.	Auf allen Organisationsebenen gibt es gemeinsame Werte und ethische Vorbilder. Die Unternehmenskultur ist spürbar.

Prinzip/Ziel	Kick-off	Auf dem Weg	Reife Organisation
Mittels Prozesse lenken: Exzellente Organisationen werden mittels strukturierter und strategisch ausgerichteter Prozesse gelenkt. Sie begründen ihre Entscheidungen auf Fakten, um ausgewogene und nachhaltige Ergebnisse zu erzielen.	Die Prozesse in der Wertschöpfungskette zum Erzielen der gewünschten Ergebnisse sind definiert.	Vergleichsdaten und -informationen werden verwendet, um herausfordernde Ziele zu setzen.	Die Prozessfähigkeit wird voll verstanden und verwendet, um Leistungsverbesserungen voranzutreiben.
Durch Menschen erfolgreich sein: Exzellente Organisationen achten auf ihre Mitarbeitenden und schaffen eine Kultur der Verantwortung, damit persönliche Ziele und Ziele der Organisation in ausgewogenem Umfang erreicht werden.	Die Mitarbeitenden fühlen sich verantwortlich für die Lösung von Problemen.	Die Mitarbeitenden arbeiten innovativ und kreativ in der Zielerreichung, um die Organisation zu unterstützen.	Die Mitarbeitenden sind ermächtigt (Empowerment) zu handeln und teilen offen Wissen und Erfahrung miteinander.
Innovation und Kreativität fördern: Exzellente Organisationen mehren Wertschöpfung und Leistung durch beständige und systematische Erneuerung, indem sie sich die Kreativität ihrer Stakeholder zunutze machen.	Die Mitarbeitenden fühlen sich verantwortlich für die Lösung von Problemen.	Die Mitarbeitenden arbeiten innovativ und kreativ in der Zielerreichung, um die Organisation zu unterstützen.	Die Mitarbeitenden sind ermächtigt (Empowerment) zu handeln und teilen offen Wissen und Erfahrung miteinander.
Partnerschaften aufbauen: Exzellente Organisationen erstreben, entwickeln und erhalten vertrauensvolle Beziehungen zu unterschiedlichen Partnern, um wechselseitigen Erfolg zu erzielen. Diese Partnerschaften können mit Kund:innen, der Community, den Lieferanten, Bildungseinrichtungen oder Nicht-Regierungsorganisationen aufgebaut werden.	Es gibt einen Prozess zur Auswahl und zum Managen von Lieferant:innen.	Verbesserungen und Leistungen von Lieferant:innen werden erkannt und wichtige externe Partner:innen sind identifiziert.	Die Unternehmung und ihre wichtigsten Partner sind voneinander abhängig – Pläne und Politik werden gemeinsam entwickelt und beruhen auf dem Austausch von Wissen.

Prinzip/Ziel	Kick-off	Auf dem Weg	Reife Organisation
Verantwortung für nachhaltige Zukunft übernehmen: Exzellente Organisationen integrieren in ihre Kultur eine ethische Geisteshaltung, klare Werte und höchste Standards des Verhaltens als Organisation, um nach wirtschaftlicher, sozialer und ökologischer Nachhaltigkeit zu trachten.	Gesetzliche und behördliche Auflagen werden verstanden und eingehalten.	Es gibt ein aktives Engagement für die Gesellschaft.	Die Erwartungen der Gesellschaft werden gemessen und es werden Maßnahmen ergriffen.

Diese Grundprinzipien wurden aufwändig unter Einbeziehung von etwa 2000 Expert:innen überarbeitet und werden auch zum Vergleich im nächsten Abschnitt dargestellt.

5.2.3.2 Das neue EFQM-Modell 2019

Im Zuge der Weiterentwicklung des EFQM-Modells wurden Change-Experten befragt, 24 Workshops abgehalten und zudem wurden 60 verschiedene Organisationen eingebunden – quer über verschiedene Branchen und die Wissenschaft. Durch diese interdisziplinäre Zusammenarbeit wurde ein flexibles Rahmenwerk erstellt, getestet und perfektioniert, das dafür geeignet ist, Organisationen zu helfen, ihre Arbeitsweisen sowohl kurz- als auch langfristig neu zu definieren. Nachfolgend ist das Modell abgebildet (quality austria 2019):

5.2 Die wichtigsten QM-Systeme als Ausgangsbasis

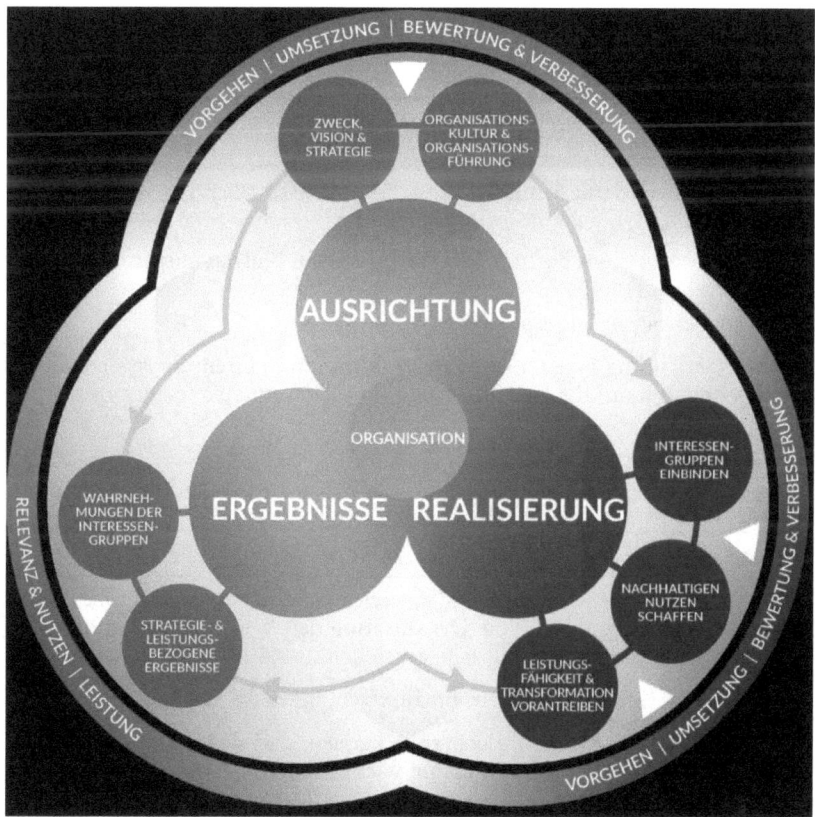

Abbildung 35: Das EFQM-Modell (2019)

Das EFQM-Modell ist auf der Logik folgender drei Themenbereiche aufgebaut und strukturiert:

- Die **Ausrichtung**: Warum existiert die Organisation? Welchen Zweck erfüllt sie? Warum verfolgt sie genau die aktuell bestehende Strategie?
- Die **Realisierung**: Wie beabsichtigt sie, ihren Zweck zu erreichen und ihre Strategie umzusetzen?
- Die **Ergebnisse**: Was hat sie bisher erreicht? Was will sie künftig erreichen?

Das Grundprinzip des EFQM-Modells ist die Verknüpfung von Zweck, Vision und Strategie einer Organisation und wie sie dadurch für die von ihr als wichtig erkannten Interessengruppen nachhaltigen Nutzen schafft und herausragende Ergebnisse erzielt:

Tabelle 6: Das EFQM-Modell (quality austria 2019)

Ausrichtung
Eine Organisation, die dauerhaft herausragende Ergebnisse erzielt, die die Erwartungen ihrer Interessengruppen erfüllen oder übertreffen, ■ definiert einen inspirierenden Zweck, ■ erschafft eine erstrebenswerte Vision, ■ entwickelt eine auf die Schaffung von nachhaltigem Nutzen ausgerichtete Strategie, ■ gestaltet eine erfolgsorientierte Kultur.   Durch diese Ausrichtung bereitet sie sich den Weg, um in ihrem Ecosystem als Vorbild zu gelten und um für die Umsetzung ihrer Zukunftspläne gut positioniert zu sein.   Kriterium 1: Zweck, Vision und Strategie   Kriterium 2: Organisationskultur und Organisationsführung
Realisierung
Um dauerhaft herausragende Ergebnisse zu erzielen, ist neben der oben beschriebenen Ausrichtung, mit der die Organisation den Weg vorbereitet, die effektive und effiziente Realisierung sicherzustellen.   Um die Strategie effektiv und effizient umzusetzen, muss die Organisation: ■ die Interessengruppen in ihrem Ecosystem kennen, und sich umfassend mit denjenigen befassen, die für ihren Erfolg wichtig sind ■ nachhaltigen Nutzen kreieren ■ die Leistungsniveaus verbessern, die für den Erfolg von heute erforderlich sind und zugleich die notwendige Verbesserung und Transformation sicherstellen, um auch in Zukunft erfolgreich zu sein   Kriterium 3: Interessengruppen einbinden   Kriterium 4: Nachhaltigen Nutzen schaffen   Kriterium 5: Leistungsfähigkeit und Transformation vorantreiben
Ergebnisse
Zwei Hauptkriterien beschäftigen sich mit den Ergebnissen (Results) des Unternehmens. Hier werden sowohl die Wahrnehmungen (also die Sichtweise des Interessenpartners – z.B. aus Befragungen) als auch die vorab definierten und gemessenen Leistungsindikatoren zu den einzelnen Interessengruppen angesprochen, auf ihre Relevanz hinterfragt und bewertet.   Kriterium 6: Wahrnehmungen der Interessengruppen   Kriterium 7: Strategie- und leistungsbezogene Ergebnisse

Ursache und Wirkung der getätigten Vorgehensweisen und Maßnahmen (Kriterien zu Ausrichtung und Realisierung) auf die Ergebnisse (Ergebniskriterien) werden sichtbar (Regelkreise). Das EFQM-Modell liefert keine konkrete unternehmensspezifische Checkliste oder Vorgehensbeschreibung. Zu jedem der Kriterien werden Beispiele und Ansatzpunkte dargestellt. Diese Beispiele sind Anregungen dafür, welche Maßnahmen ein erfolgreiches Unternehmen zum jeweiligen Thema umsetzen könnte. Das Kriterienmodell ist sehr offen gehalten und daher universal anwendbar für Unternehmen unterschiedlicher Größe, Art (Profit und Non-Profit), Branchen und für alle Arten von Geschäftsmodellen. Durch die fundierte Beschäftigung mit den im EFQM-Modell adressierten Ansatzpunkten wird eine Lernkurve in Gang gesetzt. Kreativität und Innovation sowie Benchmarking werden angeregt, Kultur und Vorgehen werden reflektiert.

5.2.3.3 Die RADAR-Logik zur Bewertung der Kriterien

Die RADAR-Logik (RADAR: **R**esults / **A**pproach / **D**eployment / **A**ssessment and **R**efinement) ist die Handlungsanleitung des EFQM-Modells für die konkrete Bewertung. Sie zieht sich wie ein roter Faden durch den gesamten Bewertungsprozess und wird in jedem Teilkriterium des EFQM-Modells angewandt. Sie ist ein systematisches Werkzeug, das sowohl für die Ausrichtung und Realisierung als auch für die Ergebnisse eines Unternehmens eine qualitative und quantitative Bewertung umfasst. Die RADAR-Logik legt dar, wie die Organisation

- die angestrebten Ergebnisse definiert, die sie durch ihre Strategie erreichen möchte (Results – Ergebnisse),
- eine Reihe von Vorgehensweisen festgelegt hat, durch die die angestrebten Ergebnisse jetzt und in Zukunft erzielt werden sollen (Approaches – Vorgehensweisen),
- diese Vorgehensweisen angemessen umsetzt (Deployment – Umsetzung) sowie
- die umgesetzten Vorgehensweisen bewertet und verbessert, um zu lernen, sich weiterzuentwickeln (Assess and Refine – Bewerten und Verbessern).

Um eine solide Analyse zu ermöglichen, sind jedem RADAR-Element Attribute zugeordnet. Für jedes Attribut gibt es eine Beschreibung und Hinweise, was die Organisation dabei erreichen sollte. Eine Einzelperson oder ein Team kann die RADAR-Logik auf Attribut-Ebene in Verbindung mit dem EFQM-Modell anwenden:

- Um mit ihrer Hilfe die aktuellen Stärken und Verbesserungspotenziale einer Organisation zu identifizieren.
- Um einer Organisation zu helfen, ihre Zukunft in Form von erwünschten Ergebnissen und den dazu erforderlichen Handlungen zu beschreiben.

Die quantitative Bewertung wird auf einer Skala von 0 bis 1000 Punkten angezeigt, sie gibt Aufschluss über das Niveau des bewerteten Unternehmens. Passend zur quantitativen Bewertung erhält das Unternehmen **Feedback von unabhängigen Praxisexperten zu den konkreten Stärken und Verbesserungspotenzialen** der Organisation in sämtlichen Unternehmens-/Themenbereichen. Die Bewertung eines Unternehmens nach der RADAR Logik wird in einem Feedbackreport zusammengefasst. Sie soll den direkten Vergleich mit anderen Unternehmen ermöglichen und stellt gleichzeitig eine Quelle für konkrete Verbesserungsmaßnahmen dar:

1. Ausrichtung   200 Punkte: Zweck, Vision Strategie
                                 Organisationskultur und Organisationsführung
2. Realisierung   400 Punkte: Interessengruppen einbinden
                                 Nachhaltigen Nutzen schaffen
                                 Leistungsfähigkeit und Transformation vorantreiben
3. Ergebnisse   400 Punkte: Wahrnehmungen der Interessengruppen
                                 Strategie- und leistungsbezogene Ergebnisse

Bei den Segmenten Ausrichtung und Realisierung wird jedes Teilkriterium innerhalb eines Kriteriums gleich gewichtet. Zum Beispiel:

Jedes der fünf Teilkriterien im Kriterium 1 „Zweck, Vision und Strategie" trägt maximal 20 Prozent der insgesamt im Kriterium 1 zu erreichenden 100 Punkte bei:

Tabelle 7: Die Gewichtung der Teilkriterien (qualitiy austria, 2019)

Teilkriterium	Punkte
1.1.	20
1.2.	20
1.3.	20
1.4.	20
1.5.	20

Jedes der 4 Teilkriterien in Kriterium 4 „Nachhaltigen Nutzen schaffen" trägt maximal 25 Prozent der insgesamt im Kriterium 4 zu erreichenden 200 Punkte bei:

Tabelle 8: Die Gewichtung der Teilkriterien (qualitiy austria, 2019)

Teilkriterium	Punkte
4.1.	50
4.2.	50
4.3.	50
4.4.	50

Für das Segment Ergebnisse gibt es nur zwei Kriterien, keine Teilkriterien. So werden maximal 200 Punkte für die Wahrnehmungen der Interessengruppen (Kriterium 6) und 200 Punkte für Strategie- und leistungsbezogene Ergebnisse (Kriterium 7) vergeben.

Wer dem EFQM-Assessment folgen und die RADAR-Logik für die Punktevergabe anwenden möchte, muss zwei Regeln befolgen: Sowohl beim Segment Ausrichtung als auch beim Segment Realisierung darf die Gesamtbewertung eines Teilkriteriums dessen Bewertung für Vorgehen fundiert nicht übersteigen. Unabhängig davon, wie gut die anderen Attribute in diesem Teilkriterium bewertet wurden, limitiert die Bewertung für Vorgehen fundiert die Gesamtbewertung. Beim Segment Ergebnisse (Kriterien 6 und 7) darf die Gesamtbewertung die Bewertung für Umfang und Relevanz nicht übersteigen. Unabhängig davon, wie gut die anderen Attribute bewertet wurden, limitiert die Bewertung für Umfang und Relevanz die Gesamtbewertung.

Organisationen, die an einer externen Anerkennung ihrer Leistung interessiert sind, werden von einem Assessorenteam bewertet, dass die RADAR-Bewertungsmatrizen benutzt. Diese sind auf der digitalen Plattform der EFQM verfügbar. Ihre Anwendung kann in den Assessor- Trainingskursen, die die EFQM und ihre Partner anbieten, erlernt werden. Die drei Bewertungstabellen können auch von Organisationen verwendet werden, die eine Selbstbewertung nach dem EFQM-Modell durchführen möchten. Sie erhalten dadurch eine wertvolle Rückmeldung, die sowohl einen quantitativen, aktuellen Status festlegt als auch Stärken und Verbesserungspotenziale aufzeigt. Es werden sowohl die Gesamtpunktzahl auf der 1000-er Skala als auch die Punkteprofile entlang der sieben Modellkriterien ermittelt. Das hat den Vorteil, dass sich Organisationen, die das EFQM-Modell anwenden, miteinander vergleichen können. Außerdem kann auch in künftigen Selbstbewertungen ein Fort- oder Rückschritt gegenüber der Ausgangslage festgestellt werden.

5.2.3.4 Kritische Würdigung von EFQM aus der Sicht eines prozessbasierten QMS

Auch hier sind die Prozesse (10 %) im Modell 2012 und noch mehr im Modell 2019 sehr allgemein gehalten, die einzelnen Kategorien liefern wesentlich präzisere Hinweise für eine Selbst- oder Fremdeinschätzung. Eine explizite Ausrichtung auf Dienstleistungen erfolgt nicht. Prozesse sind erstmalig ein Thema, werden jedoch 2019 zu wenig weiterverfolgt, da etwa wirtschaftliche Prozesse kein Thema sind. Es ist ein kontinuierlicher Verbesserungsprozess vorgesehen, eine Ausrichtung auf den Kunden erfolgt zu wenig konsequent, ebenso ist die Verwendung von Standardprozessen zu vermissen.

Tabelle 9: Stärken und Schwächen von EQFM(Brandl/Ehrenmüller, 2019a)

Stärken und Schwächen von EQFM
☺ Das Modell rekurriert explizit auf Zweck, Vision und Strategie.
☺ Nachhaltigkeit ist Thema, Prozesse sind 2019 erst in weiterer Folge Teil des Systems.
☺ Kundenorientierung ist wichtiger Bestandteil.
☺ Modell ist nicht unmittelbar dienstleistungsorientiert, aber anpassbar.
☹ Effizienz und Effizienzsteigerung sind auch Thema.
☹ Umsetzung komplex und aufwändig.

5.3 Entwicklungspotenziale: Neue Anforderungen an QM-Systeme

5.3.1 Neue Anforderungen – Allgemeines Umdenken

Nach unseren Beobachtungen existieren in nahezu allen sozialen Einrichtungen unterschiedlichste Ressourcen, die in den Unternehmen von den Führungskräften und Mitarbeiter:innen aktiviert werden können:

- Umdenken von funktionalen auf prozessbasierte Führungskonzepte
- Klare Ausrichtung auf den Nutzen der Kund:innen und Mitwirken der Nutzer:innen/Klient:innen/Patient:innen am Erstellen der Dienstleistungen
- aktive Einbindung von Mitarbeiter:innen durch ein prozessbasiertes Verständnis von Führung sowie einer darauf aufbauenden Personalentwicklung, die auch als Unternehmensentwicklung wirksam wird
- strategische Vorgaben für die konsequente Einführung logistischer und technologischer Neuerungen
- konsequentes Optimieren und Neugestalten der Arbeitsabläufe, insbesondere der Schnittstellen auch mit Lieferanten und Auftraggebern
- Regelung der Verantwortlichkeiten, des Info-Flusses und der Entscheidungsformen im Sinne einer agilen Organisation
- und schließlich ein Vorantreiben der Anpassung von gesetzlichen Bestimmungen an den state of the art.

Es ist damit zentrale Aufgabe der Führung, gemeinsam mit den Mitarbeiter:innen Kosten, Prozesse und Qualität der erstellten Dienstleistungen am Kund:innennutzen bzw. -wünschen auszurichten. Eine begriffliche Grundlage zum Thema Qualität kommt von Donabedian (1980) mit seiner Prozess-, Potenzial- und Ergebnisqualität. Sie wird erweitert durch ein hierarchisches Verständnis von Qualität (z.B. Seghezzi/Fahrni/Herrmann, 2013), das auch auf eine geteilte Führung umzulegen ist/wäre:

5.3 Entwicklungspotenziale: Neue Anforderungen an QM-Systeme

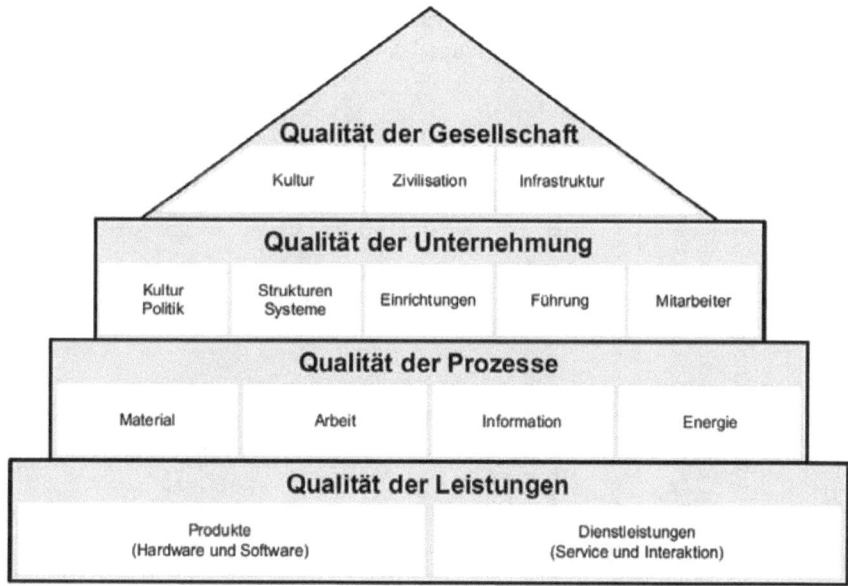

Abbildung 36: Hierarchie der Qualität (Seghezzi/Fahrni/Herrmann, 2013)

Da Dienstleistungen nicht auf Vorrat produziert werden können, hilft eine laufende Prozessoptimierung, um mit der Engpass-Ressource „Mensch" besser umzugehen. Es gilt, den Fokus auf die Effizienz zu legen: Da die Arbeitskraft in der Dienstleistung nicht beliebig vermehrbar und auch nicht beliebig einsetzbar oder steuerbar ist, kommt es vermehrt auf die Qualität der Führung an, um die neue Effizienz möglichst ressourcenschonend und gewinnbringend umzusetzen und die Mitarbeiter:innen im Zuge der Leistungserbringung durch die Anwendung von neuen Technologien bestmöglich zu unterstützen. Daraus ist ein erhöhter Bedarf an einem prozessorientierten Managementsystem abzuleiten.

5.3.2 Entwicklungspotenziale – Anforderungen – Lösungen

Aus den obigen Ausführungen resultieren drei Anforderungen an ein prozessbasiertes QM-System:

1. Ein zukunftsweisendes Leitbild ist auf den Zweck des Unternehmens und die Anforderungen der nächsten fünf Jahre auszurichten; es wird von Führungskräften und Mitarbeiter:innen erarbeitet und umgesetzt.
2. Eine möglichst ressourcenschonende Arbeitsweise, die Wirtschaftlichkeit, Technologieeinsatz und Nachhaltigkeit mit Kundennutzen verbindet: mit möglichst wenig Ressourcen eine Dienstleistung erstellen.
3. Ein prozessbasiertes Qualitätsmanagement, das tunlichst auch auf dem neuesten wissenschaftlichen Stand ist und qualitätssichernd wirkt sowie auch den Weg in die Zukunft ermöglicht.

5 Die QM-Systeme sind in die Jahre gekommen – Wie geht's weiter?

Nachfolgend sind die Entwicklungspotenziale der oben vorgestellten QM-Konzepte gesammelt dargestellt und mit Lösungsansätzen hinterlegt (Brandl/Ehrenmüller, 2019a):

Tabelle 10: Identifizierte Kritikpunkte in Lösungsansätze verwandeln (eigene Darstellung)

Cluster	Entwicklungspotenzial	Lösungsorientierung
Allgemeines	Insbesondere im ISO und dem EFQM ist die Formulierung der Qualität recht allgemein gehalten.	Im Qualitätsbegriff muss die Nachhaltigkeit und die Wirtschaftlichkeit gleichwertig mit den Kund:innenbedürfnissen bei Ressourcen und Arbeitsweise enthalten sein. In branchenspezifischen QMS wird Qualität auf den konkreten betrieblichen Hintergrund ausgerichtet. Damit entfällt viel Anpassungsarbeit auf die branchenspezifischen Prozesse.
	Einfache Handhabbarkeit	Einfache Anwendbarkeit sichert breiteres Verständnis bei den Mitarbeiter:innen und erhöht den Nutzen.
	Es wird allgemein von Kund:innenorientierung gesprochen.	Prozesse sind per se auf den/die KundIn ausgerichtet. Dies wird besonders in der Prozesslandkarte sichtbar. Prozesse lassen sich damit auch von den Bedürfnissen des Kund:innen her definieren.

5.3 Entwicklungspotenziale: Neue Anforderungen an QM-Systeme

Cluster	Entwicklungspotenzial	Lösungsorientierung
Branchenspezifisches Management und Effizienz; „Prozess"	Im Mittelpunkt bei bestehenden QMS stehen die Kund:innen und Mitarbeiter:innen.	Erweiterung des Qualitätsbegriffes auf gleichwertige Kriterien: Wirtschaftlichkeit im Sinne optimierter Prozesse und nachhaltigem Ressourceneinsatz, Nachhaltigkeit, Kundenorientierung, juristisch geprüft und in die IT integriert.
	Ein rechtlicher Check wird nicht durchgehend angesprochen.	Siehe oben
	Die Wirtschaftlichkeit der Abläufe wird angesprochen, jedoch wenig konsequent verfolgt.	Siehe oben
	Nachhaltigkeit wird angesprochen, allerdings nicht konsequent eingefordert.	Nachhaltigkeit und der minimale Ressourceneinsatz sind in der Wirtschaftlichkeit integriert und damit im Qualitätsbegriff.
	Es fehlt eine konsequente Ausrichtung am Stand der Wissenschaft.	Auch wenn der PDCA-Zyklus in allen QMS explizit enthalten ist, so erfolgt dies meist punktuell und nicht auf einem (strategisch ausgerichteten) Best-Practice-Hintergrund. Die induktive Vorgangsweise ist durch eine deduktive Schiene zu ergänzen.
	Der IT-Einsatz und Digitalisierung sind nicht wirklich explizit enthalten.	Die IT ist das Rückgrat der Prozessorganisation, vom ersten Prozessschritt, der Datensammlung bis hin zum Austritt/Ausscheiden aus der Organisation. Gleichzeitig wird das Qualitätsmanagement in die IT eingebaut, beg:innend beim Workflow bis hin zu standardisierten Steuer- und Zulieferprozessen.
Leitbild	Im Leitbild sind die zukünftigen Anforderungen an eine Organisation selten (genauer) ausgeführt.	Das Leitbild muss ein Leuchtturm sein und neben den grundlegenden Werten des Unternehmens auch die Anforderungen für die nächsten 5 bis 10 Jahre enthalten („Existenzgrund").
	Einbeziehung der Unternehmenskultur	Der Unternehmenszweck muss klar kommuniziert sein, ebenso die Unternehmenskultur – neben der Standardisierbarkeit als Teil der Wirtschaftlichkeit.
Strategie	Strategien werden in QMS meist nur angesprochen.	Strategien sind auf Basis des Leitbildes zu entwickeln und zu kommunizieren – spätestens bedingt durch den Prozesslebenszyklus ein wiederkehrendes Thema.

5 Die QM-Systeme sind in die Jahre gekommen – Wie geht's weiter?

Cluster	Entwicklungspotenzial	Lösungsorientierung
Herzstücke für ein prozessbasiertes QMS	Prozesse stehen meist isoliert nebeneinander und werden nicht in Kategorien der Prozessorganisation gedacht.	Mit dem Prozesslebenszyklus werden alle relevanten Prozesse eines Dienstleisters dargestellt, optimiert, mit Kennzahlen ausgestattet und letztlich auch strategisch ausgerichtet. Der PDCA-Zyklus ist immanent – und mehrfach enthalten.
	Prozesse werden nur auf ein Unternehmen bezogen gedacht. Referenz- und Standardprozesse fehlen in den obigen QMS.	Wenn man etwa an die vielen Pflegeheime denkt, so sind Standardprozesse bei allen relevanten Teilprozessen denkbar – vergleichbar der IT, bei Banken, bei Handelsbetrieben und auch in der Medizin. Standardprozesse eröffnen auch ein Kooperationspotenzial.
	Das Sparpotenzial durch Standardprozesse wird nicht angesprochen.	Eine überbetriebliche, branchenspezifische Prozessbibliothek kann sparen helfen und durch die Einordnung in Reifegrade als Innovationsmotor wirken – in Kern-, Unterstützungs- und Steuerungsprozessen.
	Reifegrade von Prozessen	Jedenfalls für optimierte Prozesse bedarf es der Qualitätssicherung, um Prozesse auf einem definierten Qualitätsniveau personenunabhängig wiederholbar und messbar zu machen. Beginnend beim laufenden Prozess („wie gehabt") muss ein Prozess optimiert, gelebt und verbessert werden. Dazu ist ein Reifegrad-Modell zu entwickeln.
	Reifegrade von Dienstleistungen	Dienstleistungen entwickeln sich etwa durch die demographische Entwicklung und die der technischen Möglichkeiten. Dies gilt es konsequent in ein QMS zu integrieren, indem es in einem Reifegrad-Modell je Teilprozess abgebildet wird.
	Risikomanagement fehlt weitgehend	Risikomanagement (Energie, Hygiene, Brand, etc.) muss Teil des QMS sein.
	Der sichtbare Nutzen eines QMS hält sich in Grenzen.	Der Nutzen eines prozessbasierten QMS muss bei jedem Prozess sichtbar gemacht werden können. Marketing-Nutzen wäre zu wenig.
	Darstellung von Abläufen bestenfalls organisationsbezogen.	Einbeziehung des Kunden und der Lieferanten in die Darstellung der Prozesse etwa mittels Swimlane oder Service Blueprint.
	Ein Audit ist in der Regel punktuell in mehrjährigem Abstand vorgesehen.	Kontinuierlicher Verbesserungsprozess als Weiterentwicklung des betrieblichen Vorschlagswesens ist mit einem Auditprogramm zu ergänzen, das im Laufe von drei Jahren kontinuierlich alle relevanten Prozess und Qualitätsfelder durchgeht.

5.3 Entwicklungspotenziale: Neue Anforderungen an QM-Systeme

Cluster	Entwicklungspotenzial	Lösungsorientierung
Audit	Selbstbewertung ohne objektiven Maßstab, Fremdbewertung detto, es fehlt ein (gemeinsamer) Bewertungsmaßstab.	An den Referenzprozessen können sich sowohl interne Audits als auch Fremdaudits orientieren. Es besteht die Möglichkeit, dass Führungskräfte die von ihnen verantworteten Prozesse selbst auditieren. Dies kann etwa zusammen mit dem Mitarbeiter:innengespräch erfolgen. Als Bewertungsmaßstab können die Reifegrade herangezogen werden. Zum einen formal, zum anderen für die Dienstleistung.
Mitarbeiter:innen- und Kund:innenbefragungen	Kund:innenbefragungen werden oft mit großem Aufwand nur alle drei Jahre durchgeführt. Sie sind in der Regel nicht vergleichbar.	Aufteilung parallel zum Auditprogramm. Damit wird jedes Jahr das Thema gewechselt und ein anderer Fokus/Lernanlass gesetzt. Damit kann zum einen dem PDCA-Zyklus entsprochen werden, zum anderen auch der sinkenden Verweildauer etwa von Heimbewohner:innen bzw. den wechselnden Kundengruppen.
Führungskräfte	Wird als Personalentwicklung angesprochen	Führungskräfteentwicklung ist ein integraler Baustein eines prozessorientierten Managements, strategisch ausgerichtet ist sie auch Unternehmensentwicklung.

Es gilt, diese oben angeführten Punkte in Lösungen zu verwandeln und in ein lösungsorientiertes QM-System einzubringen. Es gilt auch für dieses QM-System die kontinuierliche Verbesserung. So muss zum gegenwärtigen Zeitpunkt schon gesagt werden, dass es durch die Corona-Krise zur Erweiterung der QM-Prozesse um das Risikomanagement kommen muss.

5.4 pQMS extended®

5.4.1 Grundlagen des pQMS extended®

Mit dem pQMS extended®[13] liegt ein prozessbasiertes Qualitätsmanagementsystem vor, das speziell für soziale Dienstleister entwickelt wurde. Es baut auf den Erfahrungen mit den oben angeführten QM-Systemen auf und versucht, Antworten auf die Anforderungen der Zukunft im Sinne einer Weiterentwicklung von QM-Systemen zu integrieren:

- Leitbild und Unternehmenskultur werden in Prozessgestaltung integriert → „pQMS extended®-Brillant" als gedankliche Basis für zukunftsorientiertes Handeln.
- Weiterentwicklung der Organisation als integraler Bestandteil eines QMS → „Reifegrade" für Prozesse und Dienstleistungen zeigen den Standort.
- Konsequente Prozessorientierung der Organisation → „Prozesslebenszyklus" mit „Prozesslandkarte" in der 1. Phase, Verwendung von Standardprozessen und darauf aufbauenden Kennzahlen.
- Konsequente Ausrichtung aller Prozesse auf die Bedürfnisse der Bewohner:innen/Klient:innen/Kund:innen[14] → „Prozessbeschreibungen" als Qualitätssicherung und vom Kunden her gedacht sowie mit Reifegraden zur Visualisierung des Wertschöpfungspotenzials.
- Unternehmerisches Denken von Führungskräften und Mitarbeiter:innen führt zu neuen Qualitäten der Führungskräfteentwicklung und -qualifizierung. Sie sind integraler Bestandteil eines QMS → „Audit-Plan mit Mitarbeiter:innengespräch" wird Teil der Unternehmensentwicklung.

Das dem pQMS extended® zugrunde liegende Verständnis von Qualität wird im strategischen und operativen pQMS-Brillanten zusammengefasst. Ein kontinuierlicher und systematischer Verbesserungsprozess muss damit permanent realisiert werden (vgl. Brandl/Ehrenmüller 2019b):

---

13 Siehe Brandl/Ehrenmüller 2019a.
14 Es geht um die Ausrichtung auf die Kund:innen mit der jeweils gebräuchlichen Bezeichnung.

5.4 pQMS extended®

Strategisch	Operativ
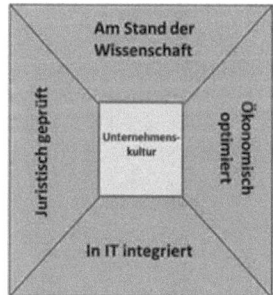	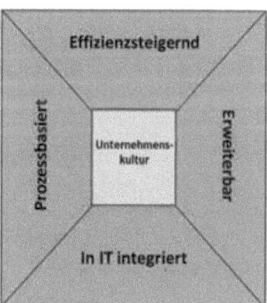

Abbildung 37: Der pQMS-Brilliant strategisch und operativ (Brandl/Ehrenmüller, 2019b)

Das Thema Effizienz ist der zweite wesentliche Baustein eines neuen QMS, in dem ökonomisch optimierte Prozesse gleichwertig mit dem Stand der Bezugswissenschaften gedacht sind und auch eine Ausrichtung auf einen möglichst geringen Ressourcenverbrauch (= nachhaltige Komponente) enthalten ist. Nicht das Sparen steht im Vordergrund, sondern alle Überlegungen, die zu einem möglichst sparsamen Ressourcenverbrauch führen. Damit werden etwa auch Doppelarbeiten – bisher werden etwa QMS und IT getrennt bearbeitet – vermieden, da das pQMS extended® im Managementsystem und damit in die IT integriert gedacht ist. Dies erhöht die Wirkung jedes QMS extended®.

Das Managementsystem eines Betriebes geht damit vom Unternehmenszweck aus über das Leitbild und die strategischen Zielsetzungen bis hin zu den Unternehmensprozessen. Die ständige Verbesserung von Prozessen und Dienstleistungen ist zudem mit dem Prozess-Lebenszyklus mehrfach integriert (Brandl/Ehrenmüller 2019a):

5 Die QM-Systeme sind in die Jahre gekommen – Wie geht's weiter?

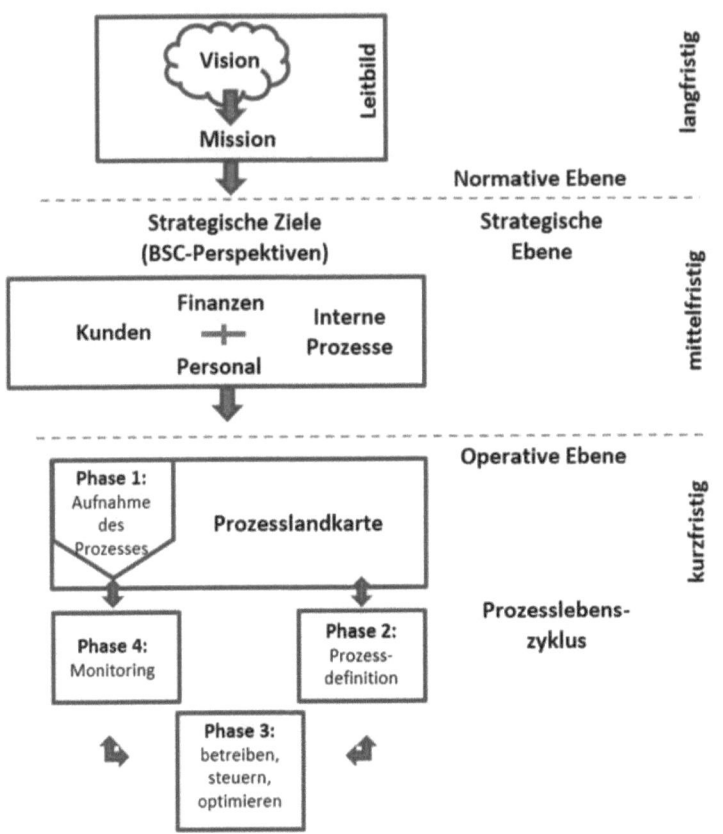

Abbildung 38: Das pQMS extended® ist Teil des Managementsystems (Brandl/ Ehrenmüller, 2019a)

Damit soll klargestellt werden, dass das QM über rein „technische Arbeitsschritte" hinausgeht und ein Führen mit dem Leitbild ermöglichen soll.

5.4.2 Entwicklungsschritte eines pQMS extended®

5.4.2.1 Zweck – Leitbild – Strategie (lang- und mittelfristig)

In die Vision und die strategische Ausrichtung werden die Anforderungen der nahen Zukunft von den dafür zuständigen Führungskräften und Mitarbeiter:innen eingearbeitet, immer wieder kommuniziert und in die Organisation hineingetragen. Dafür wird empfohlen, ein allfällig bestehendes Leitbild dahingehend zu adaptieren oder neu zu gestalten, dass jedenfalls die nachfolgenden Themenbereiche abgedeckt werden[15]:

---

15 Vgl. Brandl/Ehrenmüller 2019a, S. 81.

- Kundenperspektive: konsequente Orientierung an den Bedürfnissen/Nutzen der Kund:innen.[16]
- Effizienter, sparsamer Ressourceneinsatz[17] → ökonomisch und ökologisch optimierte Leistungsprozesse in jedem Reifegrad, inklusive Risikomanagement.
- Konsequentes Nutzen der Technologie[18] und des wissenschaftlichen Fortschritts.
- Minimale Hierarchie, agile Organisation.
- Fehlerabstellen an der Wurzel im Alltagsbetrieb im Sinne einer Lernenden Organisation durch die lösungsorientierte Orientierung an den Reifegraden von Prozessen und Dienstleistungen.

Betriebliche Stärken und Schwächen sind mit den externen Rahmenbedingungen in strategische Vorgaben zu verwandeln, die etwa in den nächsten drei bis fünf Jahren realisiert werden sollen. Es ist daher auch beständig wiederkehrend die Frage zu stellen, wie dies durch die Anpassung oder/und Neugestaltung der Prozesse und Dienstleistungen realisiert werden kann. Schwerpunkte werden sein:

- Digitalisierung auf die Strategien ausgerichtet,
- damit auch den Mangel an Pflegekräften mindern,
- neue Arbeitsformen erproben und einführen.

Das Führen mit einem zukunftsweisenden Leitbild bringt hier eine neue Facette für die Führungskräfte, nicht nur in der Sozialwirtschaft.

5.4.2.2 Prozess-Lebenszyklus – Prozesslandkarte – Reifegrade – Kennzahlensystem (kurzfristig)

Der zentrale Baustein für das pQMS extended® ist die Darstellung aller relevanten betrieblichen Prozesse mit dem Instrument einer Prozesslandkarte bereits in der Phase 1 des Prozess-Lebenszyklus. Es kann dabei eine Standard-Prozesslandkarte für gleichartige Einrichtungen (hier: die Langzeitpflege) als Grundlage dienen und im Sinne der Minimierung des Arbeitsaufwandes an die jeweiligen betrieblichen Gegebenheiten inklusive dem Wording angepasst werden (Brandl/Ehrenmüller/Prinz 2020):

---

16 Das pQMS extended® ist für soziale Dienstleister der Sozialwirtschaft und somit auch auf deren „Kunden" ausgerichtet.
17 Brandl Paul/Ehrenmüller Irmtraud 2019b.
18 Brandl Paul/Ehrenmüller Irmtraud 2018.

5 Die QM-Systeme sind in die Jahre gekommen – Wie geht's weiter?

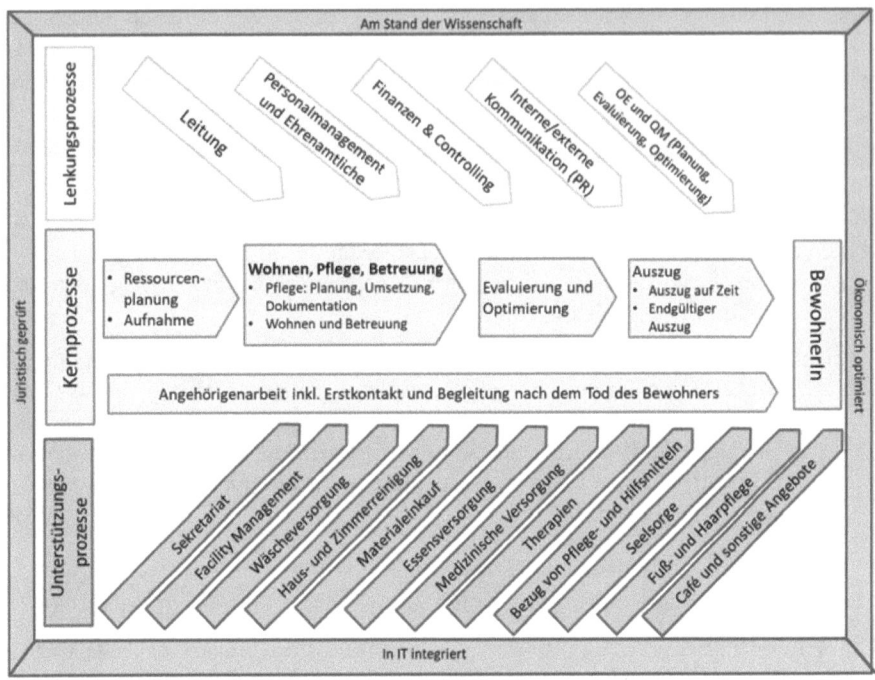

Abbildung 39: Standard-Prozesslandkarte für die Langzeitpflege (Brandl/Ehrenmüller/Prinz 2020)

Im Sinne des Prozesslebenszyklus – entsprechend dem PDCA-Zyklus – sind dann die einzelnen Teilprozesse systematisch zu optimieren und in einer Prozessbibliothek zu dokumentieren (Phase 2), zu betreiben und mit Kennzahlen zu steuern (Phase 3) und (wieder) strategisch auszurichten (Phase 4). In der Organisation werden in Phase 1 des Prozess-Lebenszyklus alle QM-Standards und die Form der Prozessdokumentation festgelegt. Es empfiehlt sich die Darstellung nach drei am Beginn des QM-Projektes festzulegenden Vorlagen[19]:

1. Allgemeiner Teil: „Prozesssteckbrief".
2. „Swimlane-Darstellung" als erweiterte Form eines Flussdiagramms, um die Aktivitäten der Lieferant:innen und Kund:innen an den Schnittstellen besser sichtbar machen zu können.
3. Prozessbeschreibung anhand einer Formatvorlage in Word.

Prozesse sind anfangs im Sinne eines minimalen Arbeitsaufwandes nur in Kurzform in der Form eines Prozess-Steckbriefes (Wagner/Patzak 2020) vorgesehen. Ab Reifegrad 2 ist jedenfalls eine schriftliche Dokumentation mit den obigen drei Ausprägungen notwendig. Die Unterlagen dienen gleichzeitig als eine Vorarbeit für die Mitarbeiter:innen-Informationen, Schulungsunterlagen und die Audits.

---

19 Siehe Brandl/Ehrenmüller 2019a, S. 94ff.

Es empfiehlt sich im Sinne einer professionellen Kooperation zur Minimierung des „Schnittstellen-Aufwandes" auch das Einbeziehen der Kund:innen und Lieferant:innen in geeigneter Form. Ab Reifegrad 3 muss die Dokumentation digital abgebildet, ab Stufe 4 in einem IT-System hinterlegt und den Mitarbeiter:innen zugänglich sein.

In Phase 1 (von drei) der mindestens dreijährigen Auditierung aller Prozesse wird ein Auditplan für die erste Phase festgelegt: Etwa ein Drittel der Prozesse werden im ersten Jahr bzw. in Phase 1[20] bearbeitet, optimiert und im Sinne der Qualitätssicherung dokumentiert. Die Abfolge wird jeweils betriebsspezifisch nach den strategischen und organisatorischen Schwerpunkten festgelegt. Im Audit werden diese Prozesse nach den folgenden zwei Reifegrad-Kriterien beurteilt (Brandl/Ehrenmüller 2019b):

	Extrinsische Reifegrade der Prozesse			Intrinsische Reifegrade der Prozesse (Agility/Technology)	
	Status	Kennzeichen		Status	Kennzeichen
5	Ständig verbessert	Entsprechend dem Auditprogramm	5	IoT	Alle Tätigkeiten sind digital intern und extern vernetzt.
4	Gelebt	Eingeführt und mit Kennzahlen in IT integriert	4	Digitale Vernetzung	Die Tätigkeiten werden digital mit externen Partnern gesteuert
3	Optimiert	Nach den 5 Kriterien des im pQMS extended	3	Digitale interne Organisation	Die digitale Erfassung ist intern vernetzt.
2	Beschrieben	Entsprechend dem QMS	2	Analoge/digitale Schnittstelle	Die Tätigkeiten werden digital erfasst/gesteuert.
1	Es läuft	Wie gewohnt	1	Analoge Organisation	Es wird gearbeitet

Abbildung 40: Intrinsische und extrinsische Reifegrade im pQMS extended®(Brandl/Ehrenmüller, 2019b)

Unterstützt wird die Wirksamkeit dieses prozessbasierten QMS durch den Prozesslebenszyklus mit der Prozesslandkarte als Ausgangspunkt, dem Einsatz von optimierten (Standard-)Prozessen und dem auf den Prozessen aufbauenden Kennzahlensystem (ab Reifegrad 3), das in Anlehnung an die Dimensionen einer BSC aufgebaut sein soll. Dabei haben Reifegrade zwei Seiten: Das ist zum einen die extrinsische, formale Seite des QM mit ihren fünf Reifegraden und zum anderen die intrinsische Seite mit ihren Reifegraden; sie stellt die technologische und wissenschaftliche Reife eines Prozesses bzw. einer Dienstleistung dar. Damit kann eine Reifegradmatrix erstellt werden[21]:

---

20 Wir haben im Zuge der COVID-19-Pandemie erlebt, dass die ursprünglich dreijährige Auditierung in drei Phasen umbenannt werden muss.
21 Brandl/Ehrenmüller 2019a, S. 141ff.

5 Die QM-Systeme sind in die Jahre gekommen – Wie geht's weiter?

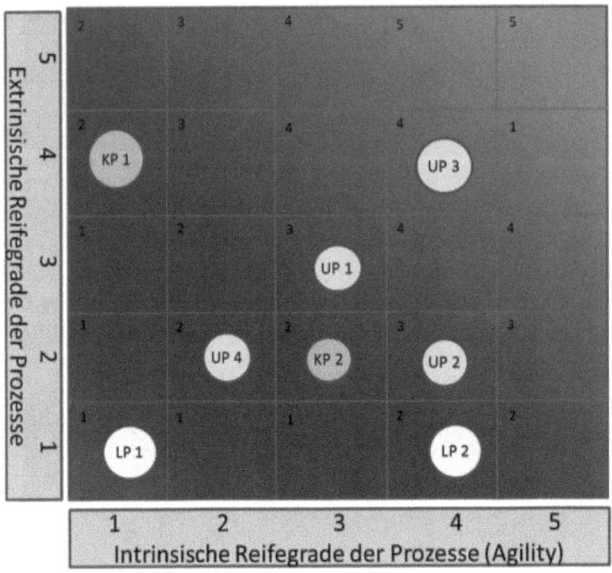

Abbildung 41: Reifegradmatrix mit intrinsischem und extrinsischem Reifegrad (Brandl/Ehrenmüller, 2019b)

Legende: KP = Kernprozess, UP = Unterstützungsprozess, LP = Lenkungsprozess, beispielhafte Zuordnung in die Matrix

Für die Führungskräfte und Mitarbeiter:innen kann so sichtbar gemacht werden, wo die einzelnen Teilprozesse der Prozesslandkarte eingereiht werden und wo insbesondere beim intrinsischen Reifegrad Wertschöpfungspotenziale zu finden sind. Dies soll am Beispiel der Neuverblisterung von Medikamenten in der Langzeitpflege gezeigt werden (Baumgartner/Brandl 2020):

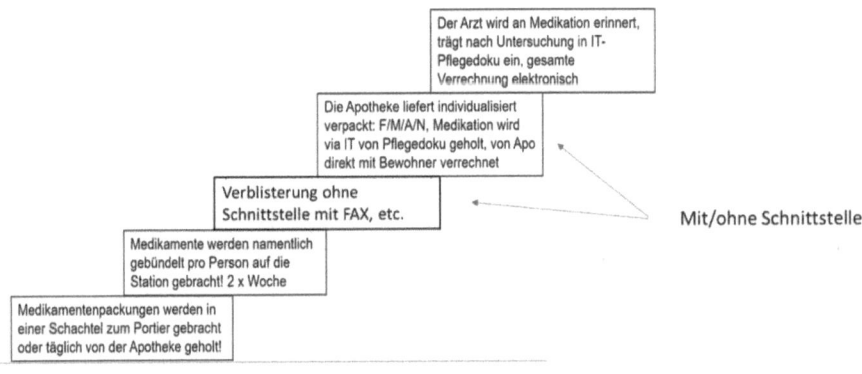

Abbildung 42: Reifegrade für die Neuverblisterung (Baumgartner/Brandl, 2020)

Hier ist der intrinsische Reifegrad des Prozesses dargestellt. Zum einen soll damit eine Einstufung auf der fünfteiligen Skala ermöglicht werden und zum anderen

Diskussionen über das Anstreben von einem höheren Reifegrad ermöglicht werden.

5.4.2.3 Auditplan

Durch das Verwenden von Standardprozessen bei den Teilprozessen vermindert sich auch der Aufwand für die Einführung optimierter Prozesse in allen weiteren Einrichtungen (vgl. Ziebermayr 2016). Der Vergleich mit einem Standardprozess kann in diesem Fall auch der Start des kontinuierlichen Verbesserungsprozesses sein. Es sind jedenfalls von Beginn an alle erforderlichen Unterlagen für die betroffenen Mitarbeiter:innen bereitzustellen. Eine Unterweisung bzw. Einschulung ist für alle Lieferant:innen und Mitarbeiter:innen im notwendigen Ausmaß vorzusehen. Dies gilt explizit auch für neue Mitarbeiter:innen im Zuge deren Einschulung. Als Ergebnis eines Audits wird schriftlich festgelegt, welche Entwicklung anhand der Reifegrade für jeden auditierten Teilprozess bis zum nächsten Audit vereinbart wird. Die Ergebnisse des Audits sind als Abschluss jeder Phase der Geschäftsführung zur Kenntnis zu bringen, da mit ihr auch Verbesserungsvorhaben vereinbart werden müssen. Die Vereinbarung beim ersten Audit (Planung) wird zum IST im nächsten Audit. Nach drei Jahren sind gemäß dem vereinbarten Auditplan alle Prozesse dokumentiert, entsprechend der Selbstbewertung erstmals in der Reifegrad-Matrix abgebildet und mit einer Vorgabe für die geplante Entwicklung bis zum nächsten Audit versehen. Im Jahr 4 beginnt die Auditierung im Sinne einer Reauditierung, die dann die vereinbarten Verbesserungen vorweisen sollten. Eine externe Auditierung und Zertifizierung ist mit denselben Unterlagen möglich, allerdings nicht zwingend vorgesehen. Externe Auditor:innen müssen einschlägige Erfahrungen im Bereich der stationären Langzeitpflege für alte Menschen aufweisen und auf das pQMS extended® eingeschult sein. Der „externe" Audit-Bericht kann Grundlage für Anerkennung im NQZ[22] sein.

Eine Rahmenbedingung des pQMS extended® ist die Führungskräfteentwicklung als integraler Bestandteil des QM-Systems. Sie beginnt bei der Verknüpfung von Audit- und Mitarbeiter:innengespräch (Brandl/Ehrenmüller 2019a). Konkret bedeutet das, dass jährlich Mitarbeiter:innengespräche geführt werden müssen, in deren Rahmen auch das interne Audit stattfindet. Die Inhalte wechseln in Anlehnung an das Auditprogramm. Als Ergebnis des Gesprächs werden die Zielvereinbarungen für den/die MitarbeiterIn mit den Zielvorgaben für die Prozessentwicklung (= „Reifegrad-Entwicklung") abgestimmt und mit der Unternehmensleitung vereinbart.

5.5 Chancen zu höherem Nutzen

Der Nutzen des pQMS extended® geht im Sinne der Unternehmensentwicklung über die oben dargestellten QM-Systeme hinaus. Einerseits wird hier die auch in anderen QM-Systemen vorzufindende Möglichkeit zur Qualitätssicherung sichtbar, andererseits verfügt das pQMS extended® auch über eine Triebfeder zur

---

[22] NQZ = Nationales Qualitätszertifikat für Alten- und Pflegeheime in Österreich.

Qualitätsentwicklung und Bewältigung bestehender bzw. zukünftiger Problemstellungen. Nachstehend die Nutzenpotenziale:

- (Neu)Positionierung des Leitbilds ausgerichtet auf die zukünftigen Anforderungen sowie Umlegen auf strategische Vorgaben ermöglicht ein Führen mit dem Leitbild.
- Einführung einer Prozesslandkarte, die mit Unternehmenszielen, QM-Zielen und Mitarbeiter:innenzielen verbunden ist. Damit ist das QM-System in die Unternehmensentwicklung integriert und eine Orientierung für alle Mitarbeiter:innen möglich.
- Entwicklung von Reifegraden als Maßstab für die Qualitätssicherung und -entwicklung sowie darauf aufbauende Kennzahlen; Einbinden der optimierten Prozesse ab Reifegrad 3 in die IT. Mit darauf basierenden Kennzahlen.
- Erstellen eines Auditplans, einer prozessorientierten Dokumentation der Prozesse und Überprüfung in einem jährlichen Mitarbeiter:innengespräch. Es werden zwei wesentliche Führungsmaßnahmen verbunden: Mitarbeiter:innenentwicklung und internes Audit führen zu Unternehmensentwicklung.
- QM-Maßnahmen können durch diese Zielplanung zeitgerecht in der Budgeterstellung berücksichtigt werden.
- Die Mitarbeiter:innen werden unmittelbar in die Realisierung der Zielsetzungen und die Weiterentwicklung der Organisation eingebunden und erhalten Orientierung vom Leitbild bis zum Prozess und zur Dienstleistung.
- Das Audit-Gespräch selbst stellt eine wirksame Maßnahme in Sinne der Führungskräfteentwicklung dar.
- Die Ergebnisse aus dem pQMS extended® verbessern für den Träger, die Führungskräfte und die Mitarbeiter:innen sichtbar die betriebliche Performance.
- Die konsequente Ausrichtung auf den Nutzen der Kund:innen wird zum USP des sozialen Dienstleisters.

Es liegt nun an den Führungskräften und Mitarbeiter:innen, diese Potenziale in ihren Organisationseinheiten Wirklichkeit werden zu lassen.

Fragen zur Lernzielkontrolle

- Benennen Sie die fünf wichtigsten Problemstellungen als Entwicklungstreiber für soziale Dienstleister in der nahen Zukunft.
- Stellen Sie die Anforderungen an ein QMS der nahen Zukunft dar.
- Beschreiben Sie das Prozessmodell von ISO und die vier internationalen Normen des QMS. Versuchen Sie eine kritische Würdigung des aus der Produktion stammenden QMS.
- Inwiefern erweitert das TQM den Qualitätsbegriff? Versuchen Sie eine kritische Würdigung aus der Sicht eines Dienstleisters.
- Nennen Sie die drei Säulen des EFQM 2013. Die Faktoren des EFQM teilen sich in Befähiger und Ergebnisse auf. Beschreiben Sie die jeweiligen Faktoren. Skizzieren Sie das EFQM-Modell 2019. Erklären Sie die RADAR-Logik des EFQM.
- Welche Anforderungen sehen Sie für die Weiterentwicklung eines Qualitätsmanagements? Nennen Sie mindestens drei Entwicklungspotenziale an ein branchenspezifisches QM im Bereich der Sozialwirtschaft und skizzieren Sie die Lösungsansätze.
- Welche Antworten gibt das pQMS extended® als Weiterentwicklung der bisherigen QMS ausgehend vom Leitbild? Stellen Sie das Verständnis von Qualität am Beispiel des pQMS extended®-Brillanten dar. Beschreiben Sie das dem pQMS extended® übergeordnete Managementsystem.
- Welche neuen Themen sind in ein neues Leitbild aufzunehmen, um den Technologieeinsatz konsequent zu unterstützen, dem Personalmangel entgegenzuwirken und auch neue Arbeitsformen auszuprobieren?
- Beschreiben Sie das Instrument der Prozesslandkarte. Nennen Sie die fünf Stufen des extrinsischen Reifegrades des pQMS extended®, ebenso die fünf intrinsischen Reifegrade.
- Diskutieren Sie den Nutzen vom pQMS extended® aus folgenden Perspektiven:
a) Führungskräfte: Orientierung durch Leitbild, strategische Leitsätze, Referenzprozesse und Reifegrade, systematische Verbesserung durch Audits.
b) Mitarbeiter:innen: Orientierung durch Leitbild, strategische Leitsätze, optimierte Prozesse und Dienstleistungen, ständige Verbesserung.
c) Kund:innen/Klient:innen: Dienstleistung auf den Kunden ausgerichtet, ständige Verbesserung.

Literatur

Baumgartner Christian/Brandl Paul (2020), Mit der Neuverblisterung zu mehr Effizienz in der (mobilen) Altenbetreuung, in: Brandl Paul, Prinz Thomas, Innovation bei sozialen Dienstleistungen – Praktische Ansätze für eine innovative Zukunft, Bd. 2, Regensburg, Walhalla.

Brandl Paul/Ehrenmüller Irmtraud (2019a): pQMS extended – Neues Qualitätsmanagementsystem für die Langzeitpflege, Walhalla.

Brandl Paul/Ehrenmüller Irmtraud (2019b): Die „Neue Effizienz" als Paradigmenwechsel und For- schungsansatz in der Sozialwirtschaft im Brennpunkt „Wissenschaft trifft Praxis", Vortrag bei Coming Soon, Linz.

Brandl Paul/Ehrenmüller Irmtraud (2018): Step by Step: Prozessbasierte IT-Potenziale für die Pflege, Vortrag bei der Consozial, Nürnberg.

Donabedian Avedis (1980): The Definition of Quality and Approaches to Its Assessment, Explorations in Quality Assessment and Monitoring. Band 1, Health Administration Press.

EFQM Modell trifft auf Balanced Scorecard (2012), https://www.trusteddecisions.com/news-wissen/efqm-modell-trifft-auf-balanced-scorecard/ Zugriff am 29.8.2020.

E-Qalin (2020), https://www.e-qalin.net Zugriff am 19.8.2020.

EQUASS – European Quality in Social Services (2020), https://equass.be/index.php/about-equass Zugriff am 19.8.2020.

ISO (o.J.), www.iso.org, Zugriff vom 20.4.2020.

KTQ, Das KTQ-Verfahren, https://www.ktq.de/Das-KTQ-Verfahren.9.0.html Zugriff 29.8.2020.

Quality Austria (2019): Das EFQM-Modell, https://www.qualityaustria.com/ Zugriff am 4.4.2019.

Ribbeck Jochen (2018), Qualitätsmanagement in Sozialunternehmen: Grundlagen – Systeme und Konzepte – Implementierung und Steuerung, Regensburg, Walhalla.

TCW – Transfer-Centrum für Produktions-Logistik und Technologie-Management GmbH & Co. KG (2018), Konzept des Total Quality Management, https://www.tcw.de/beratungsleistungen/qualitaet/total-quality-management-tqm-174 Zugriff am 19.8.2020.

TQM (o.J.): Total Quality Management (TQM). https://www.tqm.com/consulting/tqm-total-quality-management/ Zugriff am 19.8.2020.

Völk Christian (2015), ISO 9001:2015 – Prozessmodell und ständige Verbesserung, https://www.weka.at/download/Revision-ISO-9001-2015/News/ISO-9001-2015-Prozessmodell-und-staendige-Verbesserung, Zugriff am 19.8.2020.

Wagner Karl W./Patzak Gerold (2020), Performance Excellence, 3. Auflage, Hanser, München.

Ziebermayr Monika (2016), Mit Referenzprozessen zum Benchmark in Alten- und Pflegeheimen, unv. Bachelorarbeit, Linz.

6 Wie führt man Qualitätsmanagement in einer Organisation ein?

Sebastian Noll

> **Lernziele: Die Lesenden...**
> 1. ... kennen die zentralen Beweggründe, warum Organisationen des sozialen Sektors Qualitätsmanagement einführen.
> 2. ... wissen, wie Qualitätsmanagement ins vorhandene Planungs- und Steuerungssystem einer Organisation einzupassen ist.
> 3. ... können zentrale Schritte eines Projektes zur Einführung eines Qualitätsmanagements planen.
> 4. ... sind in der Lage, eigenständig Prozesse im Rahmen eines Qualitätsmanagements zu optimieren.

Einleitung

Qualitätsmanagement (kurz: QM) ist nun seit gut einem Vierteljahrhundert nach der Privatwirtschaft und parallel zur öffentlichen Verwaltung auch für die Sozialwirtschaft ein zentrales Thema. Dabei ist „in den Einrichtungen der Sozialen Arbeit ... eine eigentümliche Spannung zwischen Akzeptanz einerseits und Meidungsverhalten andererseits zu registrieren." (Merchel 2013, S. 214) Das gleiche Qualitätsmanagement-Konzept wird von Organisation zu Organisation in unterschiedlicher Weise gelebt und akzeptiert, oder auch so weit wie möglich ignoriert. Zentrales Ziel des Artikels im Rahmen dieses Lehrbuchs ist es deshalb, Studierenden und weiteren Lesenden praxisorientiert darzulegen, auf welche Weise Qualitätsmanagement in einer Organisation einzuführen ist, damit die Chancen auf eine Umsetzung im Organisationsalltag steigen.

Zunächst wird ein Überblick über die Gründe gegeben, warum sich Organisationen – hier fokussiert auf Leistungserbringer Sozialer Arbeit – überhaupt mit Qualitätsmanagement befassen (müssen). Es wird vermutlich kaum eine Organisation geben, die ihre Arbeit nicht als qualitätsreich bezeichnen würde. Aber an welchen Dimensionen wird diese Qualität überhaupt sichtbar und warum ist dies für die Organisation wichtig? Damit beschäftigt sich der Folgeteil mit einem starken Fokus auf Arbeitsprozesse; Strukturen und Ergebnisse als weitere Pfeiler werden eher peripher thematisiert. Im Mittelpunkt des Beitrags steht die Einführung von Qualitätsmanagement als Projektaufgabe sowie seine Verankerung im Organisationsalltag. Auch die Beteiligung externer Beratung im Einführungsprozess wird diskutiert. Der fünfte und letzte Abschnitt wirft noch kurz einen Blick auf Möglichkeiten der Auswertung von Qualitätsmanagement-Maßnahmen.

Dem Lehrbuchcharakter des Studienkurses Sozialwirtschaft entsprechend werden die Ausführungen derart ausgestaltet sein, dass nur wenig Vorwissen für ihr

6 Wie führt man Qualitätsmanagement in einer Organisation ein?

Verständnis notwendig ist. Die Lesenden sollen die Inhalte rasch verstehen und nachvollziehen können. Aus diesem Grund wird der Fortgang der Ausführungen kontinuierlich an einem Beispiel verdeutlicht: An einem Beratungsprozesses als einer Kerntätigkeit Sozialer Arbeit. Die Ausführungen konzentrieren sich aber nicht auf ein bestimmtes Handlungsfeld, um eine Allgemeingültigkeit und breite Anwendungsfähigkeit der Erkenntnisse durch die Leserschaft zu garantieren. Eingegangen wird vielmehr auf den Beginn eines Beratungsprozesses. Banal formuliert: Eine neue Klientin/ein neuer Klient kommt, was ist zu tun? Auf was ist zu achten? Wer tut was und wie mit wem, warum und in welcher Zeit? Diese und ähnliche Fragen zu diskutieren, zu klären und sich auf gemeinsame und verbindliche Standards zu einigen und diese zu fixieren – dies ist Aufgabe und Anliegen von Qualitätsmanagement in der Organisationspraxis.

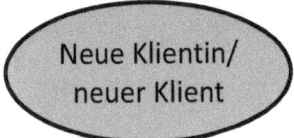

Abbildung 43: Neue Klientin/neuer Klient (eigene Darstellung)

Zunächst sollen jedoch Gründe und Auslöser identifiziert werden, die Organisationen zur Auseinandersetzung mit Qualitätsmanagement bewegen, zwingen oder animieren.

6.1 Voraussetzungen und Auslöser

Die Bedeutung von Qualitätsmanagement-Systemen für Sozialorganisationen ist in den letzten Jahren und Jahrzehnten stark angestiegen. Dies ist auf eine Vielzahl von Auslösern zurückzuführen. Hierbei eindeutig zwischen internen und externen Auslösern zu unterscheiden ist schwierig, beide Dimensionen bedingen und bestärken sich vielmehr, wie im Folgenden deutlich wird.

Gesetzliche Verankerung

Mit ausschlaggebend waren die Veränderungen im sozialrechtlichen Leistungsdreieck zwischen Leistungsträger, Leistungserbringer und Leistungsberechtigten in den 1990er-Jahren. „Sozialpolitik und Sozialverwaltung haben gemeinsam einen wettbewerblichen Ordnungsrahmen für die sozialen Dienste geschaffen." (Dahme/Wohlfahrt 2013, S. 11) In diesem Kontext wurde die Befassung mit Qualität in vielfältigen Formen und mit unterschiedlichem Nachdruck den Leistungserbringern als Bedingung für ihre Leistungserstellung vorgeschrieben, besonders detailliert in stärker regulierten Bereichen wie der Eingliederungshilfe oder der Pflege. „Über das, wie Einrichtungen diese Verantwortung für Qualität sicherstellen, wollen Kostenträger Informationen und Nachweise haben." (Vomberg 2012, S. 134). Aus diesem Grund erhielt die Qualitätsthematik Eingang in die verschiedenen Sozialgesetzbücher (SGB). Beispiele für Rechtsquellen verbunden mit entsprechenden Stichworten sind:

- SGB VIII, Kinder- und Jugendhilfe, § 78 Abs. 3: Eine Qualitätsentwicklungsvereinbarung zwischen Leistungsträger und Leistungserbringern stellt eine Voraussetzung für die Zahlung von Entgelten dar.
- SGB XI, Pflege, § 113: Maßstäbe und Grundsätze zur Sicherung und Weiterentwicklung der Pflegequalität
- SGB XII, Sozialhilfe, § 75 Abs. 3 verpflichtet Leistungserbringer zu Grundsätzen der Wirtschaftlichkeit und Qualität bei der Leistungserbringung.

Und dieser Prozess ist noch lange nicht abgeschlossen, wie das erst kürzlich in Kraft getretene Bundesteilhabegesetz, mit dem die Eingliederungshilfe umfassend reformiert wird, zeigt. Der Gesetzgeber regelt im erneuerten SGB IX:

- § 37, Abs. 2: „Die Erbringer von Leistungen stellen ein Qualitätsmanagement sicher" und in Abs. 3: Mit Hilfe eines Zertifizierungsverfahrens ist die Umsetzung nachzuweisen.
- § 38: Es sind Qualitätsanforderungen an Leistungsausführung und Personal zu definieren.
- § 125: Leistungsvereinbarungen regeln auch Inhalt, Umfang und Qualität der Leistungen einschließlich Wirksamkeit
- § 128: Träger der Eingliederungshilfe (oder beauftragter Dritter) prüfen Wirtschaftlichkeit und Qualität einschließlich Wirksamkeit beim Leistungserbringer, auch ohne vorherige Ankündigung

Landesrahmenverträge

Auf Bundesebene schaffen die Sozialgesetzbücher die Grundlagen für den Leistungsbezug. Mit diesen gesetzlichen Vorgaben lässt sich aber Qualität bei der Leistungserbringung weder vorschreiben, geschweige denn entwickeln oder prüfen. Dementsprechend wird die Landesebene aktiv, „es sind dem föderalen Staatsaufbau entsprechend unterschiedliche Regelungen in den 16 Bundesländern" (Noll 2019, S. 172) zu treffen. Der bundesdeutschen föderalen Sozialstaatspraxis folgend werden die gesetzlichen Vorgaben durch Gesetze und Verordnungen der Bundesländer sowie durch begleitende Rahmenleistungsvereinbarungen, abgeschlossen zwischen Verbänden der Leistungsträger und Leistungserbringer, konkretisiert. Hier werden genaue Vorgaben verabredet, z.B. welcher Katalog an Maßnahmen finanziert wird (aber meist noch nicht in welcher Höhe), wie die Formulare für Entgeltverhandlungen auf der Ortsebene aussehen oder welche Qualifikationen das bereitgestellte Personal haben muss; letztgenannte Vorgabe ist bereits ein wichtiger Aspekt der sogenannten Strukturqualität, wie im nächsten Passus zu sehen sein wird.

Fachpolitische Vorgaben

Einen sehr wichtigen Beweggrund für Leistungserbringer, sich mit Qualitätsmanagement zu befassen, stellt die Weiterentwicklung von Inhalten und Konzepten im jeweiligen Handlungsfeld Sozialer Arbeit dar. Dank zunehmender Professionalisierung und Akademisierung des Personals wird der Wissens- und Erfahrungsschatz zunehmend dokumentiert und durch Wissenschaft und Fachgesellschaften systematisiert. Aber „trotz (und gerade wegen) der erheblichen Expansion, Verwissenschaftlichung und Professionalisierung der sozialen Berufe und des Ausbaus des sozialstaatlichen Hilfesystems gab es spätestens seit den 1990er-Jahren und gibt es bis heute immer wieder deutliche Zweifel an der Effektivität sozialstaatlicher Leistungen sowie an dem Erfolg sozialpädagogischen (methodischen) Handelns." (Grunwald 2018, S. 617) Mit anderen Worten: Immer mehr Wissen führt zu immer mehr Skepsis gegenüber dem eigenen Tun. Qualitätsmanagement erhält durch die Professionalisierung einen doppelten Schub: Zum einen werden dadurch erst wissenschaftliche begründete Standards für die Praxis geschaffen (z.B. QM-Konzepte für Kindertageseinrichtungen), zum anderen wird kontinuierlich „gemessen" und hinterfragt, ob mit den verwendeten Instrumenten die fachlichen Ziele auch erreicht werden können.

Wettbewerb und Marktorientierung

Professionalisierung und Akademisierung umfassen auch betriebswirtschaftliches Wissen. Seit den 1990er-Jahren befinden sich soziale Dienstleister in einem starken Modernisierungsschub, der betriebswirtschaftliche Sichtweisen und Instrumentarien implementiert. „Angesichts der Bedeutung des Qualitätsmanagements im industriellen und gewerblichen Dienstleistungsbereich war es nur folgerichtig, dass die Aktualität betriebswirtschaftlicher Strategien in Einrichtungen der Sozialen Arbeit auch die Verarbeitung des Qualitätsmanagements einschloss." (Merchel 2013, S. 23) Ihren Ausdruck findet diese Ausrichtung allgemein an Managementinhalten und speziell am Qualitätsmanagement nicht zuletzt an der selbstverständlichen Verankerung entsprechender Inhalte in den Curricula der Studiengänge an den Hochschulen: Sozialmanagement, und mit ihm das Denken auch in betriebswirtschaftlichen Kategorien – und dessen Grenzen für die Soziale Arbeit – sind heute selbstverständlich, sowohl für die Hochschulwelt als auch für die Organisationspraxis.

6.2 Qualitätsdimensionen innerhalb der Organisation

6.2.1 Struktur-, Prozess- und Ergebnisqualität

Organisationen der Leistungserbringer haben demnach aus vielfältigen Gründen nicht die Möglichkeit, sich dem Thema Qualitätsmanagement zu verschließen. Aber wo und wie wird Qualität überhaupt sichtbar? Diese Frage ist scheinbar einfach zu beantworten: In der gesamten Organisation. Aber wie lässt sich die Gesamtorganisation operativ fassen? Hier schlägt das Qualitätsmanagement die drei Blickwinkel aus Struktur-, Prozess- und Ergebnisqualität vor, die auch als Qualitätsdimensionen tituliert werden. Diese können nach Böhm/Wöhrle (2009, S. 21) folgendermaßen beschrieben werden:

- „Strukturqualität stellt sich in den Rahmenbedingungen des Leistungsprozesses dar. Hierunter sind beispielsweise die personelle, räumliche und technische Ausstattung zu subsumieren.

- Prozessqualität bezieht sich auf den Prozess der Leistungserstellung, auf alle Aktivitäten, die während der Ausführung von Dienstleistungen stattfinden.
- Ergebnisqualität ist als Zielerreichungsgrad der erbrachten Dienstleistungen zu verstehen. Zu vergleichen sind die angestrebten Leistungsziele mit dem tatsächlich erreichten Zustand."

Diese drei Qualitätsdimensionen sind Anknüpfungspunkt für die meisten QM-Systeme, um einen Zugang zu der betreffenden Organisation zu erlangen. Auf dieser Ebene wirken sie aber noch recht allgemein; was kann in den einzelnen Dimensionen genauer betrachtet werden? Die Betrachtung der zentralen Konkretisierungsfunktion von Landesrahmenverträgen hilft hier weiter, bespielhaft Regelungen aus dem Rahmenvertrag des Freistaats Sachsen (Abschlussdatum 5.8.2019) für das SGB IX zur Umsetzung des Bundesteilhabegesetzes für Menschen mit Behinderung (Freistaat Sachsen 2019, S. 8 f.):

- „2.7.3 Strukturqualität benennt die Rahmenbedingungen, die notwendig sind, um die vereinbarte Leistung erbringen zu können. Parameter sind unter Berücksichtigung der gesetzlichen Vorgaben u. a.:
  - Standort und Größe des Leistungsangebotes einschließlich der baulichen Standards,
  - Vorhandensein einer Fachkonzeption,
  - Maßnahmen zur Gewaltprävention,
  - Darstellung des vorgehaltenen Leistungsangebotes,
  - räumliche, sächliche und personelle Ausstattung,
  - fachlich qualifizierte Anleitung der Mitarbeiter sowie die Sicherstellung ihrer Fort- und Weiterbildung und Supervision,
  - Darstellung der Qualitätssicherungsmaßnahmen und Kooperation mit anderen Leistungserbringern, Einbindung in Versorgungsstrukturen und im Sozialraum.
- 2.7.4 Prozessqualität bezieht sich auf Planung, Strukturierung und Ablauf der Leistungserbringung (Verfahren). Art und Weise der Leistungserbringung ergeben sich aus den Leistungszielen. Die Prozessqualität kann insbesondere an folgenden Parametern dargestellt und gemessen werden:
  - bedarfsorientierte Hilfeleistung einschließlich deren Dokumentation,
  - Überprüfung und kontinuierliche Fortschreibung des Hilfeplanes einschließlich notwendiger Beiträge für die Gesamtpläne nach § 121 SGB IX,
  - Unterstützung und Förderung der Selbsthilfepotentiale,
  - prozessbegleitende Beratung,
  - Einbeziehung von Leistungsberechtigten, Angehörigen, Vertrauten oder gesetzlichen Vertretern,
  - bedarfsgerechte Fortentwicklung der Konzeption,
  - Dienstplangestaltung, fachübergreifende Teamarbeit und Vernetzung

- 2.7.5 Ergebnisqualität ist als Zielerreichungsgrad der Leistungserbringung zu verstehen und beschreibt zugleich die Wirksamkeit der Leistungen … Bei der Beurteilung der Ergebnisqualität und Wirksamkeit der Leistungen sind im Übrigen das Befinden und die Zufriedenheit der/des Leistungsberechtigten zu berücksichtigen. Ergebnisse sind anhand der festgelegten Ziele regelmäßig und in Übereinstimmung mit Festlegungen im Gesamtplan zu überprüfen. Das Ergebnis der Überprüfung ist zwischen dem Leistungserbringer und der/dem Leistungsberechtigten, ihren/seinen Angehörigen, Vertrauten oder sonstigen Vertretungsberechtigten zu erörtern sowie in der Prozessdokumentation festzuhalten."

6.2.2 Im Fokus: Prozesse

Struktur- und Ergebnisqualität sind entscheidende Parameter im Bestreben nach mehr Qualität; bei der Ergebnisdimension spielt außerdem zunehmend die Frage der Wirkung von Leistungen (siehe *Boecker* in diesem Band) und deren Nachweis gegenüber den Austausch- und Kooperationspartnern einer Organisation eine wichtige Rolle. Nachfolgend steht aber die Prozessdimension im Mittelpunkt, da hier Qualität in der alltäglichen Arbeit einer Organisation erfahrbar wird, Vomberg (2012, S. 146) spricht vom „Herzstück des QM: Prozesse identifizieren, beschreiben, managen …". Entscheidend zum Tragen kommt hier auch die Partizipation der Mitarbeitenden, die später thematisiert wird. Außerdem wird die Überschneidung der drei Qualitätsdimensionen in der praktischen Optimierungsarbeit sichtbar.

Was sind eigentlich Prozesse? Prozesse bilden quasi ein Raster oder eine Systematik, mit der die alltägliche Arbeit in möglichst vielen Facetten und aus unterschiedlichen Blickwinkeln abgebildet werden kann. Auch lassen sich relativ einfach Optimierungspotenziale feststellen. Prozesse setzen sich aus Tätigkeiten zusammen, die in einem sinnvollen Ablauf miteinander gekoppelt sind und definierte Beginn- und Endpunkte haben. In der Praxis sind diese Punkte aber nicht immer leicht zu definieren. „Arbeitsteilige Prozesse sind inhaltlich abgeschlossen, wenn sie isoliert von vor-, neben- oder nachgeordneten Vorgängen betrachtet werden können." (Vahs 2012, S. 233) Im Verlauf des Prozesses wird ein sogenannter Input, also ein Auslöser oder eine Eingabe – z.B. eine Klientenanfrage – in einen Output, ein Ergebnis verwandelt: z.B. die erfolgreich bearbeitete Anfrage der Klientin/des Klienten, auf die das Erstgespräch folgt, wie in der nachfolgenden Abbildung illustriert. Der Vorgang erfolgt in einem definierten Ablauf bestimmter Tätigkeiten, die von dafür als verantwortlich deklarierten Mitarbeitenden ausgeführt werden, die die dafür fixierten Arbeitsmittel (z.B. Dokumente) nutzen. Oftmals bildet das Ergebnis eines Prozesses auch die Voraussetzung für den nächsten Prozess.

Nachfolgend wird das vorhin aufgeworfene Beispiel der Beratung einer neuen Klientin/eines neuen Klienten weitergeführt. Auf welche Fragen müssen Antworten gesucht werden, um einen reibungslosen Prozess zu ermöglichen? Beispiele:

- War die Klientin/der Klient schon vorher einmal bei uns?
- Wer muss das wissen, wer prüft und entscheidet, welche Stellen sind zu beteiligen? → Sachbearbeitung
- Welches Hilfsmittel/Dokument braucht man dazu? → Klientenkartei
- Was wird für das Erstgespräch benötigt? → Klientenunterlagen
- Welche Folgeprozesse kann es geben? → „Erstgespräch führen"
- Wie lange dauert das? → 1 Woche

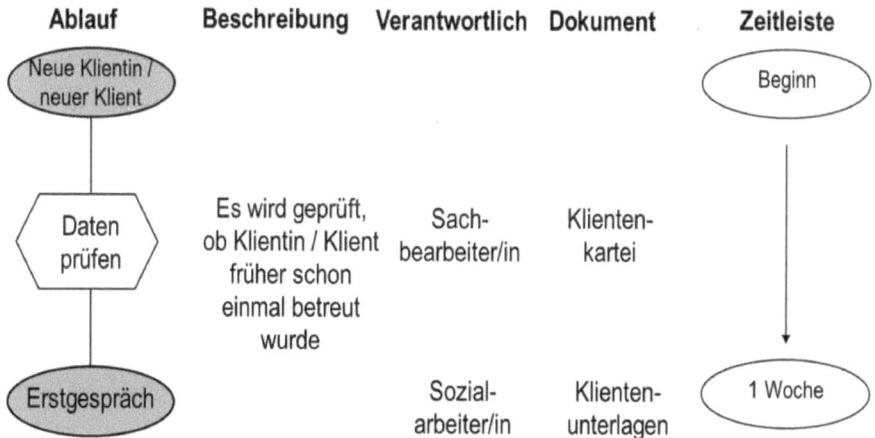

Abbildung 44: Entwurf eines fiktiven Ist-Prozessablaufs „Klientenanfrage" (eigene Darstellung)

Die Abbildung illustriert aus didaktischen Gründen einen vereinfachten Prozess. Die verwendeten Symbole stellen einen international gültigen Standard dar. Als Ergebnis kann ein Erstgespräch starten, welches wieder einen eigenen Prozess darstellt.

Für Prozesse werden außerdem Ziele formuliert, die bei ihrer Anwendung in der Praxis zu erreichen sind. Beim Beispielprozess „Klientenanfrage" könnten dies sein:

- Der Klientin/dem Klienten wird möglichst schnell ein Erstgespräch angeboten, innerhalb einer Woche.
- Die/Der Sozialarbeitende erhält die Klientenunterlagen für das Gespräch mind. 1 Tag vorher.
- Das Erstgespräch ist inhaltlich optimal vorbereitet.

Dem Prozessmanagement kommt im Zusammenspiel mit Struktur- und Ergebnisqualität im Grundverständnis von Qualitätsmanagement wie auch in vielen konkreten Qualitätsmanagement-Konzepten (zu zentralen QM-Konzepten siehe *Brandl* in diesem Band) im Organisationsalltag die Schlüsselrolle zu. So sind angestrebte Ergebnisse nicht zufällig, sondern nur mit darauf abgestimmten Strukturen und Prozessen zu erreichen.

Das Beispiel „Klientenanfrage" stammt aus der Familie der Leistungsprozesse, die die Kerntätigkeiten einer Organisation abbilden sollten. Parallel existieren Managementprozesse, in denen die Managementfunktionen Planung, Organisation, Personaleinsatz-Planung, Führung und Kontrolle abgebildet werden. Die dritte Prozesskategorie bilden die Ressourcenprozesse. Ihr Erfolgsmaßstab liegt darin, die Leistungs- und Managementprozesse überhaupt erst zu ermöglichen; ihr Output ist die Bereitstellung der erforderlichen Finanzausstattung, die Rekrutierung und Pflege des Personals, die Beschaffung von Sachmitteln und IT und einiges mehr.

6.2.3 Weitere Vorteile von Qualitätsmanagement für die tägliche Arbeit

Wie dargestellt, bringen Prozesse als Teil des Qualitätsmanagements Transparenz in die tägliche Arbeit, zeigen auf, welches Ergebnis anzustreben ist und lassen Optimierungspotenziale offenbar werden. Nachfolgend seien einige weitere Vorteile benannt.

Fehler vermeiden helfen

Zentral ist es, der Organisation und ihren Mitarbeitenden den Sinn eines Qualitätsmanagement-Systems zu vermitteln, nur dann besteht auch die Chance, dass das neue System im späteren Organisationalltag auch gelebt wird. Die Vermeidung von Fehlern kann dabei ein weiteres wichtiges Argument darstellen. Dies betrifft beispielsweise die Phase des Klienten-Erstkontaktes: „Wenn z.B. im Aufnahmeprozess nicht alle wichtigen Daten erhoben werden, kann die Verwaltung nicht korrekt abrechnen." (Vomberg 2012, S. 146) Oder im oben aufgeführten Beispiel: Die Klientin/der Klient wurde schon einmal betreut, dies ist das Resultat der Datenüberprüfung. Die Sozialarbeitenden können beim Erstgespräch auf diese Unterlagen zurückgreifen und auf diese Weise im Beratungsprozess auf diesen Erkenntnissen aufbauen, statt von vorne beginnen zu müssen. Doppelarbeiten werden vermieden, personelle und zeitliche Ressourcen geschont. Dies gilt auch für die Ressourcen der Klientin/des Klienten.

Eine weitere Fehlerquelle stellt die Benutzung fehlerhafter und/oder veralteter Vorlagen und Formulare dar. Hier können abgestimmte Vorlagen, die im Rahmen des Qualitätsmanagement-Systems zugänglich sind, Abhilfe schaffen. Klientenunterlagen, die in fixe Abschnitte unterteilt sind, erleichtern für alle die Handhabung.

Wissen sichern

Ein weiterer Vorteil von Qualitätsmanagement und Prozessmanagement im Besonderen liegt in der Wissenssicherung. Dieser kommt vor allem durch die in den letzten Jahren zunehmenden Fluktuation von Mitarbeitenden zum Tragen, denn mit ihnen verlässt auch deren Know-how die betroffene Organisation. Dieses Wissen kann durch die Dokumentation von Strukturen, Prozessen und Ergebnissen gesichert werden. Notwendig ist dafür eine entsprechende Software als Wissensträger, die in bestehende Systeme integriert werden kann. Denn auch nicht-funktionierende Schnittstellen zwischen alten und neuen Softwaresystemen sind für unzureichende Umsetzungen von QM-Konzepten und insbesondere Prozessarchitekturen verantwortlich.

Das Prozessmanagement ist so etwas wie die konkrete Arbeitsebene des Qualitätsmanagements. Diese Arbeitsebene benötigt aber eine Einfassung in das bestehende Management- und konkret: Planungs- und Steuerungssystem einer Organisation, da es sonst inhaltlich beliebig und organisatorisch unbedeutend zu bleiben droht. Auf diese Integration wird nachfolgend im ersten Part der Erläuterungen zur Einführung von Qualitätsmanagement in eine Organisation eingegangen. Der zweite Teil des Kapitels beschäftigt sich mit der konkreten Einführung als Projektarbeit.

6.3 Die Einführung von Qualitätsmanagement

6.3.1 Qualitätsmanagement als Bestandteil der Planung

Da das Qualitätsmanagement umfassend in alle Organisationsbereiche und -aktivitäten hineinwirken soll, bedarf es eines normativen Bekenntnisses der Organisation zu ihm. Dazu ist es in die verschiedenen Planungsebenen zu integrieren, dies wird anhand eines Rasters von Ribbeck versehen mit den Inhalten des oben gewählten Beispiels verdeutlicht:

Abbildung 45: Qualitätsanforderungen auf unterschiedlichen Planungsebenen (nach Vorlage von Ribbeck 2018, S. 163)

Die Verankerung von Qualität beginnt auf der normativen Managementebene. Hier geht es um das Selbstverständnis und um die Werte einer Organisation (z.B. christliche Grundsätze) ebenso wie um langfristige Zielsetzungen oder Visionen, die es zu erreichen gilt. In der Arbeit an einem Qualitätsmanagement lassen sich aus dieser Ebenen heraus bereits Inhalte ableiten oder auf dieser auch neu formulieren, die als langfristige oder auch visionäre Qualitätsgrundsätze der Organisation gelten. Im Beispiel will die Organisation u.a. grundlegend ihre Arbeit an den Bedürfnissen all ihrer unterschiedlichen Austauschpartner:innen ausrichten.

So wichtig diese Grundsätze als Orientierungsfunktion sind, so wenig hat sich nur mit ihrer Formulierung in der Organisation verändert. Deshalb bedarf es (wie übrigens im Management allgemein, nicht nur beim Thema Qualitätsmanagement) auf dem Weg zu einer Konkretisierung der strategischen Planungsebene; auf ihr steht die Ableitung von Zielen aus den normativen Qualitätsgrundsätzen heraus im Mittelpunkt, denn „sind keine Ziele bestimmt, so weiß eine Einrichtung bzw. eine Organisation mit mehreren Einrichtungen nicht so recht, was sie will." (Böhm/Wöhrle 2009, S. 34) Im vorliegenden Fall gilt ein Qualitätsziel als verwirklicht im Sinne der Ergebnisqualität, wenn der Klientin/dem Klienten möglichst schnell ein Erstgespräch angeboten werden kann.

Erst wenn Qualitätsziele für die einzelnen Aufgabenbereiche formuliert sind, lässt sich Qualität auch umsetzen. Für die Operationalisierung muss die Organisation aber Qualitätsmerkmale setzen, hier: Der Erstkontakt findet möglichst schnell nach der Kontaktaufnahme statt, spätestens nach einer Woche. Kernstück jedes Qualitätsmanagements ist zudem die Prüfung des Erreichten und die Zufriedenheit der Stakeholder (Anspruchsgruppen), möglich ist aber auch die objektive Messung des Erreichten, um im Beispiel zu bleiben: Gab es das Gespräch im anvisierten Zeitraum? Dies wäre ein Indikator für die angestrebte Qualität, damit hätte der Prozess ein angestrebtes Ziel (die zeitliche Dimension) erreicht, auch nach dem Maßstab der Ergebnisqualität mit dem Ziel einer Ausrichtung an den Austauschpartnern.

Aber woher kann abgeleitet werden, was Qualität konkret für eine Organisation ausmacht? Inhaltliche Bezugspunkte liefern das eigene Leitbild, Fachkonzepte und andere interne wie externe Quellen. Gleiches gilt für etwaige Ausführungen in den Rahmenleistungsvereinbarungen zu den Sozialgesetzbüchern (siehe oben). Angereichert werden sollte diese Diskussion mit aktuellen Erkenntnissen über Stakeholder (Anspruchsgruppen) der Organisation, z.B. was erwarten sich die Klient:innen und wie zufrieden sind sie bisher? Was denken die Mitarbeitenden? Welche Erwartungen hat der Leistungsträger? Bedienen wir die Interessen unserer Kooperationspartner, also vor allem anderer Organisationen? Um hier Erkenntnisse für die Qualitätsplanung zu gewinnen, kann die Organisation Umfragen und Interviews führen. Ebenfalls effektiv ist es, im Organisationsalltag fortlaufend zu beobachten und zu dokumentieren und diese Erkenntnisse zu bündeln, um mit ihnen arbeiten zu können. Um ein anderes Beispiel zu wählen: Welche Schwierigkeiten fallen uns bei den Verhandlungen mit den Leistungsträgern in unseren Arbeitsabläufen auf? Haben wir zu gegebener Zeit erbetene Dokumente und Nachweise parat? Was können wir an unserer Dokumentation verbessern? Inhaltliche Definitions- und Inspirationsquellen finden sich demnach auf allen Organisationsebenen.

6.3.2 Einführung von QM als Projekt

6.3.2.1 Einbindung der Mitarbeitenden

Die Einführung von Qualitätsmanagement in eine Organisation stellt ein komplexes und langfristiges Projekt dar, das die gesamte Organisation erfasst. Vor dem Beginn eines entsprechenden Projektes sollte dieses daher von den obersten Führungsebenen der Organisation, bei Nonprofit-Organisationen wie Vereinen also Vorstand oder sogar Mitgliederversammlung, beschlossen werden. In die Organisation getragen und dafür geworben wird durch die Angehörigen der mittleren Führungsebene, denn diese „kennen die betroffenen Mitarbeitenden im Gegensatz zur Topebene persönlich und können ... auf deren individuellen Belange eingehen." (Noll/Philippi 2008, S. 39) Dem mittleren Management kommt also die essenzielle Funktion zu, die Mitarbeitenden mitzunehmen.

Da nicht davon ausgegangen werden kann, dass alle Organisationsmitglieder damit einverstanden sein werden, ist mit Widerständen zu rechnen. Dies ist zunächst nicht unbedingt als Problem zu betrachten, sondern sollte als Chance gesehen werden, denn Kritiker legen in vielen Fällen auch Schwachstellen offen, die vorher nicht gesehen wurden. Ihr „Feedback über den inhaltlichen Prozessverlauf, über das Akzeptanzniveau und eventuelle Schwierigkeiten sind wichtige Rückmeldungen für die Geschäftsführung." (Noll 2012, S. 33) Auf Basis dieser Rückmeldungen kann sich die inhaltliche wie prozessuale Gestaltung des Einführungsprozesses an die Organisationsgegebenheiten anpassen.

Zur Arbeit an der Struktur-, Prozess- und Ergebnisqualität sollten sich sogenannte Qualitätszirkel aus den betroffenen Mitarbeitenden bilden. Bei der Thematik der Prozesse bearbeiten die Teilnehmenden pro Qualitätszirkel bestimmte Prozessfamilien, meist abteilungsübergreifend. Im Gesamtbild ist darauf zu achten, „dass sie ein Abbild der Organisation sind, dass also verschiedene Abteilungen und Hierarchieebenen wie auch Mitarbeiter*innenvertretungen einbezogen werden." (Herrmann/Müller 2019, S. 203) Durch diese Form der Beteiligung fließen zum einen ihre Erfahrungen und Kompetenzen mit ein, zum anderen erhält das Einführungsprojekt Legitimität. Da es aber im Sinne des Bottom-up-Prinzips[23] eine Vielzahl an Gremien wie Qualitätszirkeln geben wird, ist es für den einzelnen Mitarbeitenden nicht möglich, über alle Aktivitäten des Gesamtprozesses eigenständig auf dem Laufenden zu bleiben. Deshalb ist eine fortlaufende Kommunikation über das einzuführende Qualitätsmanagement in der Gesamtorganisation essenziell.

Die Einführung eines Qualitätsmanagement-Systems stellt ein Projekt dar, das mit klarem Ziel, prozesshaftem Ablauf und vorgegebenen Teilnehmer:innen einen begrenzten Zeitkorridor besitzt. Es geht zunächst darum, aus dem Primärorganigramm der Organisation Mitarbeitende für die Arbeit in Qualitätszirkeln zu gewinnen. Die Qualitätszirkel sind Bestandteil der Sekundärorganisation, die sich nach Projektende wieder auflöst. In folgender Abbildung wurden zwei Qualitätszirkel gebildet, in der Realität dürften es wesentlich mehr sein.

---

[23] Das bedeutet, dass die Teilarbeiten aus den einzelnen Qualitätszirkeln in eine größere Gesamtlösung zusammenfließen.

6 Wie führt man Qualitätsmanagement in einer Organisation ein?

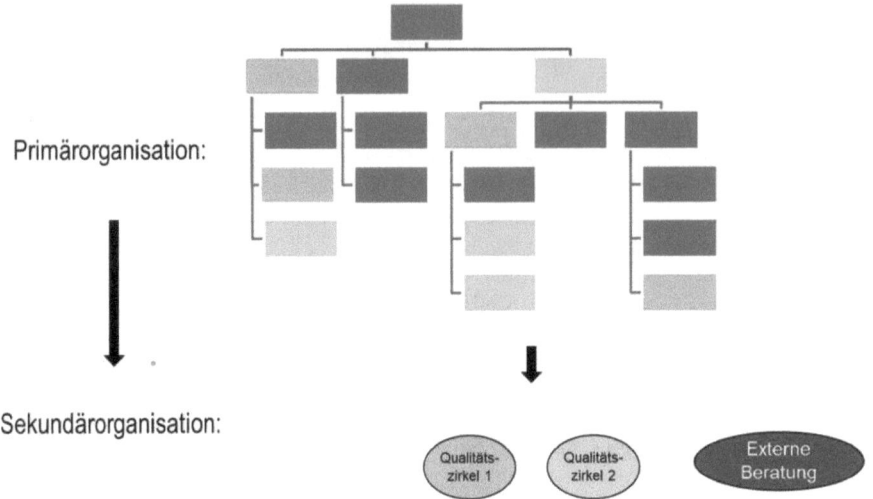

Abbildung 46: *Von der Primär- zur Sekundärorganisation (nach Vorlage von Schulte-Zurhausen 2014, S. 448)*

6.3.2.2 Prozesse aufnehmen (Ist) und verbessern (Soll)

In der Arbeit mit Prozessen liegt die zentrale Aufgabe der Qualitätszirkel, die inhaltlich weitgehend unabhängig und organisatorisch selbstbestimmt und partizipativ arbeiten. „Von den Gruppenmitgliedern selbst ausgewählte, arbeitsbezogene Schwachstellen oder Probleme ... werden diskutiert und systematisch untersucht." (Kamiske/Brauer 2006, S. 248) Dabei ist es erfolgsentscheidend, sich auf die wirklich wichtigen Organisationsaktivitäten zu konzentrieren. Hilfreich kann hierfür beispielsweise ein Blick ins Leitbild sein, in dem das Grundverständnis und die Perspektiven formuliert sind. Daraus lässt sich im Beispiel erschließen, dass für eine Sozialorganisation Beratungsprozesse erfolgskritisch sind, und nicht etwa das Erstellen eines Jahresberichts. Mit Hilfe dieser Abwägungsprozesse sind die Kernaufgaben erfasst, daraus lässt sich zunächst eine sogenannte Prozesslandkarte für die Organisation ableiten, die zentrale und erfolgskritische Prozesse mit gegenseitigen Bezügen und Zusammenhängen der Prozesse untereinander (Schnittstellen) aufzeigt.

Als nächster Schritt erfolgt die Skizzierung der Prozesse, vornehmlich in ihrem Ist-Stand, jeweils durch die Qualitätszirkel. Da viele Prozesse stellen-, abteilungs- und sogar organisationsübergreifend ablaufen, zahlt es sich aus, Personen aus unterschiedlichen Bereichen der Organisation als Spezialist:innen einzubinden. Welche Kategorien neben dem Ablaufschema aufgenommen werden, muss die Organisation entscheiden; allerdings sollte dies einheitlich für alle Prozesse geschehen; die in Abbildung 44 genannten Spalten sind in der Praxis üblich. Auch geht es darum, sich bei der Abbildung der Prozesse auf den Normalfall im Sinne einer gängigen Praxis zu konzentrieren und sich nicht in Spezialsituationen zu verzetteln. Bei Bedarf sind auch „Neben"-Prozesse anzulegen, wie läuft beispielsweise die Datenaufnahme bei neuen Klient:innen ab? Nicht zu vergessen sind Voraussetzungen und Ziele bzw. angestrebte Ergebnisse des einzelnen Prozesses. Für die Erfassung und Pflege der Prozesslandschaft gibt es eine Vielzahl von Softwarelösungen.

Zeitlich kann diese erste Projektphase mehrere Monate in Anspruch nehmen. Das Ergebnis stellt in der Praxis nicht nur die Ist-Prozesse dar, sondern gleichzeitig mannigfache Vorschläge, diese zu verbessern, neue Prozesse anzudenken etc. Mit dieser Reflexionsphase hat das Projekt zur Einführung eines Qualitätsmanagement-Systems tief in den Organisationsalltag geblickt und Erkenntnisse und Optimierungspotenziale zu Tage gefördert. Geprüft wird dabei auch die Prozessqualität, verstanden als „‚Güte' der Interaktion mit den Adressaten/Klienten/Nutzern und die ‚Güte' der Interaktion bei den Vorgängen, die die nutzerbezogenen Leistungen ermöglichen oder qualifizieren (Interaktionen zwischen Mitarbeitern oder Interaktionen mit bedeutsamen Dritten, z.B. Fachpersonen aus anderen Organisationen)." (Merchel 2013, S. 220 f.) Formuliert werden im Idealfall Standards, die im Einzelfall auszulegen sind. An den Schnittstellen der Prozesse sind auch die Interessen von Stakeholdern zu eruieren und zu berücksichtigen; „ihre Erwartungen an die Qualität der Leistungen sowie ihr Zufriedenheitsgrad mit den bislang angebotenen Leistungsqualitäten" (Arnold 2014, S. 598) sollten in die Ist-Erfassung einfließen und sogleich bei den Vorschlägen zur Verbesserung berücksichtigt werden. Stakeholder (oder: Anspruchsgruppen) sind dabei organisationsintern wie -extern zu verorten. Es sind – natürlich je nach Prozess – Klient:innen, Mitarbeitende, Ehrenamtliche, Kooperationspartner u.v.m.

Was heißt das auf den fiktiven Beispielprozess oben (Abb. 44: Ist-Prozess Klientenanfrage) bezogen? Es werden in der Arbeit des Qualitätszirkels Schwachstellen offenbar und Verbesserungen erarbeitet: Unklar ist in diesem Fall, was eigentlich nach der Prüfung geschieht, wenn von der/dem anfragenden Klienten noch keine Unterlagen vorhanden sind, sie / er also das erste Mal Kontakt sucht? Nachfolgende Abbildung fasst Optimierungen zusammen: Die beiden Möglichkeiten nach der Datenprüfung werden eingebaut („Daten vorhanden?"), es ist die Schnittstelle zu einem anzulegenden Prozess der Datenaufnahme zu kreieren, samt Verantwortlichkeiten und einem Merkzettel als neues Dokument. An der Zeitdauer von einer Woche als Zielkorridor ändert sich nichts, da der neue Prozess nur die Realität genauer abbilden und optimieren will anstatt zusätzliche Tätigkeiten vorzuschreiben. Damit wurde ein Soll-Prozess entworfen:

6 Wie führt man Qualitätsmanagement in einer Organisation ein?

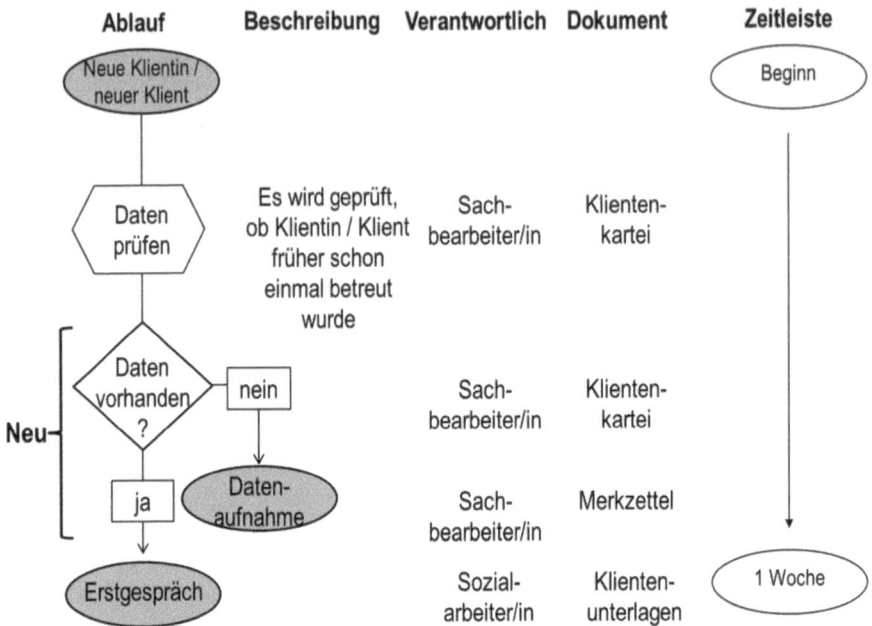

Abbildung 47: Soll-Prozess „Klientenanfrage" (eigene Darstellung)

Somit wäre dieser Prozess beispielhaft verbessert. Vielleicht mögen die hier gewählte Prozessauswahl und die Art der Verbesserungen etwas profan erscheinen gegenüber dem pädagogischen Gesamtauftrag einer Organisation. Die Praxis zeigt aber spätestens beim Erstellen der Prozesslandkarte: Auch vermeintlich nebensächliche Prozesse sind für das Funktionieren einer Organisation essenziell, sie machen das Gros der zu optimierenden Prozesse aus und stellen das Fundament dar, um die auf normativer Ebene formulierten (pädagogischen) Qualitätsgrundsätze überhaupt erfüllen zu können. Bei der Befassung mit Qualitätsmanagement zeigen sich auf diese Weise auch die Interdependenzen zwischen allen Organisationsteilen bzw. die Ganzheitlichkeit der Gesamtorganisation.

6.3.2.3 Prozesse verabschieden und etablieren

Die Detailarbeit der Prozesserfassung liegt wie dargestellt bei den Qualitätszirkeln; trotzdem ist die Führung nicht aus ihrer Verantwortung entlassen. Sie hat in regelmäßigen Sitzungen die Prozesserarbeitungen mit allen in Verbindung stehenden Problemen zu begutachten, Fragen zu klären und Entscheidungen beispielsweise über Soll-Prozesse zu treffen. Erfolgsentscheidend für den Gesamtprozess ist ihre Funktion, den Überblick zu behalten.

Ist diese Phase der Begutachtung und Beschlussfassung beendet, geht es an die Umsetzung; die Arbeit der Qualitätszirkel, also die verbesserten oder auch neu konzipierten Prozesse, müssen bekannt gemacht, etabliert und angewandt werden. Dies geschieht in der Praxis häufig in der Form interner Fortbildungen; „durch diese Schulungen und vor allem durch eine konsequente Beteiligung vom Beginn der Einführung des Prozeßmangements an werden die Mitarbeiter motiviert, die neuen Regeln des Prozesses, an denen sie selbst mitgearbeitet haben, zu akzeptieren und zu befolgen." (Kamiske/Brauer 2006, S. 162) Die Breite der Partizipation garantiert also nicht nur die Aufnahme und Berücksichtigung des Wissens- und Erfahrungsschatzes der Mitarbeitenden, sondern ist zugleich eine Voraussetzung für die Umsetzung der Prozesse im Alltag.

Nach der Einführung werden Qualitätsmanagement-Systeme oftmals von externen Gutachter:innen geprüft oder in der Fachsprache: zertifiziert. Diese Thematik wird hier aber nicht vertieft. Je nach gewähltem QM-System sind im Sinne eines Kreislaufmodells nach einer gewissen Zeitspanne die Dimensionen Strukturen, Prozesse und Ergebnisse erneut zu prüfen und anzupassen, dazu sind wieder Qualitätszirkel zu bilden.

In der folgenden Abbildung ist der Kreislauf dargestellt:

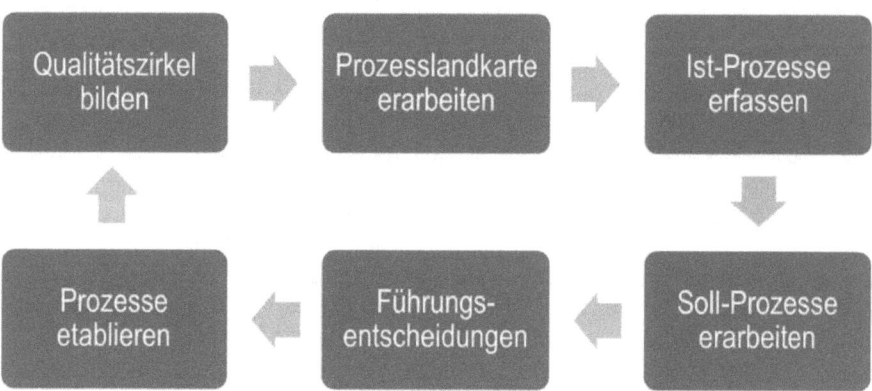

Abbildung 48: Kreislauf des Qualitätsmanagements (eigene Darstellung)

6.3.3 Beteiligung einer externen Beratung?

Mit der zunehmenden Bedeutung betriebswirtschaftlicher Fragestellungen und Konzepte für Organisationen der Sozialen Arbeit wird auch das Engagement externer Managementberatungen zunehmend zur Normalität, gerade bei einem derartigen Großprojekt wie der Einführung eines Qualitätsmanagement-Systems. „Und die Fülle an Dienstleistern wächst von Jahr zu Jahr, was sich bspw. auf der jährlichen Consozial in Nürnberg als der Leitmesse der Sozialwirtschaft feststellen lässt." (Noll 2018, S. 357) Mittlerweile haben sich eine Reihe vor allem mittelständischer Unternehmensberatungen etabliert, die sich auf die Sozialwirtschaft als Kundenstamm ausgerichtet haben und auch bei der Einführung eines Qualitätsmanagements beraten.

Soziale Organisationen haben ihre Strukturen und Abläufe nicht zuletzt auf Druck der Leistungsträger in hohem Maße effizient gestaltet. Dies hat zur Folge, dass freie personelle Kapazitäten beispielsweise für die Leitung eines Projektes zur

QM-Einführung nicht ohne weiteres zur Verfügung stehen. Allein aus diesem Grund wird daher häufig eine externe Beratung hinzugezogen. Ein weiterer Grund liegt in der alternativen Sichtweise auf die Organisation, ein „‚Instrument', mit dem über den ‚Tellerrand' des geschlossenen Systems der eigenen Organisation hinausgeschaut werden kann" (Wöhrle 2005, S. 121), und dies mit einem neutralen Blick. Weitere Beweggründe sind auch in der Erfahrung sowie in der Methodenkompetenz (z.B. Projektmanagement) und der Sachkenntnis zu suchen, die vor allem spezialisierte Beratungen mitbringen können.

Diesen möglichen Vorteilen stehen aber auch denkbare Nachteile und Gefahren gegenüber. Nachteilig könnte sich auswirken, dass Erfahrungen und Kompetenzen der Externen vor dem Projektstart, im Gegensatz zu denen der eigenen Mitarbeitenden, schwer oder gar nicht einzuschätzen sind. Ein weiterer Nachteil könnte in Sicherheitsproblemen liegen, denn die externen Beratungen erfahren bei ihrer Arbeit auch Interna der Organisation. Auch ist nicht klar, ob die Arbeitsatmosphäre reibungslos sein wird, die Mitarbeitenden externe Akteure überhaupt akzeptieren. Direkt auf die Kosten, die für die Beratung aufzuwenden sind, wirkt sich deren Bedarf nach Einarbeitungszeit aus, in der sie weniger produktiv sind.

Trotz dieser möglichen Nachteile bietet sich eine externe Begleitung als Projektleitung in vielen Fällen an. Allerdings sollte die Organisation vor allem auf die Expertise achten: Wie gut kennt sich die Beratung im Feld des Qualitätsmanagements aus und ist sie mit den Eigenheiten der Sozialwirtschaft vertraut: Sozialrechtliches Leistungsdreieck, Sachzieldominanz, Nonprofit-Organisationen, Ehrenamt u.v.m. Deshalb bietet es sich für die Verantwortlichen an, bei der Bewerbung externer Projektleitungen auf Referenzen zu bestehen inklusive Adressangaben früherer Auftraggeber. Bei diesen kann stichprobenartig nachgefragt werden, ein Vorgang, der in der Praxis leider oft unterbleibt.[24]

6.4 Qualitätsmanagement im Organisationsalltag

Wenngleich Qualitätsmanagement als Daueraufgabe einer Organisation verstanden werden kann, findet das Projekt der Einführung eines Qualitätsmanagement-Systems irgendwann und hoffentlich im Zeitrahmen seinen erfolgreichen Abschluss. Aber schon lange vor diesem Zeitpunkt sollte entschieden werden, wie die Pflege des Systems nach erfolgreichem Projektende in der Organisation verankert wird. Dies ist eine Frage der Führung, „denn durch Leitung muss das Qualitätsmanagement strukturiert und letztlich verantwortet werden." (Merchel 2013, S. 182) Sie hat die Verankerung und fortlaufende Anwendung des Qualitätsmanagements in der Organisation zu organisieren und zu garantieren, worauf sich die nachfolgenden Aussagen beziehen.

Qualitätsbeauftragte

Ist das Projekt zur Einführung abgeschlossen, löst sich auch die Projektorganisation wieder auf. Folglich muss durch die Primärorganisation garantiert werden,

---

24 Mehr zum Thema Beratungsunternehmen und speziell Beraterauswahl in Noll (2018):.

dass personelle Kapazitäten für die Pflege des Qualitätsmanagements vorhanden sind. Die Geschäftsführung würde mit dieser Aufgabe vor allem in mittelgroßen und größeren Organisationen in aller Regel überlastet sein, deshalb sollte diese an anderer Stelle angesiedelt werden, beispielsweise in Form einer Stabsstelle, die an die Führung angedockt ist und damit auch die Wichtigkeit des Themas unterstreicht. „Mit der Positionierung eines eigenen ‚Qualitätsbeauftragten' erhält das Thema ‚Qualität/Qualitätsmanagement' eine hervorgehobene Bedeutung innerhalb der Organisation." (Merchel 2013, S. 185) Diese Stelle kann schon in der Einführung den Qualitätszirkeln als Ansprechstation bei fachlichen und methodischen Fragen dienen. Im Gegenzug könnte die/der Qualitätsbeauftragte die organisationsweiten Erfahrungen aus den Qualitätszirkeln sammeln und in gebündelter und präzisierter Form als Steuerungsinformation an die Führung geben.

Letztlich soll durch diese Stelle die Kontinuität der Themenbehandlung sichergestellt werden. Zwar kann Qualität in einer Organisation nur entstehen, wenn diese durch alle Mitarbeitenden im Blick behalten wird. Trotzdem ist eine Stelle, oder bei kleineren Organisationen eine Funktion, notwendig, die die Thematik auch im Organisationsalltag im Blick behält. Beispielhafte weitere Aufgabengebiete liegen in der fortlaufenden Pflege der Prozesse und weiterer Säulen des Qualitätsmanagements, in der Aufnahme und Bündelung von Vorschlägen für Veränderungen oder in der permanenten eigenen fachlichen Weiterentwicklung im Themengebiet. Qualitätsmanagement-Beauftragte können essenzielle „Ermöglicher" sein. Entscheidend ist es, wie bei allen Stabstellen, die Schnittstelle zur Führung passend zu gestalten, mit ihr soll „gleichzeitig eine stärkere Spezialisierung der Leitung erreicht und so eine fachliche Überforderung des Vorgesetzten in speziellen Fragen vermieden werden." (Vahs 2012, S. 117) Dabei ist darauf zu achten, dass sich, gespeist aus der fachlichen Überlegenheit, keine informelle Führungsfunktion entwickelt. Das Arbeits- und auch Vertrauensverhältnis zwischen Führung und Stabsstelle ist in diesem Kontext erfolgsentscheidend.

Qualitätsmanagement als fixe Thematik

Auch in der täglichen Aufgabenerfüllung ist es notwendig, die Thematik der Qualität im Blick zu behalten. Löffler meint zwar, „Qualität wird erst dann zur Selbstverständlichkeit, wenn nicht mehr viel darüber diskutiert werden muss, sondern Qualität ganz einfach gelebt wird." (Löffler 2011, S. 496). Dies ist aber eher als Idealzustand zu verstehen. Wie die Organisationspraxis lehrt, ist aufgrund der vielfältigen, auch immer wieder neuartigen Belastungen Qualitätsmanagement aktiv breit zu thematisieren, ansonsten geht die Thematik unter. Am besten eignen sich dafür regelmäßige Zusammenkünfte der Mitarbeitenden. In der wöchentlichen Teamsitzung wäre beispielsweise das Thema „Verbesserungen im Qualitätsmanagement" ein fixer Tagesordnungspunkt: Am oben genannten Beispiel demonstriert merken Sozialarbeitende und Sachbearbeiterinnen/Sachbearbeiter an, wenn Probleme im Prozess offenbar werden; gemeinsam erarbeitet die Runde dann Verbesserungen und informiert die Leitung. Die Reaktivierung von Qualitätszirkeln bietet sich erst bei einer weiteren größeren Reflexion über das QM-System an.

6.5 Wie wertet man aus?

Es existieren eine Vielzahl von Managementinstrumentarien zur Evaluation von Organisationsaktivitäten. Für Akzeptanz und Handhabung des Qualitätsmanagements ist es von Bedeutung, die Organisation nicht durch eine Vielzahl neuer und zusätzlicher Instrumentarien, Verfahren und dafür verantwortliche Stellen und Funktionen zu überfordern. Nicht zuletzt die heutigen Finanzierungsformen durch die öffentliche Hand erfordern exakte und zeitnahe Informationen, die durch Controlling-Aktivitäten bereitgestellt werden können. Die Aufgaben des Controllings sind nach Schellberg (2017, S. 83) vielfältig:

1. „Ziele eindeutig und messbar formulieren,
2. Unterstützung bei der Planung und Auswahl der Handlungsalternativen geben,
3. die laufende Informationsversorgung über mögliche Abweichungen von Planungen sicherzustellen und
4. sicherzustellen, dass bei Abweichungen gegensteuernde Maßnahmen ergriffen werden. ... Controlling versteht seine Funktion in der Bereitstellung eines methodischen Werkzeugs und der erforderlichen Informationen."

Aus dem Datenpool des Controllings lassen sich Informationen auch für das Qualitätsmanagement ziehen. Wie aber bereits thematisiert, liegt beim Qualitätsmanagement ein zentraler Fokus auf der Betrachtung und Berücksichtigung der Anspruchsgruppen, also vor allem der Interessen und Bedürfnisse der Klient:innen oder auch der Mitarbeitenden. Um diese erfassen zu können und damit zu prüfen, wie die Maßnahmen im Sinne des Qualitätsmanagements in deren Augen durchgeführt wurden und ob bzw. wie sie wirken, sind beispielsweise Befragungen zur Zufriedenheit ein geeignetes Mittel. Am oben genannten Beispiel der Klientenanfrage könnte durch ein Kennzahlensystem erfasst werden, ob der Qualitätsindikator „Erstgespräch innerhalb 1 Woche" erfüllt wird. Ergänzt werden könnte dies mit den Erfahrungen der beteiligten Mitarbeitenden, die regelmäßig in den Teamsitzungen (siehe oben) berücksichtigt werden.

Entscheidend wäre in diesem Kontext die Auswertung des Folgeprozesses „Erstgespräch"; aufgrund des Aufwands mittels einer stichprobenartigen Befragung nach der Zufriedenheit der Klient:innen mit dieser Beratung: „Fühlten Sie sich verstanden? Hat sie ihnen weitergeholfen? Gibt es Verbesserungsvorschläge?" Unter Umständen ließen sich daraus auch Ableitungen für den Prozess „Klientenanfrage" ersehen, beispielsweise der Wunsch nach rascheren Gesprächsterminen.

Aus den Erfahrungen und Sichtweisen unterschiedlicher Stakeholder auf den gleichen Vorgang werden Verbesserungen abgeleitet – ein zentrales Leitmotiv des Qualitätsmanagements.

6.6 Statt eines Fazits: Die Gefahr der zwei Welten und was dagegen helfen kann

In den letzten Jahren ist Qualitätsmanagement in so mancher Organisation etwas in Verruf geraten. Befürchtet oder auch tatsächlich erfahren wurde ein hohes Maß an Aufwand und viel Bürokratie, was in keinem Verhältnis zum Nutzen gesehen wird. Dabei ist die Einführung von Qualitätsmanagement-Systemen in den

6.6 Statt eines Fazits: Die Gefahr der zwei Welten und was dagegen helfen kann

wenigsten Fällen offensichtlich und/oder „offiziell" gescheitert. Viel häufiger kann es vorkommen, dass zwei Organisationssphären entstanden sind: Da ist das oft in mühevoller und langwieriger, mitunter konfliktreicher Projektarbeit eingeführte QM-System, das die Organisation in den erwähnten Dimensionen Strukturen, Prozesse und Ergebnisse abbildet und vor allem kontinuierlich verbessern soll. Ausschlaggebend für die Befassung mit der Thematik ist ein normativer, oft externer Druck: „Wenn Organisationen ihre Strukturen anpassen oder neue Elemente implementieren (z.B. Qualitätsmanagementtools, …), tun sie das in erster Linie, weil dies von wichtigen Akteuren … als zwingend notwendig, wünschenswert oder angemessen beurteilt wird." (Schenker/Zängl 2019, S. 64) Diese Erwartungen kommen oftmals von außen, wie im Abschnitt zu Voraussetzungen und Auslösern beschrieben wurde, aber eben nicht von der Organisation und ihren Mitarbeitenden selbst. Die Gefahr besteht deshalb, dass bloße formale Strukturen und Prozesse entworfen werden, die im Qualitätsmanagement dokumentiert sind, aber nicht gelebt werden; sie sind entkoppelt von den angestammten und weiterhin gelebten Routinen und Vorgehensweisen, die nicht wirklich hinterfragt werden.[25]

Dies beschreibt auf diese oder ähnliche Weise sicherlich in vielen Organisationen die Realität. Aber ist die Organisationsführung hier gänzlich machtlos, ist es (fast) unmöglich, Qualitätsmanagement auch als anschließend gelebtes System einzuführen? Ziel des Artikels war es, wie bereits zu Beginn formuliert, den Lesenden Hinweise zu geben, wie Qualitätsmanagement einzuführen ist, damit es auch im Organisationsalltag gelebt wird. Drei Aspekte seien hier deshalb zugespitzt als Erfolgsparameter benannt:

- Partizipation bei der Erarbeitung: Nur wenn möglichst viele Betroffene sich einbringen und mitgestalten können, können Qualitätsmanagement und die erarbeiteten Prozesse breite Akzeptanz erhalten.
- Inhaltliche Bandbreiten: Ziele und Prozesse sollten dabei nicht zu detailliert beschrieben und „vorgeschrieben" werden, da dies zum einen die Akzeptanz an der Erarbeitung nicht beteiligter Mitarbeitender kosten könnte und zum anderen notwendige Flexibilität im späteren Arbeitsalltag vermissen lassen würde.
- Fortlaufende Aktualisierung: Da sich Organisationsrealität aufgrund innerer (z.B. neue Mitarbeitende) und äußerer Einflüsse (z.B. veränderte Gesetzeslage) kontinuierlich wandelt, sind auch die Komponenten des QM fortlaufend zu hinterfragen und anzupassen. Geeignet ist dafür z.B. ein Jour fixe in den Teamsitzungen. Auch umfassende Reflexionen sollten in regelmäßigen Abständen durchgeführt werden.

Beachtet eine Organisation diese Aspekte, so steigert sie die Chancen, dass ihr neues Qualitätsmanagement-System auch wirklich akzeptiert und gelebt wird.

---

25 Das Phänomen der Entkoppelung geht auf die wegweisende Theorie des organisationssoziologischen Neo-Institutionalismus zurück. Einführend hierzu Walgenbach (2019).

6 Wie führt man Qualitätsmanagement in einer Organisation ein?

Fragen zur Lernzielkontrolle

1. Was bedeuten Struktur-, Prozess- und Ergebnisqualität?
2. Warum ist das Prozessmanagement im Rahmen des Qualitätsmanagements so wichtig?
3. Warum ist die Beteiligung der Mitarbeitenden bei der Einführung eines Qualitätsmanagements essenziell?
4. Was kann helfen, um Qualitätsmanagement im Alltag einer Organisation zu verankern?

Literatur- und Quellenverzeichnis

Arnold, Ulli (2014): Qualitätsmanagement in Sozialwirtschaftlichen Organisationen. In: Arnold, Ulli / Grunwald, Klaus / Maelicke, Bernd (Hrsg.): Lehrbuch der Sozialwirtschaft. 4. Aufl. Baden-Baden: Nomos. S. 585 – 628.

Böhm, Wolfgang / Wöhrle, Armin (2009): Einführung in das Qualitätsmanagement in der Sozialen Arbeit. Qualität, Evaluation, Qualitätssicherung, Total Quality Management. 2. Aufl. Brandenburg: HDL-Studienbrief.

Dahme, Heinz-Jürgen / Wohlfahrt, Norbert (2013): Lehrbuch Kommunale Sozialverwaltung und Soziale Dienste. Grundlagen, aktuelle Praxis und Entwicklungsperspektiven. Weinheim / Basel: Beltz-Juventa.

Freistaat Sachsen (2019): Rahmenvertrag nach § 131 Abs. 1 SGB IX für den Freistaat Sachsen. https://www.ksv-sachsen.de/images/dokumente/publikationen/Rahmenvertrag_SGBIX_Sachsen_20190905.pdf, (Zugriff: 13.8.2020).

Grunwald, Klaus (2018): Qualitätsmanagement in der Sozialwirtschaft. In: Grunwald, Klaus / Langer, Andreas (Hrsg.): Sozialwirtschaft. Handbuch für Wissenschaft und Praxis. Baden-Baden: Nomos. S. 617 – 635.

Herrmann, Franz / Müller, Bettina (2019): Qualitätsentwicklung in der Sozialen Arbeit. Grundlagen, Methoden, Umsetzung. Stuttgart: Kohlhammer.

Kamiske, Gerd. F. / Brauer, Jörg-Peter (2006): Qualitätsmanagement von A bis Z. Erläuterungen moderner Begriffe des Qualitätsmanagements. 5. Aufl. München / Wien: Hanser.

Löffler, Elke 2011: Qualitätsmanagement. In: Blanke, Bernhard / Nullmeier, Frank / Reichard, Christoph / Wewer, Göttrik (Hrsg.): Handbuch zur Verwaltungsreform. 4. Aufl. Wiesbaden: VS-Verlag.

Merchel, Joachim (2013): Qualitätsmanagement in der Sozialen Arbeit. Eine Einführung. 4. Aufl. Weinheim / Basel: Beltz Juventa.

Noll, Sebastian (2019): Finanzierung der Behindertenhilfe – Zu den Kräfteverschiebungen im sozialrechtlichen Leistungsdreieck durch das Bundesteilhabegesetz. In: Kolhoff, Ludger (Hrsg.): Aktuelle Diskurse in der Sozialwirtschaft II. Wiesbaden: Springer VS. S. 171 – 182.

Noll, Sebastian (2018): Beratungsunternehmen als Dienstleister der Sozialwirtschaft. In: Grunwald, Klaus / Langer, Andreas (Hrsg.): Sozialwirtschaft. Handbuch für Wissenschaft und Praxis. Baden-Baden: Nomos. S. 357 – 368.

Noll, Sebastian (2012): Veränderungsmanagement. Klare Rollen sorgen für Akzeptanz. In: Sozialwirtschaft 22, H. 1. S. 32 – 33

Noll, Sebastian / Philippi, Claus (2008): Erfolgreiche Einführung von Personalinstrumenten in Nonprofit-Organisationen. In: VM – Fachzeitschrift für Verbands- und Nonprofit-Management. 2008/2. S. 34 – 43.

Ribbeck, Jochen (2018): Qualitätsmanagement in Sozialunternehmen. Grundlagen – Systeme und Konzepte – Implementierung und Steuerung. Regensburg: Walhalla.

Schellberg, Klaus (2017): Betriebswirtschaftslehre für Sozialunternehmen. 6. Aufl. Regensburg: Walhalla.

Schenker, Dominik / Zängl, Peter (2019): 2. Organisationen. In: Wöhrle, Armin / Beck, Reinhilde / Brandl, Paul / Funke-Steinberg, Karsten / Kaegi, Urs / Schenker, Dominik / Zängl, Peter (Hrsg.): Organisationsentwicklung – Change Management. Baden-Baden: Nomos.

Schulte-Zurhausen, Manfred (2014): Organisation. 6. Aufl. München: Vahlen.

Vahs, Dietmar (2012): Organisation. Ein Lehr- und Managementbuch. 8. Aufl. Stuttgart: Schäffer-Poeschel.

Vomberg, Edeltraud (2012): Qualitätsmanagement in der Sozialen Arbeit. In: Bieker, Rudolf / Vomberg, Edeltraud (Hrsg.): Management in der Sozialen Arbeit. Stuttgart: Kohlhammer. S. 132 – 155.

Walgenbach, Peter (2019): 8. Neoinstitutionalistische Ansätze in der Organisationstheorie. In: Kieser, Alfred / Ebers, Mark (Hrsg.): Organisationstheorien. 8. Aufl. Stuttgart: Kohlhammer. S. 300 – 350.

Wöhrle, Armin (2005): Den Wandel managen. Organisationen analysieren und entwickeln. Baden-Baden: Nomos.

7 Vom Qualitätsmanagement zur Wirkungsorientierung

Michael Boecker

> **Lernziele:**
>
> Nach Abschluss dieses Kapitels sind die Leser:innen in der Lage:
> - die Bedeutung der Wirkungsorientierung für die Soziale Arbeit zu erfassen und in ihrer historischen Entwicklung benennen zu können.
> - zentrale Begriffe der Wirkungsdiskussion voneinander abzugrenzen und kritisch zu diskutieren.
> - die komplexen Zusammenhänge von Qualitätsmanagement und Wirkungsorientierung zu begreifen und auf die Praxis transferieren zu können.
> - ein fundiertes Wissen zu Verfahren und Instrumenten von Wirkungsforschung vorzuhalten sowie die unterschiedlichen Ebenen von Wirkungen sozialer Dienstleistungen kritisch zu reflektieren.
> - die unterschiedlichen Zielrichtungen und Forschungsdesigns von Wirkungsforschung zu resümieren und zentrale Wirkfaktoren diskutieren zu können.
> - die Reichweite der Diskussion um Wirkungen in der Sozialen Arbeit für die eigene Profession kritisch zu reflektieren.

7.1 Warum wir über Wirkungen in der Sozialen Arbeit reden (müssen)

Die Auseinandersetzung mit Fragen der Qualität und Wirksamkeit sozialer Dienstleistungen ist aktueller denn je zuvor. Auch wenn sich die am Dienstleistungsprozess Sozialer Arbeit beteiligten Akteure grundsätzlich einig sind, dass eine Diskussion der *Gelingensbedingungen* erfolgreicher Hilfegestaltung unbedingt notwendig erscheint, weichen die Einschätzungen bezüglich des Einsatzes bestimmter Messinstrumente und Verfahren stark voneinander ab. Dies hat auch damit zu tun, dass es immer noch sehr unterschiedliche Vorstellungen bezüglich bestimmter Begriffsdefinitionen der Wirksamkeitsdebatte gibt, die wissenschaftstheoretischen Rahmenbedingungen unterschiedlich definiert werden und letztlich machtvolle Interessen der Akteure eine gewichtige Rolle spielen.[26]

Wenn man sich die sozialpolitische Entwicklung der bundesdeutschen Nachkriegsgeschichte anschaut, stellt man fest, dass bis in die 1980er-Jahre ein Ausbau sozialstaatlicher und fürsorglicher Leistungen stattgefunden hat. Im Kontext einer subsidiär ausgerichteten Staatsphilosophie konnte sich ein vielschichtiges und differenziertes Netzwerk unterschiedlicher Leistungserbringer, insbesondere im Rahmen der freien Wohlfahrtspflege etablieren, welches auch im internationalen Vergleich seinesgleichen sucht (Schmidt 2005; Boeckh et al. 2017, S. 93ff.). Nicht

---

[26] Teile dieses Kapitels orientieren sich an dem im Jahr 2019 erschienenen Aufsatz „Wirkungen Sozialer Arbeit messbar machen. Eine kritische Bestandsaufnahme" (Boecker/Weber 2019).

zuletzt stellt der Auf- und Ausbau einer Vielzahl unterschiedlicher Angebote, und Maßnahmen für die unterschiedlichsten Zielgruppen sozialer Wohlfahrtsproduktion ein besonderes Merkmal bundesdeutscher Sozialpolitik dar. Ernsthafte Versuche, die Fülle der sozialpädagogischen Angebote und Maßnahmen in ihrer Qualität und/oder Wirkung vergleichen zu wollen und somit professionsspezifische Standards zu etablieren, können bis in 1990er-Jahre hinein, mit wenigen Ausnahmen, nicht bestimmt werden (Borrmann/Thiessen 2016, S. 11).

Anders als im angelsächsischen Raum, der traditionell stärker mit dem Gesundheitsbereich und damit der Medizin verbunden ist, etablierte sich in Deutschland eine überwiegend abwehrende Haltung der Profession Sozialer Arbeit gegenüber einer an Evidenz orientierten Wirkungslogik. Peter Sommerfeld konstatiert hier treffend: „Einerseits erschien es manchen als Zumutung, die Wirksamkeit der Sozialen Arbeit überhaupt in Frage zu stellen oder sie auf ihre Wirkungen zu reduzieren, andererseits wurde bestritten, dass Wirkungen überhaupt sinnvoll gemessen werden können" (Sommerfeld 2016, S. 21). Hierbei konnten sich die Kritiker:innen auf prominenten Rückhalt berufen, da nicht zuletzt Luhmann und Schorr in ihrem 1979 verfassten Beitrag zum *Technologiedefizit der Erziehung und die Pädagogik* darauf hinweisen, dass soziale Phänomene grundsätzlich komplexen Einflussfaktoren unterliegen und damit eine statistisch nachweisbare Kausalität zwischen Ursache und Wirkung in der Sozialen Arbeit nicht gegeben ist. So überrascht es nicht, dass erst im Jahr 2005 eine erste größere Fachtagung unter dem Titel „What works – Welches Wissen braucht die Soziale Arbeit?" in Bielefeld durchgeführt wurde.

Erschwerend kommt im bundesdeutschen Kontext hinzu, dass die Anforderungen an Qualität und Wirkung sozialer Dienstleistungen im Kontext der finanziellen Engpässe der 1990er-Jahre, verbunden mit hoher Arbeitslosigkeit, Bewältigung der Folgen der Wiedervereinigung und hoher Staatsverschuldung, gleichsam von außen an die Profession herangetragen wurden (Wöhrle 2013, S. 192ff.). Im Kontext neoliberaler Wirtschafts- und Sozialpolitik mussten sich die Leistungsträger und Leistungserbringer Sozialer Arbeit zunehmend mit Fragen der Qualität, Effektivität und Effizienz auseinandersetzen. Neue Instrumente des New Public Managements (NPM) und die Veränderung zahlreicher Sozialgesetze führten in der Folge zu marktähnlichen Verhältnissen (sog. Quasi-Märkte) zwischen den Akteuren sozialer Dienstleistungserbringung (Boecker 2015; Buestrich et al. 2010; Grunwald 2009). Der Nachweis von Qualität und Wirksamkeit sozialer Dienstleistungen ist somit sozialpolitisch gewollt und hochaktuell, was sich unter anderem mit der Einführung des Wirksamkeitsnachweises im Bundesteilhabegesetz nachzeichnen lässt (Weber 2017, S. 123ff.).

Nun wird sich letztlich wenig gegen die Forderung des Nachweises von Qualität und Wirksamkeit sozialpädagogischer Maßnahmen einwenden lassen. Ebenso ist es eine berechtigte Forderung der Gesellschaft und damit Verpflichtung des Staates, Steuergelder und Sozialversicherungsbeiträge effizient, also wirtschaftlich, einzusetzen. Dies setzt indes nicht nur die Vergleichbarkeit des marktüblichen Preises voraus, sondern ebenso die Vergleichbarkeit von Qualität, Wirksamkeit und Ergebnis einer spezifischen sozialen Dienstleistung. Letztlich gilt es die Frage zu klären: „Ist die Wirkung Sozialer Arbeit messbar, und wenn ja, wie"?

7.2 Wirkung, Wirksamkeit, Evaluation – Welche Effekte können wir messen und welche nicht?

7.2.1 Definition der Begriffe

Wie schon bei der Diskussion des Qualitätsbegriffs (vgl. Kolhoff und Grunwald in diesem Band) wird auch bei einer genaueren Betrachtung des Wirkungsbegriffs deutlich, dass dieser nicht eindeutig zu bestimmen ist. So lassen sich Wirkungen sozialer Dienstleistungen mindestens auf drei Ebenen unterscheiden:

1. Auf der individuellen Ebene die intendierte Wirkung von Leistungen für die einzelnen Leistungsempfänger.
2. Auf der institutionellen Ebene die Wirksamkeit des Leistungsangebots der einzelnen Leistungserbringer.
3. Auf der gesellschaftlichen Ebene die Wirksamkeit der Leistungen für eine gesellschaftspolitisch anvisierte Zustandsveränderung.

Darüber hinaus bedarf es einer weitergehenden Eingrenzung der Begriffe im wissenschaftlichen Diskurs.

So wird unter **Wirkung** allgemein eine Veränderung verstanden, die kausal auf eine bestimmte, klar zu identifizierende Intervention oder einen Impuls zurückgeführt werden kann. Bei der **Wirkungskontrolle** steht die Überprüfung der Zielerreichung im Mittelpunkt des Erkenntnisinteresses. Sehr häufig wird hier die sogenannte **SMART-Formel** verwendet, um die Ziele im Hinblick auf deren spätere Überprüfung hinreichend operationalisieren zu können. Die SMART-Formel definiert hierfür bestimmte Bedingungen. Nur wenn Ziele S-Spezifisch, M-Messbar, A-Akzeptiert, R-Realistisch und T-Terminiert sind, kann eine Zielüberprüfung stattfinden. Der Begriff der **Wirksamkeit** verweist indes auf die überindividuelle und damit häufig institutionelle Ebene und adressiert die Wirksamkeit von Maßnahmen, Programmen, Methoden und sozialer Dienstleistungserbringung insgesamt. Zur Überprüfung von Wirksamkeit bedarf es **Wirksamkeitsindikatoren** und eine Darstellung von Wirkungszielen, welche als Effekte nachweisbar werden und ihre Gültigkeit aufweisen. Die leitende Fragestellung für Indikatoren ist, woran alle hilfebeteiligten Akteure feststellen, dass die soziale Dienstleistung wirksam war. Darüber hinaus geben übergeordnete **Wirkmerkmale** die wesentlichen Bereiche an, welche durch Mehrfachnennung in verschiedenen Forschungsstudien benannt werden und als ausschlaggebend für den Erfolg und Misserfolg gelten. Last but not least bilden **Wirkfaktoren** derartige Faktoren, die zu einer (nicht) beabsichtigten Wirkung führen. Wirkfaktoren stellen übergeordnete Einflussfaktoren der Hilfen dar, welche diese fördern, aber auch behindern können. Wirkfaktoren, wie zum Beispiel der Einbezug von Angehörigen in die Hilfeplanung, werden zu ausgewählten Maßnahmen (1 x im Monat gemeinsames Gespräch) oder Zielsetzungen (Akzeptanz des Hilfeplans von den Angehörigen) operationalisiert, um eine beabsichtigte Wirkung zu erzielen (Macsenaere/Esser 2015, S. 27ff.).

So überrascht es auch nicht, dass bei der Aktualität des Wirksamkeitsdiskurses Methoden und Instrumente der *Evaluation* eine besondere Aufmerksamkeit erfahren, da diese den Anspruch formulieren, eine strukturierte Weiterentwicklung professionellen Handelns und Strategien zur methodischen Bewertung von Maßnahmen, Konzepten Organisationen usw. zur Verfügung zu stellen (Merchel 2015). Allerdings unterscheiden Lüders und Haubrich (2004, S. 324ff.) zwischen Evaluation als Bestandteil beruflichen Handelns und Evaluation als Teil des Wissenschaftssystems der Evaluationsforschung, die sich unbedingt an den Standards der empirischen Sozialforschung zu orientieren hat.

Nicht zuletzt prägen zwei weitere Begriffe den Qualitäts- und Wirkungsdiskurs in der Sozialen Arbeit, in dem sich Maßnahmen und Programme an Kriterien von *Effektivität* und *Effizienz* orientieren müssen. Diese häufig in der Praxis fast schon synonym verwendeten Begriffe adressieren indes sehr unterschiedliche Zielkategorien. Fragen nach der Effektivität von Maßnahmen stellen den Grad der Zielerreichung, also die Wirksamkeit in den Mittelpunkt der Reflexion, Effizienz meint in diesem Zusammenhang die Wirtschaftlichkeit, also die Relation von Mitteleinsatz zum Ergebnis der Leistung. Es liegt auf der Hand, dass diese beiden Anforderungen häufig in einem Spannungsverhältnis zueinanderstehen. So kann eine Maßnahme durchaus wirtschaftlich sinnvoll sein, deren Effektivität dennoch gering.

Trotz der bisher einheitlichen Definition der Begriffe ergeben sich weiterführende Fragen und Herausforderungen für die Wirkungsdebatte. So lässt sich durchaus kritisch diskutieren, ob sich soziale Dienstleistungen und deren Wirkung überhaupt in eine Logik der Kausalität einfügen lassen. Darüber hinaus unterliegen gesellschaftliche Wirkungserwartungen an die Soziale Arbeit und deren Akteure immer auch machtpolitischen Auseinandersetzungen. Was wirkt, ist nicht zuletzt eine Frage der Definitionsmacht der handelnden Akteure.

7.2.2 Wirksamkeitsmodelle und Schnittstelle zum Qualitätsmanagement

Spätestens mit der Implementierung wirkungsorientierter Steuerungsinstrumente im Kontext neoliberaler und aktivierender Sozialpolitik ist die Diskussion um Qualität und Wirkung sozialer Dienstleistungen inhärenter Bestandteil der professionstheoretischen (Neu)-Verortung (Burmester/Wohlfahrt 2018, S. 17ff.).

Joachim Merchel (2013, S. 62) sieht in der Wirkungsdebatte eine logische Zuspitzung der Qualitätsdiskussion, welche Mitte der 1990er-Jahre ihren Höhepunkt erreichte. So weisen zahlreiche Autor:innen darauf hin, dass alleine das Vorhalten von Qualität nicht ausreicht, bestimmte Wirkungen zu erzeugen (u. a. Bleck 2016; Oechler 2009, S. 94ff.). Begnügte sich das klassische Qualitätsmanagement damit, Qualität auf der Struktur-, Prozess- und Ergebnisebene zu identifizieren, wird der Ergebnisbegriff weiter spezifiziert, indem darüber hinaus Output, Effect, Impact und Outcome betrachtet werden (Abb. 49).

7.2 Wirkung, Wirksamkeit, Evaluation

bis Mitte der 90er	ab Ende der 90er	2000er Jahre	heute
Strukturqualität	Strukturqualität	Strukturqualität	Strukturqualität
	Prozessqualität	Prozessqualität	Prozessqualität
		Ergebnisqualität	Output
			Effect
			Impact
			Outcome

Quelle: eigene Darstellung

Abbildung 49: Die Entwicklung zur Wirkungsorientierung (Eigene Darstellung)

Im Kontext dieser Entwicklungen und durch den Einfluss neuer staatlicher Steuerungsinstrumente des New Public Managements sprechen viele Autor:innen von einer Verschiebung des klassischen Controllings (siehe Abb. 50) hin zu einem Wirkungscontrolling (Moos/Konrad/Reichenbach 2011, S. 2).

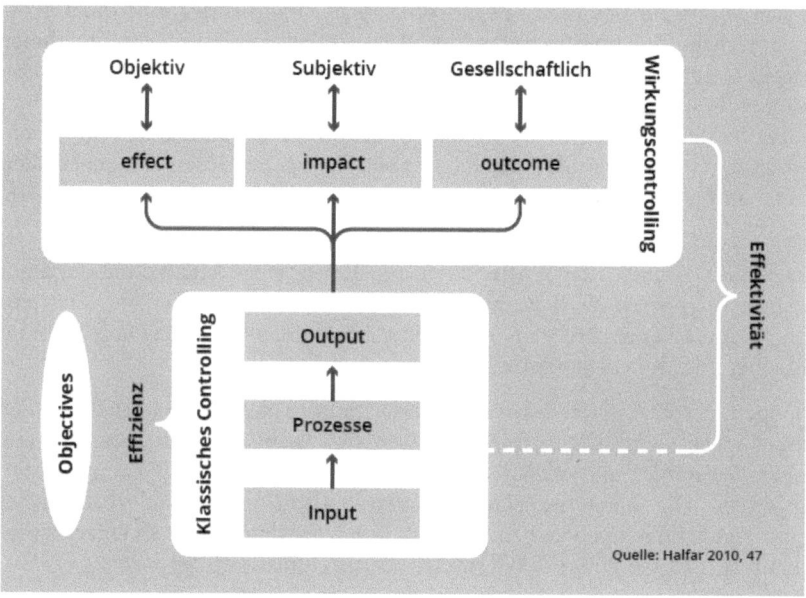

Abbildung 50: Das Wirkmodell[27]

---

[27] Es sei darauf hingewiesen, dass in der Fachdiskussion mehrere Wirkmodelle (u. a. Bernd Halfar, Maria Laura Bono, Beate Übelhart und Peter Zängl, Wirkungsmodell der Phineo gAG etc.) herangezogen und insbesondere die Begriffe Impact und Outcome teilweise unterschiedlich definiert werden.

So unterscheiden Maria Laura Bono (u. a. 2006, S. 149ff.) und Bernd Halfar (u.a. 2010, S. 48ff.) mit Blick auf das Ergebnis einer Dienstleistung zwischen vier unterschiedlichen Wirkungsdimensionen:

a) Der *Output* bildet die quantitative Basis für qualitative Wirkungseffekte (Effect, Impact, Outcome) und stellt das mengenmäßige Produktergebnis einer Organisation dar (so zum Beispiel die Anzahl der geleisteten Fachleistungsstunden in der Sozialpädagogischen Familienhilfe – SPFH).

b) Auf der Ebene des *Effects* wird die objektiv ersichtliche und nachweisbare Wirkung für die einzelnen Erwartungsgruppen (Stakeholder) einer Organisation abgebildet, unabhängig von deren subjektiver Bewertung (Anzahl der geleisteten Fachleistungsstunden in einer Familie in einem Jahr).

c) Der *Impact* beschreibt die subjektiv erlebte Wirkung der Leistungsempfangenden und der weiteren Stakeholder (Zufriedenheitsäußerungen der Familie in Bezug zur SPFH). Hier setzen insbesondere die zahlreichen Hilfeplanverfahren an.

d) Die Ebene des *Outcomes* bezieht sich schließlich auf die intendierten Wirkungen auf gesellschaftlicher Ebene und somit auf die objektive kollektive Effektivität (Familien in Deutschland sind weniger belastet).

Lassen sich somit auf der Effect-Ebene Wirkungen noch weitgehend quantifizieren, so unterliegt die Interpretation der Wirksamkeit bestimmter Maßnahmen und Angebote auf den Ebenen des Impacts und Outcomes subjektiven Beurteilungen und gesellschaftspolitischer Aushandlungen. Eine große Gefahr besteht indes darin, dass die Definition von Wirksamkeit der Interpretation machtvoller gesellschaftspolitischer Akteure folgt und damit auch im eigenen Interesse umgedeutet, legitimiert und verändert werden kann (Boecker 2015, S. 138; Boecker 2016, S. 11).

Darüber hinaus können sich Wirksamkeit und Erfolg einer Maßnahme durchaus unterscheiden. So weist Wolf Rainer Wendt (2007, S. 84) darauf hin, dass eine Maßnahme durchaus effektiv sein kann, jedoch andere, nicht intendierte Umstände den Erfolg mittel- bis langfristig vereiteln können.

Auch Fragen der Kausalität zwischen Input (Einsatz der Ressourcen) und den unterschiedlichen Output-Dimensionen lassen sich nicht eindeutig beantworten, sondern stellen immer nur subjektive Konstruktionen plausibler Wirkungszusammenhänge dar. „Die Interventionsforschung kann also Effekte sozialarbeiterischer Interventionen lediglich beobachten und beschreiben – den Nachweis einer Kausalität... kann sie nicht erbringen" (Gerull/Merckens/Dubrow 2009, S. 23).

7.2.3 Das Sozialrechtliche Dreiecksverhältnis und Nicht-Schlüssige-Tauschbeziehungen

Eine weitere wichtige Rahmung der Wirkungsdebatte stellt das im Kontext des Subsidiaritätsprinzips aufgestellte Sozialrechtliche Dreiecksverhältnis dar. Leistungsberechtigte erwirken auf der Grundlage sozialrechtlicher Leistungsbestimmungen einen Anspruch gegenüber dem Leistungsträger. Die Angebote, Maßnahmen und Hilfeleistungen werden indes von einer Vielzahl gemeinnütziger und privater Leistungserbringer vorgehalten, was somit zu einer Nicht-Schlüssigen-Tauschbeziehung führt, mit der Folge, dass die Leistungsempfangenden in der Regel nicht die Zahlenden der Dienstleistung sind (Falterbaum 2009, S. 138).

Im Kontext neoliberaler Sozialpolitik und Outputorientierung ist die Steuerungskompetenz der Leistungsträger deutlich ausgeweitet worden (zum Beispiel im Bundesteilhabegesetz), welche die schon in der Struktur des Dreiecks inhärenten Spannungsfelder deutlich verstärkt hat. So gilt es im Kontext wirkungsvoller Hilfeplanung und -gestaltung die Erwartungshaltungen und Zielsetzungen der beteiligten Akteure stärker in den Blick zu nehmen, da diese in nicht unerheblichem Maß die Definition von Wirkungszusammenhängen beeinflussen können.

7.2.4 Sachzieldominanz, Zieldivergenz und Interessenpolitik

Darüber hinaus führen das Fehlen einer reinen Gewinnorientierung und die Tatsache, dass Preise in der Sozialen Arbeit (noch) nicht auf Märkten ausgehandelt werden, dazu, dass Sachzielen und qualitativen Aspekten bei der Dienstleistungserbringung eine exponierte Bedeutung zukommen, was wiederum die Erwartungshaltung der unterschiedlichen Interessengruppen in den Mittelpunkt der Bewertung von Qualität, Effektivität und Erfolg Sozialer Arbeit stellt und deren Relationalität betont. Dass im Kontext einer intermediären Leistungserbringung (Effinger 1996) auch unterschiedliche Logiken und Rationalitäten (zum Beispiel fachliche, wirtschaftliche, politische Rationalität) einen Einfluss auf die Konstruktion von Wirksamkeitsparametern haben, liegt auf der Hand (Wöhrle 2013, S. 209f.; Finis Siegler 2009, S. 162ff.). Soziale Arbeit und soziale Dienstleistungsdistribution finden immer in inner- und interorganisationalen Beziehungsgeflechten statt und damit immer auch in irrationalen informellen Unsicherheitszonen interessengeleiteter Akteure. Die Arenen mikropolitischer Spiele (Crozier/Friedberg 1979; Ortmann 1988) gilt es zu berücksichtigen. Waren die klassischen organisationssoziologischen Ansätze in der US-amerikanischen Tradition eines Frederick Winslow Taylors noch von der Idee des one best way überzeugt, der Idee, des einzigen, richtigen Wegs zur effektiven und effizienten Ausrichtung organisationalen Handelns, so muss spätestens mit dem Einfluss mikropolitischer, systemischer und konstruktivistischer Ansätze der Mythos von organisationaler Rationalität aufgegeben werden (Boecker 2015). Organisationen handeln häufig höchst irrational und produzieren somit nicht nur Wirkungen, sondern ebenfalls intendierte und nicht intendierte Nebenwirkungen.

7.2.5 Schlussfolgerungen

Fragen nach der Wirksamkeit sozialer Dienstleistungen und ihren zugrunde liegenden Prozessen, Methoden und Verfahren sind somit immer nur im Hinblick auf den Grad der Zielerreichung bewertbar. Diese Ziele sind mindestens in Hinblick auf die drei, dem Tripelmandat der Sozialen Arbeit geschuldeten Ergebniskategorien abzustimmen. Subjektive Erwartungshaltungen der Adressat:innen Sozialer Arbeit, fachliche Intentionen und ethisch-normative Aspekte sowie gesellschaftlicher Auftrag stehen sich indes nicht immer spannungsfrei gegenüber und müssen häufig kraftvoll ausgehandelt werden.

Die eingangs skizzierten Entwicklungen verstärkter Steuerungsoptimierung und Output-Konzentration haben dazu geführt, dass neben Fragen der Wirksamkeit sozialer Dienstleistungen die Fragen nach Effizienz und damit Wirtschaftlichkeit in den Fokus der Betrachtungen gerückt sind. Neben aller Notwendigkeit, die wirtschaftlichen Aspekte Sozialer Arbeit und sozialer Dienstleistungsdistribution zu berücksichtigen, gilt es dennoch, Aspekte der Effizienz von denen der Effektivität abzugrenzen und nicht im hybriden Organisationsalltag zu vermischen.

Darüber hinaus bestimmen wesentliche strukturelle, rechtliche und ordnungsökonomische Rahmenbedingungen den aktuellen Wirksamkeitsdiskurs in der Sozialen Arbeit.

7.3 Verfahren und Instrumente der Wirkungsforschung

Wie schon unter 7.2 diskutiert, muss bei Fragen der Wirkung von sozialen Dienstleistungen immer zwischen den drei Ebenen Individuum, Institution und Gesellschaft unterschieden werden. Dementsprechend bieten sich auch jeweils unterschiedliche Konzepte und Verfahren der Wirkungsforschung an. Darüber hinaus bedient sich die Wirkungsforschung natürlich aus dem Fundus sozialwissenschaftlicher Forschungsmethoden.

7.3.1 Individuelle Ebene – Das Hilfeplanverfahren als Mittel zur Wirkungskontrolle

Nicht ohne Grund kann seit den 1990er-Jahren eine Professionalisierung und damit einhergehende Qualifizierung von Hilfeplanung in den unterschiedlichen Feldern der Sozialen Arbeit konstatiert werden (Oechler 2009). Auch wenn Hilfeplanung seit jeher zum festen Methodenrepertoire der Sozialen Arbeit und sozialpädagogischer Diagnostik gehörte, kann, ausgehend von der Neuausrichtung der Jugendhilfe durch das SGB VIII, von einer Trendwende gesprochen werden. Nicht zuletzt durch die prominente Verortung von Mitwirkung und Hilfeplan in § 36 SGB VIII. Auch im Bereich der Eingliederungshilfe und hier spätestens mit der Reformierung des SGB IX durch das Bundesteilhabegesetz (BTHG) ist die Hilfeplanung als zentrales Steuerungselement zur Hilfefeststellung und Wirkungskontrolle implementiert worden. Ähnlich wie in der Jugendhilfe lassen sich indes keine bundeseinheitlichen Verfahren ableiten, sondern es variieren eine Vielzahl von Konzepten, Instrumenten und Verfahren, je nach Bundesland und zuständigem Leistungsträger. In Nordrhein-Westfalen zum Beispiel konnten sich die beiden überörtlichen Träger der Sozialhilfe, der Landschaftsverband Rheinland (LVR) und der Landschaftsverband Westfalen-Lippe (LWL) nicht auf ein einheitliches Verfahren einigen, sodass ein Mensch mit Behinderung in Köln anderen Kriterien der Hilfefeststellung unterworfen ist, als ein Mensch mit Behinderung in Dortmund.

Trotz der großen Bandbreite und qualitativer Unterschiede lassen sich einige grundlegende Aspekte individueller Hilfeplanung beschreiben, die es überhaupt erst möglich machen, Wirkungen in den Blick zu nehmen. Dies geschieht indes nicht ohne Risiken.

7.3.1.1 Wünsche, Ziele, Maßnahmen

Neben gesetzlichem Anspruch und Auftrag rücken als Ausgangspunkt jeglicher Hilfeplanung, die Wünsche und Erwartungshaltungen der Adressat:innen in den Mittelpunkt der Analyse, aus denen dann Ziele mit unterschiedlicher Reichweite abgeleitet werden können. Hier wird oftmals zwischen Globalzielen (langfristig) sowie mittel- und kurzfristigen Zielen unterschieden. Ebenso erfolgt häufig eine Unterscheidung zwischen Zielen, die den Status Quo sichern sollen (Erhaltungsziele) oder Ziele, die eine positive Veränderung erreichen wollen (Rehabilitationsziele). Aus den Zielen lassen sich dann wiederum Maßnahmen ableiten. Je nach zuständigem Leistungsträger und Hilfeplankonzept werden Maßnahmen als Bestandteil des Hilfeplans festgelegt und verbindlich fixiert oder die Leistungserbringer können zusammen mit den Leistungsempfangenden Maßnahmen flexibel erarbeiten und im Prozess anpassen.

7.3.1.2 Operationalisierung als Leitidee

Nicht zuletzt als Folge der stärkeren Konzentration auf die Wirkung einer Maßnahme beziehungsweise Leistung, lässt sich für den Bereich der Hilfeplanverfahren insgesamt eine stärkere Operationalisierung der qualitativen Hilfeleistungen, Kriterien und Inhalte feststellen. Hierbei liefert die SMART-Formel (vgl. 7.2.1) eine hilfreiche Orientierung. Regelmäßiges duschen als Ziel zu vereinbaren reicht somit nicht mehr aus, da dies auch bedeuten kann, dass einmal im Monat geduscht wird.

7.3.1.3 Qualität versus Quantität

Auch Instrumente der Hilfeplanung unterliegen dem Spannungsfeld qualitativer und quantitativer Beobachtungsmerkmale. So ist es nur eine logische Konsequenz, dass mit dem Anspruch, Wirkungen auf der individuellen Ebene überprüfen zu wollen, eine dementsprechende Quantifizierung und Operationalisierung ihrer Inhalte einhergehen muss. Nur mit einem gewissen Grad an Standardisierung lassen sich Hilfen verlässlich überprüfen und vergleichen. Das dies einhergeht mit einem Verlust der qualitativen Sichtweisen von Hilfen, ist in den Geistes- und Sozialwissenschaften keine neue Erkenntnis. Wenn man Steine zählt, weiß man eben nicht, was sich unter dem Stein verbirgt. Dieses Spannungsfeld zwischen ganzheitlichem Auftrag der Hilfeplangestaltung auf der einen und dem Anspruch auf Zielüberprüfung und Leistungskontrolle auf der anderen Seite muss demensprechend ausgehandelt und gestaltet werden. Die äußeren Pole dieser Aushandlung sind Individualität und Standardisierung (Boecker/Weber 2019, S. 232).

7.3.1.4 Wirkungskontrolle

Hilfeplanung impliziert einen Prozess, der je nach Hilfeart auf Dauer oder zeitlich begrenzt angelegt ist. Um Wirkungen von Hilfeprozessen überhaupt in den Blick nehmen zu können, muss konsequenterweise auch bei Hilfearten, die auf Dauer angelegt sind, eine regelmäßige Zielüberprüfung stattfinden, bei der gegebenenfalls Ziele neu verhandelt und angepasst werden. Ein wichtiges Instrument der Zielüberprüfung stellt die Reflexion der Zielerreichung dar. Der Grad der Zielerreichung dient gleichsam als Indikator für den Erfolg oder Misserfolg von Hilfen. Allerdings liegt hier auch die größte Herausforderung für die beteiligten Akteure, da sich Wirkungen zwar auf der Effect-Ebene noch anhand von Kennzahlen feststellen lassen (der Auszug ist erfolgt), bei der subjektiven Einschätzung zum Grad der Zielerreichung (Impact-Ebene) indes sehr unterschiedliche Einschätzungen erfolgen können. Ebenso lassen sich eingetretene Wirkungen (vgl. 7.2.2) nur bedingt kausal einer entsprechenden Intervention oder Maßnahme zuordnen.

7.3.2 Institutionelle Ebene – Programmevaluation und Wirkungslegitimation

Die Legitimationsanforderungen an die Leistungserbringer sozialer Dienstleistungen mit ihren Einrichtungen und Diensten ist seit den 1990er-Jahren, nicht zuletzt mit der Einführung des Neuen Steuerungsmodells (vgl. 7.1), deutlich gestiegen. Im Kontext dieser Entwicklung etablierte sich in den unterschiedlichen Feldern der Sozialen Arbeit ein breites Spektrum an Instrumenten, Methoden und Konzepten zur Messung von Qualität und Wirkung der jeweils spezifischen Dienstleistung. Die Heterogenität ist groß und reicht von einrichtungsspezifischen Insellösungen bis hin zu umfassenden Konzepten der Qualitäts- und Wirkungsmessung mit anschließender Zertifizierung (vgl. Kapitel 5 und 7 in diesem Band).

Hierbei lassen sich die Konzepte des Qualitätsmanagements nicht immer eindeutig von Konzepten der Wirkungsmessung und Evaluation unterscheiden, was mitunter daran liegt, dass die Wirkungsdiskussion den bisherigen Höhepunkt der Qualitätsdiskussion darstellt indem sie die Ergebnisqualität in weitere Wirkungsebenen des Output, Effect, Impact und Outcome aufgliedert (vgl. 7.2.2). Diese Ebenen gilt es dann auch bei institutionellen Programmevaluationen zur Wirkungslegitimation zu berücksichtigen.

7.3.2.1 Evaluation

Wie schon unter 7.2 ausgeführt, lassen sich Evaluationsverfahren unter wissenschaftlichen Gesichtspunkten in zwei Kategorien einteilen:

- Evaluation als Bestandteil beruflichen Handelns und
- Evaluation als Teil des Wissenschaftssystems (Evaluationsforschung)

Für den institutionellen Kontext gewinnt insbesondere die Evaluation als Bestandteil beruflichen Handelns an Bedeutung. Merchel (2015, S. 14f.) verweist hier auf einige allgemeine Charakteristika von Evaluation:

1. Evaluation als eine Form des Bewertens benötigt feste Kriterien oder Maßstäbe, die im Vorfeld herausgearbeitet werden müssen. Dies können unter anderem Zielvorgaben, Indikatoren oder bestimmte Vorstellungen der beteiligten Akteure sein. Teilweise ergeben sich bestimmte Maßstäbe oder Zielvorgaben auch direkt aus dem gesetzlichen Auftrag heraus, wenn zum Beispiel die Teilhabe am Arbeitsleben im Vordergrund einer Maßnahme steht.

2. Basis der Bewertung ist eine systematisierte Informationsgewinnung. Damit erfolgt Evaluation immer entlang strukturierter und zuvor vereinbarter Verfahrensabläufe und Prozesse.
3. Im Vordergrund der Evaluation steht ein praktisches Erkenntnis- und Verwertungsinteresse. Kromrey spricht hier vom „Primat der Praxis vor der Wissenschaft" (Kromrey 2000, S. 22). Damit hat Evaluation auch immer das Ziel der Verbesserung oder Bestätigung organisationaler Praxis und entsprechender Qualitätsansprüche.
4. Somit ist Evaluation immer eingebettet in einen organisationalen Kontext oder in Verbindung mit mehreren Organisationen. Darüber hinaus ist sie Bestanteil von Qualitäts- und Organisationsentwicklung sowie organisationalem Lernen. Sie zielt auf das Erzeugen von Wissen, um damit professionelles Handeln und deren Ergebnisse zu verbessern (Merchel 2015, S. 14f.).

Neben Evaluation als klassisches Standardinstrument der Wirkungsanalyse haben sich in den letzten Jahren zahlreiche Methoden und Instrumente der Wirkungsdarstellung und organisationalen Reflexion von Qualität und Wirkung hervorgetan. Unter anderem sind hier zu nennen Cost-Benefit-Analysen (CBA), die im Wesentlichen einen Input-Output-Vergleich auf der individuellen Ebene ermöglichen, Quality-of-Live-Ansätze (QoL), die sich mit der Messung von Lebensqualität beschäftigen und unterschiedlicher Berichtsformen, wie der Social-Reporting-Standard (SRS) beziehungsweise Impact Reporting and Investment Standard (IRIS). Diese Berichtsformen ermöglichen eine Darstellung der Wirkungen einer Organisation entlang der einzelnen Wirkebenen. Ein aktuell viel diskutiertes Instrument stellt der Social Return on Investment (SROI) dar (Kehl/Then 2018: S. 868ff.).

7.3.2.2 Der Social Return on Investment (SROI)

Ziel dieses Instruments ist es, eine Verständigungsbasis für die heterogenen Akteure innerhalb der Sozialwirtschaft anzubieten und somit einen Standardbezugsrahmen zur Wirksamkeitsanalyse zu schaffen. Der SROI der xit GmbH besteht derzeit aus sechs Perspektiven (Schellberg 2015: S. 113ff.). Diese verschiedenen Perspektiven versuchen den Mehrwert einer sozialen Organisation deutlich zu machen, indem die investierten Mittel in Bezug zu den jeweils erzeugten Wirkungen derselben gesetzt werden. Dabei folgt der SROI einem ökonomisch inspirierten Kosten-Nutzen-Kalkül.

7 Vom Qualitätsmanagement zur Wirkungsorientierung

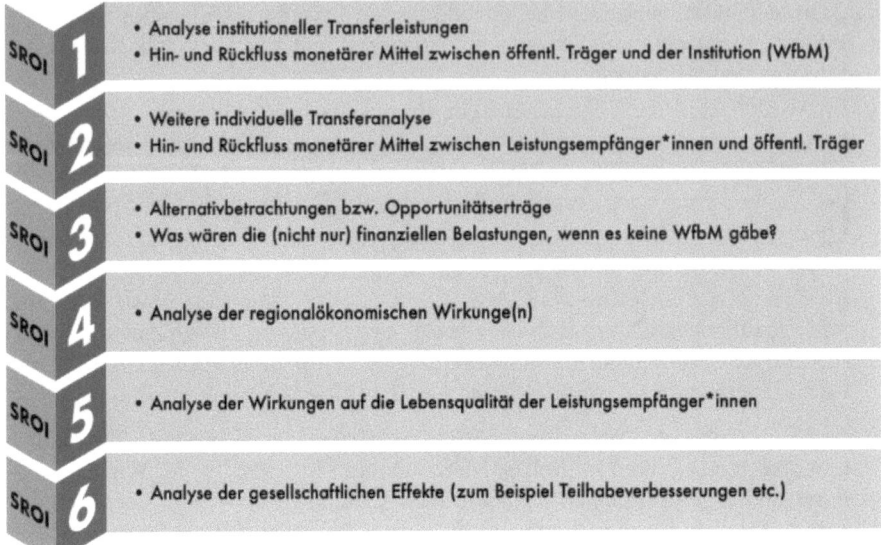

Abbildung 51: Der Social Return on Investment (SROI) am Beispiel von WfbM (Eigene Darstellung)

Wie aus Abbildung 51 ersichtlich ist, beschäftigen sich die ersten beiden SROI-Perspektiven mit dem Hin- und Rückfluss monetärer Mittel. So kann zum Beispiel in einer Werkstatt für Menschen mit Behinderungen davon ausgegangen werden, dass von je 100 Euro staatlich zufließender Mittel ca. 50 Euro über Steuer- und Sozialversicherungsabgaben wieder zurück an den Staat fließen (SROI-1). Darüber hinaus beteiligen sich die Leistungempfangenden teilweise mit dem Einsatz von Einkommen (z. B. Rentenleistungen) und Vermögen (SROI-2). Deutlich komplexer fallen die Analysen der Alternativbetrachtungen (was wäre, wenn es keine WfbM geben würde?) und die Analyse der Wirkungen einer WfbM für die regionalökonomischen Akteure, so zum Beispiel Arbeitslosigkeit, Wertschöpfung der WfbM etc. (SROI-3 und -4) aus. Für die Analyse der Wirkungen einer WfbM auf die Lebensqualität der Adressat:innen (SROI-5) und die Effekte einer WfbM für die Gesellschaft (SROI-6) bedarf es dann auch stärker qualitativ ausgerichteter Forschungsdesigns und differenzierterer Betrachtungen.

Der SROI kann somit einen guten Bezugsrahmen darstellen, um Wirkungen und Nichtwirkungen auf den verschiedenen Ebenen beschreiben zu können.

Ein wissenschaftliches Instrument der Wirkungsanalyse stellt er indes nicht dar (Boecker/Weber 2019, S. 233). Ebenso werfen einige Autor:innen dem Modell vor, dass es sich zu stark von ökonomischen Perspektiven leiten lässt. Trotz dieser sicherlich berechtigten Kritik liefert der SROI eine gute Reflexionsebene, um den Mehrwert und damit auch die Legitimation sozialer Organisationen transparent darzustellen. Allerdings ist der Aufwand einer SROI-Analyse nicht zu unterschätzen, sodass einige Organisationen sich gezielt mit einzelnen Perspektiven des SROI beschäftigen und nicht das Ziel einer umfassenden Institutionsanalyse verfolgen.

Neben diesen aktuellen, zum Teil sehr kontrovers diskutierten Modellen der Wirkungsanalyse, ist es wichtig, darauf hinzuweisen, dass bei allen Legitimationsanforderungen von außen das Ziel von Wirkungs- und Qualitätsanalysen sein sollte, die Organisationspraxis kritisch zu reflektieren, Strukturen und Inhalte transparent zu machen und wenn nötig, zu verbessern. Hierfür bietet sich eine Differenzierung der Ziel- und Ergebniskategorien im Hinblick auf das *Tripel-Mandat* (Staub-Bernasconi 1995) der Sozialen Arbeit an.

7.3.2.3 Tripel-Mandat-Analyse

Eine Analyse entlang des Tripel-Mandats Sozialer Arbeit berücksichtigt das Spannungsfeld der drei unterschiedlichen Aufträge an die Profession, indem sie Kundinnen und Kunden bzw. Adressat:innen, fachliche Standards und den gesellschaftlichen Auftrag gleichermaßen in den Fokus der Betrachtungen stellt. Ebenso bezieht die Tripel-Mandat-Analyse die klassischen Dimensionen des Qualitätsmanagements, Input (*Struktur- oder Potenzialqualität*), Prozesse (*Prozessqualität*) sowie Output und Effect (*Ergebnisqualität*) mit ein. Eine Differenzierung im Hinblick auf die unterschiedlichen Wirkebenen erfolgt schließlich mit den Zielkategorien des Impacts und des Outcomes. Für eine regelmäßige Überprüfung der Wirkungen in den jeweiligen Zielkategorien ist es wichtig, messbare und SMARTe Indikatoren (vgl. 7.2.1) zu entwickeln. Hierbei gilt es, die unterschiedlichen Zielgruppen möglichst mit einzubeziehen, um einen differenzierten Blick auf die unterschiedlichen Wirkebenen zu bekommen. Es liegt auf der Hand, dass eine Wirkungskontrolle überhaupt erst dann erfolgen kann, wenn sich zuvor, zum Beispiel auf der Outcome-Ebene, darauf verständigt wurde, welche Wirkungen für die Gesellschaft erreicht werden sollen und was der gesetzliche Auftrag ist. Die Reflexion potenziell kausaler Zusammenhänge ist dabei ebenso wichtig wie die Ausrichtung an subjektiven Erfolgsindikatoren.

	INPUT	PROZESSE	OUTPUT UND EFFECT	IMPACT	OUTCOME
Kunden und Adressaten	Zielsetzung Ressourcen	Konkrete Maßnahmen, Dienstleistungen, Angebote etc.	Resultate und Ergebnisse, z. B. Anzahl der Kontakte	Subjektiv erlebte, positive Veränderungen	Wirkungen in Bezug auf gesellschaftliche Rahmenbedingungen Kausalität von Maßnahme(n) & Wirkung(en)
Fachliche Standards	Qualifikation Methoden		Resultate und Ergebnisse, z. B. Anzahl der Angebote, Konzepte, erreichte Personen	Subjektiv erlebte Erfolge der Fachkräfte	
Gesellschaft	Zielsetzung Rahmenbedingungen			Bewertungen der Resultate durch die Gesellschaft	

Abbildung 52: Ziel- und Ergebniskategorien im Tripel-Mandat der Sozialen Arbeit (Eigene Darstellung)

7.3.3 Gesellschaftliche Ebene – Aushandlungsprozesse und Interessenpolitik

Dass Wirkungen in der Sozialen Arbeit nicht im Sinne eines naturwissenschaftlich konstruierten Verständnisses von Kausalität verstanden werden können, wurde schon mehrfach diskutiert. Demnach lassen sich Wirkungen und Ergebnisse sozialer Dienstleistungen nicht uneingeschränkt einer spezifischen Intervention, Methode oder Maßnahme zuordnen. Was letztlich als Wirkung wahrgenommen wird, ist häufig höchst subjektiv und nicht zuletzt der gesellschaftlichen Aushandlung machtvoller Akteure unterworfen. Was somit für den *Mikrokosmos* der Hilfeplanung gilt, lässt sich auch für die weiteren Ebenen meso- und makropolitischer Diskurse verorten. Dass hier die Einschätzungen von Erfolg, Qualität und Wirkung sozialer Dienstleistungen teilweise stark voneinander abweichen, kann zum Beispiel an den Interessenkonflikten innerhalb des Sozialrechtlichen Dreiecks (vgl. 7.2.3) gesehen werden, wo mit zunehmender Steuerungskompetenz die Definitionsmacht über wirkungsvolle Hilfen bei den Leistungsträgern liegt. Auch auf gesamtgesellschaftlicher Ebene gibt es keine eindeutigen Antworten, welche Maßnahmen und Konzepte letztlich am besten wirken. So richten sich Fragen nach der wirkungsvollen Integration von geflüchteten Menschen in die bundesdeutsche Gesellschaft nicht nur an empirischen Studien aus, sondern werden entlang machtvoller gesellschaftspolitischer Diskurse geführt.

Jede ernsthafte Analyse wirksamer und effizienter Handlungsprozesse in der Sozialen Arbeit kommt deshalb nicht umhin, die machtvollen Handlungsstrukturen interessengeleiteter individueller und korporativer Akteure mit einzubeziehen. Somit sind Entscheidungsprozesse in und von sozialen Einrichtungen nicht nur auf wertfreie rationale Entscheidungen zurückzuführen, sondern unterliegen zahlreichen machtvollen Aushandlungssystemen. Politische Aspekte in Organisationen sind somit ein zentraler Schlüssel für das Verständnis organisationaler Strukturen und Prozesse (Boecker 2015).

Diese Erkenntnis enthebt Wissenschaft und Forschung natürlich nicht der Verantwortung, sich mit den *Gelingensbedingungen* wirksamer und wirkungsvoller Hilfen in den Feldern der Sozialen Arbeit zu beschäftigen. Hierzu bedarf es, wie schon eingangs erwähnt, einer fundierten sozialwissenschaftlichen Rahmung.

7.3.4 Sozialwissenschaftliche Verfahren der Wirkungsforschung

Trotz der in den vorherigen Kapiteln aufgeführten Einschränkungen zur Bestimmung von Effektivität sozialer Dienstleistungen hat die Wirkungsforschung in den letzten Jahrzehnten einen deutlichen Aufschwung erhalten. Hierbei rücken insbesondere Verfahren aus der klinischen Epidemiologie in den Fokus, die als Evidenzbasierte Praxis (EBP) zwischen verschiedenen Graden der Gültigkeit unterscheiden (Schulze-Krüdener 2017, S. 31ff.). Die nachstehenden Forschungsdesigns geben einen kompakten Überblick:

1. *Systematische Reviews und Metaanalysen von randomisierten Kontrollstudien:* Das charakteristische Merkmal solcher Studien stellt die Verwendung eines vergleichbaren Untersuchungsdesigns und gleicher Untersuchungsbedingungen dar, welche denselben Effekt in mehreren Forschungsstudien zum selben Thema zu erfassen versucht.
2. *Randomisierende Kontrollstudien/Experimentalstudien:* Hierbei werden nach dem Zufallsprinzip (Randomisierung) mindestens zwei exakt vergleichbare Gruppen gebildet, die im weiteren Verlauf der Studie systematisch ungleich behandelt werden, sodass die in beiden Gruppen resultierenden Effekte auf die abhängigen Variablen gemessen werden können. Ziel ist die Überprüfung einer Kausalhypothese.
3. *Quasi-Experimentalstudien:* Auch hier ist das Ziel die Überprüfung einer Kausalhypothese, allerdings ohne die vergleichenden Gruppen einer Randomisierung zu unterziehen.
4. *Fallkontroll- und Kohortenstudien:* Bei Fall- und Kohortenstudien werden Fälle oder Kohorten, bei denen ein bestimmtes Merkmal beziehungsweise ein bestimmter Effekt bereits sichtbar geworden ist, mit anderen Fällen oder Kohorten verglichen, die diesen Effekt nicht aufweisen, und nach Begründungszusammenhängen geforscht.
5. *Präexperimentelle Gruppenstudien:* Präexperimentelle Studien verzichten auf das Einsetzen einer Kontrollgruppe, indem sie aus einer interessierten Grundgesamtheit eine Stichprobe ziehen, aus der je nach Art und Größe der Stichprobe generalisierbare Erkenntnisse abgeleitet und Ursache-Wirkungs-Relationen formuliert werden.
6. *Befragungen:* Bei der quantitativen Befragung wird in der Regel mit Einzelpersonen oder Gruppen ein quantitatives Interview unter Hinzunahme eines standardisierten Fragebogens geführt. Der Aufbau des Fragebogens erfolgt regelgeleitet, systematisch und zielgerichtet zu ausgewählten Aspekten ihres Wissens, Erlebens, ihrer Einschätzungen und des Verhaltens. Die Grade der Standardisierung können variieren.

7. *Qualitative Studien:* Mit Hilfe von qualitativen Studien sollen insbesondere Sinnzusammenhänge, Sichtweisen und Selbstdeutungen der untersuchten Einzelpersonen oder Gruppen in den Fokus des Erkenntnisinteresses genommen werden. Hierbei stehen die komplexe und detaillierte Berücksichtigung und die Eigenheit des Einzelfalls im Vordergrund (vgl. hierzu auch Flick 2010, S. 36f.).

Sowohl in der hierarchischen Anordnung als auch in der Schwerpunktsetzung der Gliederung evidenzbasierter Forschungsdesigns wird deutlich, dass die quantitativen Zugänge deutlich im Vordergrund stehen. Genau hier setzt auch die Kritik zahlreicher Autor:innen an.

So wird unter anderem darauf verwiesen, dass im Konzept der EBP davon ausgegangen wird, dass wissenschaftliche Evidenz einfach in die Praxis übertragen und im Sinne eines *Senders* und *Empfängers* eine Wissenschafts-Praxis-Relation konstruiert werden kann. Lokale und soziale Kontexte, Lebensumfeld und Sozialraum werden oftmals nur unzureichend berücksichtigt. Ebenso gibt es zahlreiche Hinweise darauf, dass mit randomisierten und kontrollierten Standardverfahren (RCT) die Komplexität der divergenten Interventionsmechanismen nicht abgebildet werden kann. Hierzu bedarf es differenzierter Forschungsdesigns, welche die spezifischen Akteurgruppen und Stakeholder, welche bei der Konstruktion der Definition von Wirkung(en) beteiligt sind, mitberücksichtigen (Boecker 2015, S. 236). Allerdings kann Peter Sommerfeld uneingeschränkt zugestimmt werden, wenn er resümiert: „Auch wenn der Diskurs [EBP, Anm. d. Verf.] eher als kritisch und ablehnend charakterisiert werden kann, sieht sich die Praxis und die Wissenschaft der Sozialen Arbeit herausgefordert, sich wieder mit den Fragen des Wissensbezugs, zunächst stärker im Hinblick auf Wissen über Wirkungen, auseinanderzusetzen" (Sommerfeld 2016, S. 29).

7.3.5 Schlussfolgerungen

Es sollte deutlich geworden sein, dass sich die Verfahren und Instrumente der Wirkungsmessung, je nachdem welche Ebene (Individuum, Institution oder Gesellschaft) als Ausgangspunkt der Analyse gewählt wird, deutlich unterscheiden. Darüber hinaus ist es nicht unerheblich, mit welchem Ziel Verfahren und Instrumente der Wirkungsmessung eingesetzt werden. So wird es einen Unterschied machen, ob zum Beispiel die Tripel-Mandat- oder eine SROI-Analyse zur kritischen Selbstreflexion der Institution im Kontext des Qualitätsmanagements eingesetzt wird, oder aber zur Sicherung finanzieller Ressourcen externer Auftraggeber dient.

Eine große Herausforderung der Analyse von Wirkungen sozialer Dienstleistungen besteht darin, stets zu reflektieren, dass es sich immer um höchst komplexe Wirkungszusammenhänge handelt, bei denen nicht alle Einflussfaktoren identifiziert werden können. Deshalb ist Kausalität nur mit hoher Wahrscheinlichkeit anzunehmen und nicht im Sinne eines naturwissenschaftlichen Beweises zu verstehen. Dies ist besonders wichtig, wenn man sich die zahlreichen präventiven Maßnahmen und Angebote Sozialer Arbeit vergegenwärtigt. So stand zum Beispiel bei dem im Jahr 2007 von der nordrheinwestfälischen Landesregierung implementierten Programm *Jedem Kind ein Instrument* neben dem gemeinsamen Musizieren auch das Erlernen sozialer Kompetenzen im Vordergrund. Ähnlich verhält es sich mit vielen präventiven Angeboten der Kinder- und Jugendhilfe, insbesondere der offenen Kinder- und Jugendarbeit. Auch wenn hier sicherlich keine kausalen Zusammenhänge zwischen Input und Wirkung bewiesen werden können, besteht doch weitgehend ein gesellschaftlicher Konsens darüber, dass solche Programme sinnvoll und wirksam sind. Dass dieser Konsens indes brüchig ist, zeigt sich immer dann, wenn finanzielle Spielräume auf Bundes-, Landes oder kommunaler Ebene knapper werden.

Mit dem Blick auf das Individuum als Ausgangspunkt von Ziel- und Wirkungskontrolle besteht darüber hinaus die Gefahr, dass die Verantwortung für die Zielerreichung alleine bei den Adressat:innen der Hilfen verortet wird. Christoph Butterwegge spricht hier von einer neoliberalen Umdeutung von *Freiheit* und *Eigenverantwortlichkeit*. So ist nicht mehr in erster Linie der Staat bzw. die Gesellschaft dafür verantwortlich, dass Menschen erwerbstätig sein können, sondern der einzelne Mensch als seines *Glückes Schmied* (Butterwegge 2017, S. 160ff.). Diese Verschiebung der *Schuldfrage* ist indes nicht ein Ergebnis des Qualitäts- und Wirkungsdiskurses in der Sozialen Arbeit, sondern die Folge jahrzehntelanger neoliberaler Staats- und Gesellschaftspolitik.

7.4 Stand der Wirkungsforschung

7.4.1 Wirkungsforschung in der Sozialen Arbeit

Es ist deutlich geworden, dass im Zuge der höheren Legitimationsanforderungen an die Akteure der Sozialen Arbeit der Nachweis von Qualität und Wirkung zu einem zentralen Bestandteil inner- und interorganisationaler Reflexion geworden ist. Darüber hinaus ist es Aufgabe von Wissenschaft und Forschung, *Gelingensbedingungen* Sozialer Arbeit in den einzelnen Arbeitsfeldern zu erforschen und für die Praxis transparent zu machen. Auch wenn diese Bemühungen im internationalen Vergleich in der bundesdeutschen Debatte verhalten angegangen wurden, nicht zuletzt aufgrund einer eher kritischeren Haltung gegenüber Konzepten der Evidenzbasierten Praxis (vgl. 7.3.4), lassen sich insbesondere im Rechtskreis des Kinder- und Jugendhilfegesetzes zahlreiche Wirkungsstudien anführen. Dies ist vor allem darauf zurückzuführen, dass spätestens seit den 1990er-Jahren mit der Einführung der Leistungs-, Entgelt- und Qualitätsvereinbarungen (LEQ) zwischen den öffentlichen und freien Trägern der Jugendhilfe die Anforderungen des Nachweises von Qualität und Wirkung enorm gestiegen sind. Die aktuellen Diskurse im Kontext des Bundesteilhabegesetzes (BTHG) mit der expliziten Anforderung des Wirkungsnachweises (insbesondere durch §§ 9 Abs. 1 u. 121 Abs. 2 SGB IX) zeigen auch hier ein deutlich größeres Interesse an Wirkungsstudien.

7.4.2 Wirkungsforschung am Beispiel der Hilfen zu Erziehung

Ein Blick in die Forschungslandschaft der Hilfen zu Erziehung zeigt die Heterogenität der Forschungsansätze und ihrer jeweils unterschiedlichen Zielsetzungen,

Forschungsfragen und Forschungsdesigns. Die nachstehende Tabelle gibt einen Überblick über einige ausgewählte Studien zur Wirkungsanalyse in diesem Feld:

Tabelle 11: Forschungslandschaft der Hilfen zur Erziehung (Eigene Darstellung)

Studie/Titel	Zielsetzung(en)	Forschungsdesign
Freigang (1986): Verlegen und Abschieben – Zur Erziehungspraxis im Heim	Erörterung der Gründe, die dazu führen, dass Jugendliche aus einem Heim ausgeschlossen werden.	■ 9 Fallstudien (1979-1982) ■ Teilnehmende Beobachtung ■ Aktenanalyse ■ Auswertung von Tagebüchern
Hansen (1994): Die Persönlichkeitsent-wicklung von Kindern in Erziehungsheimen.	Untersuchung der Sozialisationswirkungen von Heimerziehung auf die Persönlichkeitsentwicklung der Kinder und Jugendlichen.	■ Querschnittsanalyse mit Längsschnittperspektive ■ 489 Teilnehmer (9-14 Jahre) ■ Vergleichsgruppe von 384 Kindern und Jugendlichen, die in ihren Familien leben ■ Fragebogen zur Persönlichkeitsentwicklung mit 91 Items, durch welche 10 Persönlichkeitsdimensionen abgedeckt werden. ■ Aktenanalysen ■ Standardisierte Befragungen
Baur, Finkel, Hamberger und Kühn (1998): Leistungen und Grenzen der Heimerziehung. Ergebnisse einer Evaluation stationärer und teilstationärer Erziehungshilfen; Forschungs-projekt Jule (BMFSFJ)	Selbstaussagen junger Erwachsener und ihrer Erziehungsberechtigten zu stationärer und teilstationärer Unterbringung.	■ Evaluationsstudie ■ Junge Erwachsene und Erziehungsberechtigte ■ Quantitative Aktenanalyse ■ 45 qualitative Interviews ■ Retrospektive Befragung der heute Erwachsenen zu ihrer Zeit in der Einrichtung
Schmidt, Schneider, Hohm, Pickartz, Mascenaere, Petermann, Flosdorf, Hölzl und Knab (2002): Effekte erzieherischer Hilfen und ihre Hintergründe; Jugendhilfe Effekte Studie (JES) (BMFSFJ)	Verbesserung von Jugendhilfeangeboten durch Identifizierung und Entwicklung von Indikatoren für differenzierte Hilfen. Wirkungserfassung erfolgt anhand des Grades der Zielerreichung.	■ Evaluationsstudie (1995-2000) ■ Parallele Untersuchungen der Hilfeformen §§ 27-34 SGB VIII ■ Längsschnittuntersuchung: vier Erhebungszeitpunkte ■ Messung von Erfolg und Stabilität der Effekte + prospektiver Ansatz ■ Vier Forschungsstandorte ■ Stichprobe: 233 Hilfefälle (Alter zum Hilfebeginn zwischen 4-13 Jahren) ■ Integration von Expertenmeinungen und der Betroffenen selbst ■ Datenerhebung: Interviews und Fragebögen zur systematischen und vergleichenden Verlaufsbeobachtung

7.4 Stand der Wirkungsforschung

Studie/Titel	Zielsetzung(en)	Forschungsdesign
Albus, Greschke, Klingler, Messmer, Micheel, Otto und Polutta (2010): Bundesmodellprogramm zur „Qualifizierung der Hilfen zur Erziehung durch wirkungs-orientierte Ausgestaltung der Leistungs-, Entgelt- und Qualitätsentwicklungsver-ein-barungen nach §§ 78a ff SGB VIII" (BMFSFJ)	Prüfung, ob es gelingt, durch wirkungsorientierte Qualifizierung der Leistungs-, Entgelt- und Qualitätsvereinbarungen nach §§ 78a ff SGB VIII Wirkungen der Hilfen zur Erziehung zu steigern. Hierzu wurden unter anderem Befähigungs- und Verwirklichungs-chancen für junge Menschen (Capabilities) operationalisiert, die Auskunft darüber geben, inwiefern Hilfen zur Erziehung wirksam waren.	■ Evaluationsstudie (2006-2009) ■ 11 Modellstandorte und sechs lokale Beratungsinstitutionen ■ Qualitativ-rekonstruktive Fallstudien zu Hilfeplangesprächen ■ Quantitative Längsschnittanalyse ■ I. Analyse der Programmstrukturen (begleitende Berücksichtigung des Fachdiskurses/Evaluation der Strukturen und der Ausgangslage an den Modellstand-orten/Strukturdatenanalysen/Experteninterviews) ■ II. Analyse des Programmprozesses (Evaluation der neuen Vereinbarungsinhalte/Dokumentenanalysen der neuen Leistungs-, Entgelt-, und Qualitätsvereinbarungen/ Experteninterviews) ■ III. Analyse der Praxis im Programm (Gesprächsanalysen von Hilfeplangesprächen) ■ IV. Analyse der Wirkungen im Programm (Evaluation der Wirkungen von Erziehungshilfen vor dem Hintergrund der neuen Vereinbarungen/Quantitative Längsschnittstudie zu Hilfeverläufen/Aktenanalysen und Datenauswertungen)
Schildt, Klein und Feist-Ortmanns (2020): WirkJuBe – Hilfeplanung	Im Kontext der Novellierung des SGB VIII (große Lösung) wird Hilfeplanung als bedeutsamer Wirkfaktor in der Erziehungshilfe in den Fokus genommen. Ziel: Abgesichertes Instrument der Hilfeplanung.	■ Prospektiv (prozessbegleitende) Längsschnitterhebung zu zwei Messzeitpunkten (elektronische Fragebögen und Workshops) ■ Ergänzende Erfassung zentraler Struktur- und Prozessaspekte seitens der Institutionen ■ Effektivitätsermittlung durch Veränderung der Grundbefähigungen (Capabilities) sowie des direkten sozialen Umfelds

Neben weiteren zahlreichen Einzelstudien sei an dieser Stelle auf zwei Metaanalysen von Gabriel, Keller und Stauder (2007) sowie Wolf (2007) verwiesen, die sich mit den Wirkungen erzieherischer Hilfen (Gabriel 2007 et al.) und mit Fallstudien erzieherischer Hilfen hinsichtlich von Wirkungen aus Nutzersicht beschäftigen (Wolf 2007). Trotz der unterschiedlichen Fragestellungen und Zielrichtungen der Forschungsansätze haben sich in den letzten Jahren einige wirkmächtige Faktoren auf der Struktur- und Prozessebene organisationalen und damit professionalem Handelns identifizieren lassen, welche wiederum einen starken Zusammenhang von Qualitätsmanagement und erfolgreicher Dienstleistungserbringung erahnen lassen.

7.4.3 Gelingensbedingungen erfolgreicher Sozialer Arbeit

Erfolgreiche Soziale Arbeit benötigt somit wirkmächtige Faktoren auf der Struktur- und Prozessebene ihrer Dienstleistungserbringung, um positive Effekte im Hinblick auf die Hilfegestaltung wahrscheinlicher werden zu lassen.

7.4.3.2 Hilfeplanung

Hilfeplanung als *Dreh und Angelpunkt* der Hilfegestaltung kann einen signifikanten Einfluss auf positive Hilfeverläufe nehmen. Dies ist insbesondere dann der Fall, wenn es gelingt, die gegebenenfalls unterschiedlichen Perspektiven der beteiligten Akteure (Adressat:innen der Hilfen, Fachkräfte, Eltern und/oder Angehörige etc.) mit einzubinden und einen Konsens über Ziele, Inhalte und strukturelle Voraussetzungen der Hilfegewährung zu formulieren. Dies setzt insbesondere eine korrekt gestellt Prognose voraus und rückt die Beteiligung und Mitbestimmung der Adressat:innen in den Mittelpunkt der Hilfeplanung. Ein weiteres wichtiges Kriterium für den Erfolg der Hilfe stellt die adäquate Auswahl der Hilfeform dar. Hierfür bedarf es insbesondere auf Seiten der Leistungsträger (zum Beispiel Jugendamt) detaillierte Kenntnisse der konzeptionellen Voraussetzung auf der Struktur- und Prozessebene der Leistungserbringer.

7.4.3.2 Partizipation

Wie schon bei der Hilfeplanung angedeutet, weisen zahlreiche Studien darauf hin, dass es einen starken Zusammenhang zwischen den Partizipationsmöglichkeiten der Adressat:innen und positiver Hilfeverläufe gibt. Dies gilt nicht nur für den Prozess der Hilfeplanung- und Hilfegewährung, sondern umso mehr für die Ausgestaltung der Hilfen, sei es in ambulanten, stationären oder teilstationären Kontexten. Hierzu bedarf es verbindlicher Strukturen und Verfahren. So zeigt sich, je verbindlicher die Verfahren, desto höher das Partizipationsempfinden der Adressat:innen. Auch niedrigschwellige Beteiligungsmöglichkeiten zeigen hier schon deutlich positive Aspekte. Neben den Partizipationsrechten der Leistungsempfangenden spielen auch die Beteiligungsmöglichkeiten von Eltern und Angehörigen sowie der Leistungserbringer eine entscheidende Rolle für den positiven Hilfeverlauf. Dies setzt eine kritisch reflektierende Haltung der beteiligten Akteure voraus, bei der strukturelle Machtasymmetrien immer wieder in den Blick genommen und neu ausgehandelt werden müssen.

7.4.3.3 Passung und Platzierung

Ein weiterer wichtiger Aspekt, insbesondere im Kontext stationärer Hilfen, stellt die Passung und Platzierung der Hilfen dar. Passung heißt einerseits, dass der Hilfebedarf, die Haltung und Einstellung sowie die Erwartungshaltung der Adressat:innen bekannt sind und zum Kompetenzprofil des Leistungserbringers passen. Umgekehrt ist es wichtig, dass die Leistungsempfänger:innen eine klare Vorstellung davon haben, was sie in der jeweiligen Hilfeform zu erwarten haben. Hierbei kommen gut strukturierte, verlässliche und transparente Aufnahmeverfahren eine herausragende Bedeutung zu, ebenso wie eine professionell begleitete Einführung in den neuen Hilfekontext. Transparenz meint in diesem Zusammenhang insbesondere, dass Entscheidungen, Vorgehensweisen und strukturelle Voraussetzungen sowie Regeln plausibilisiert und begründet werden. Dies macht auch die Wahrscheinlichkeit größer, sich im Rahmen einer neuen Hilfeform auf Bindungspersonen einzulassen.

7.4.3.4 Beziehungsqualität Fachkraft – Adressat:in

Eine enorme Bedeutung für den Hilfeverlauf, darauf weisen zahlreiche Studien hin, hat die Kontinuität und Qualität der Beziehungsgestaltung zwischen den Leistungsempfängerinnen und Leistungsempfängern und den Fachkräften. Dies überrascht nicht unbedingt, da auch die Bindungsforschung schon sehr früh auf den Zusammenhang von Bindungsqualität und stabiler Persönlichkeitsentwicklung hingewiesen hat. Nichtsdestotrotz ist diese Erkenntnis umso wichtiger, wenn man auf der anderen Seite eine Entwicklung konstatieren kann, dass Bewilligungszeiträume von Hilfen immer stärker gekürzt werden oder zum Beispiel die durchschnittlich bewilligten Fachleistungsstunden in der Sozialpädagogischen Familienhilfe in den letzten 20 Jahren um ca. 50 Prozent pro Fall zurückgegangen sind. So bedarf es neben gut ausgebildeten Fachkräften struktureller Voraussetzungen, insbesondere Zeit, um Beziehungsqualität und -kontinuität gewährleisten zu können.

7.4.3.5 Kooperationen, Netzwerke und Übergangsmanagement

Soziale Arbeit und sozialpädagogische Unterstützungsangebote können dann ihre Wirkmächtigkeit erhöhen, wenn sie eingebunden sind in weitere, häufig regionale, Kooperationsstrukturen und Netzwerke. Hierbei kommt insbesondere dem Übergangsmanagement, also der Arbeit an den Schnittstellen der Hilfeübergänge (so zum Beispiel von einer stationären in eine ambulante Hilfeform), eine enorme Bedeutung für den langfristigen Erfolg einer Hilfe zu. Dass dies nicht immer einfach ist, hat auch damit zu tun, dass viele Leistungserbringer vor Ort nicht nur Kooperationspartner in Arbeitskreisen und Netzwerken sind, sondern auch Mitbewerber auf dem Markt sozialer Dienstleistungen. Darüber hinaus stellt der häufige Abbruch von Betreuungsprozessen eine nicht unerhebliche Herausforderung dar; gehören solche Abbrüche auf der einen Seite zu den natürlichen Ablösungsprozessen im Leben von (nicht nur jungen) Menschen dazu, so werden auf der anderen Seite Stimmen laut, die eine stärkere Hilfebegleitung – auch über Einrichtungs- und Trägergrenzen hinaus – fordern.

7.4.4 Zusammenfassung und Ausblick

Trotz der in den Kapiteln 1-3 skizzierten Herausforderungen und Grenzen von Wirkungsforschung in der Sozialen Arbeit gibt es zahlreiche Hinweise auf *Gelingensbedingungen* und *wirkmächtige Faktoren* auf der Struktur- und Prozessebene, die sich auf das Ergebnis der Dienstleistung positiv auswirken können. Dies darf indes nicht im Sinne kausal zu verstehender Input-Output-Relationen interpretiert werden. Deshalb sind Forschungsdesigns wichtig, die die komplexe Realität und die hybriden Organisationsstrukturen sozialer Organisationen und sozialer Dienstleistungserbringung berücksichtigen. Dabei lassen sich durchaus die Erkenntnisse aus der Kinder- und Jugendhilfe auf andere Felder der Sozialen Arbeit übertragen. Darüber hinaus bedarf es weitergehender feldspezifischer Forschungsansätze. Wie groß diese Herausforderungen sind, zeigen die aktuellen Diskussionen und spannungsgeladenen Diskurse rund um die Wirkungskontrolle als Bestandteil des Bundesteilhabegesetzes (BTHG).

7.5 Zur Reichweite der Diskussion um Wirkungen in der Sozialen Arbeit

Soziale Arbeit benötigt professionelle Handlungsautonomie und fachliche Standards. Dabei darf sie sich Fragen der Wirksamkeit ihrer Maßnahmen, Instrumente und Verfahren nicht verschließen. Die zuvor stehenden Ausführungen machen jedoch deutlich, dass eine reine Fokussierung auf den sogenannten „Goldstandard" mit randomisierenden Experimentaldesigns in Frage gestellt werden muss. So forderte Hans-Uwe Otto bereits 2007, der aktuellen EBP-Forschung mehr Substanz und Tiefe zu geben, indem die forschungsleitenden Fragestellungen von „What works?" zu „Why does it work, if it works?" (Otto 2007) weiterentwickelt werden. Diese Forderung berücksichtigt wesentlich stärker die Komplexität und die Konstruktion sozialer Dienstleistungserstellung in der Sozialen Arbeit. Sie kann Fragen der Beziehungsqualität und lebensweltlicher Kontextfaktoren mit einbeziehen und auf hybride Wirkungszusammenhänge verweisen.

So wird auch in der internationalen Debatte immer wieder deutlich, dass ein auf Rationalität, Kausalität und Outputorientierung angelegtes Steuerungsverständnis sozialer Organisationen der Komplexität der Aufgabenstellung und der Entscheidungsprozesse nicht gerecht wird. Auch Mark Hughes und Michael Wearing von der Southern Cross University und der University of New South Wales konstatieren eine Verschiebung (sozial-)staatlicher Verantwortung für Erfolg und Misserfolg pädagogischer Interventionen, Maßnahmen und Handlungskonzepte in Richtung Leistungsanbieter Sozialer Arbeit (Hughes/Wearing 2017, S. 141ff.). Diese Reduktion der Sozialen Arbeit auf ihren Dienstleistungsaspekt grenzt die Handlungsautonomie der Fachkräfte stark ein. Das widerspricht jedoch dem Anspruch einer Profession, welche auf der Grundlage wissenschaftlich fundierter Kenntnisse, aber auch im Kontext eines holistischen Verständnisses menschlicher Interaktion agiert und die Unsicherheiten komplexer, prozessualer Hilfegewährung und fluider Organisationsgestaltung nicht nur aushalten, sondern als Chance eines auf Entwicklung ausgerichteten Lernprozesses begreifen muss. In diesem Verständnis ergibt sich die Notwendigkeit, für die Wirkungsorientierung Sozialer Arbeit einen dialektischen Prozess zwischen Theorie und Praxis zu konstruieren „..., in dem beide Pole einander wechselseitig infrage stellen, verändern und somit – ganz hegelianisch – im günstigsten Fall auf eine qualitativ höhere Ebene heben" (Böhmer 2016, S. 67).

Nicht zu unterschätzen sind in diesem Zusammenhang die interessengeleiteten Akteure machtvoller Gesellschafts- und Sozialpolitik, welche einen erheblichen Einfluss auf die Definition von Wirkungszusammenhängen ausüben (Boecker 2014, S. 180ff.). So finden die unterschiedlichen Aushandlungen über Input, Prozesse und Output (mit den weiteren Wirkungsdimensionen) sozialer Dienstleitungserbringung in einem komplexen föderalistisch ausgerichteten Interaktionsprozess statt. In diesem Kontext ist es eine der größten Herausforderungen, die Adressat:innen Sozialer Arbeit konstruktiv zu beteiligen und sie nicht dem Spielball machtvoller Interessenpolitik zu überlassen. Hierzu bedarf es vor allem partizipativer und transdisziplinärer Forschungsdesigns, welche die Sichtweisen und die Lebenswelten der Zielgruppen Sozialer Arbeit berücksichtigen können.

Fragen zur Lernzielkontrolle:

1. Warum stehen Fragen der Wirksamkeit sozialer Dienstleistungen derzeit so stark im Vordergrund der fachlichen Diskussion?
2. Welche zentralen Begriffe gilt es im Wirkungsdiskurs voneinander abzugrenzen? Was ist der Unterschied zwischen Wirkung und Wirksamkeit?
3. Warum verorten einige Autor:innen den Wirkungsdiskurs als logische Zuspitzung der Qualitätsdiskussion?
4. Welche unterschiedlichen Ebenen gilt es bei Fragen der Wirkung von sozialen Dienstleistungen zu berücksichtigen?
5. Auf welche wirkmächtigen Faktoren erfolgreicher Sozialer Arbeit weisen aktuelle Studien aus dem Feld der Hilfen zur Erziehung hin?
6. Welche Chancen und Risiken lassen sich aus dem Wirkungsdiskurs für die Profession der Sozialen Arbeit diskutieren?

Literatur

Albus, Stefanie/Greschke, Heike/Klingler, Birte/Messmer, Heinz/Micheel, Heinz-Günter/Otto, Hans-Uwe/Polutta, Andreas (2010): Abschlussbericht der Evaluation des Bundesmodellprogramms „Qualifizierung der Hilfen zur Erziehung durch wirkungsorientierte Ausgestaltung der Leistungs-, Entgelt- und Qualitätsvereinbarungen nach §§ 78a ff SGB VIII", ISA Planung und Entwicklung GmbH, Münster.

Baur, Dieter/Finkel, Margarete/Hamberger, Matthias/Kühn, Axel D./Thiersch, Hans (Forschungsprojekt JULE) (1998): Leistungen und Grenzen von Heimerziehung. Ergebnisse einer Evaluationsstudie stationärer und teilstationärer Erziehungshilfen, in: Schriftenreihe des Bundesministeriums für Familie, Senioren, Frauen und Jugend (Hrsg.), Band 170, Stuttgart, Berlin, Köln.

Bleck, Christian (2016): ‚Qualität',‚Wirkung' oder‚Nutzen'? Zentrale Zugänge zu Resultaten Sozialer Arbeit in professionsbezogener Reflexion, in: Borrmann, Stefan/Thiessen, Barbara (Hrsg.): Wirkungen Sozialer Arbeit. Potentiale und Grenzen der Evidenzbasierung für Profession und Disziplin, Theorie, Forschung und Praxis der Sozialen Arbeit, Band 12, Opladen, Berlin, Toronto, S. 107–124.

Boecker, Michael (2016): Den Mehrwert Sozialer Arbeit messbar machen, in: SOZIALwirtschaft. Zeitschrift für Führungskräfte in sozialen Unternehmungen, Jg. 26, Heft 6/2016, S. 10–12.

Boecker, Michael (2015): Erfolg in der Sozialen Arbeit. Im Spannungsfeld mikropolitischer Interessenkonflikte, Wiesbaden.

Boecker, Michael (2014): Zum Gebrauchswert einer mikropolitischen Theorie für die Soziale Arbeit. Rationalität, Macht und Spiele intermediär handelnder Akteure, in: Theorie und Praxis der Sozialen Arbeit, 65 Jg., H. 3, S. 180–185.

Boecker, Michael/Weber, Michael (2019): Wirkungen Sozialer Arbeit messbar machen. Eine kritische Bestandsaufnahme. In: Blätter der Wohlfahrtspflege, Heft 6/2019, S. 229–235.

Boeckh, Jürgen/Huster, Ernst-Ulrich/Benz, Benjamin/Schütte, Johannes D. (2017): Sozialpolitik in Deutschland. Eine systematische Einführung, 4. Auflage, Wiesbaden.

Böhmer, Anselm (2016): Methodologie und Professionspolitik. Praxeologische Perspektiven von Wirkungsorientierung und Feldbezug, in: Borrmann, Stefan/Thiessen, Barbara (Hrsg.): Wirkungen Sozialer Arbeit. Potentiale und Grenzen der Evidenzbasierung für Profession und Disziplin, Theorie, Forschung und Praxis der Sozialen Arbeit, Band 12, Opladen, Berlin, Toronto, S. 57–70.

Bono, Maria Laura (2006): NPO Controlling: Professionelle Steuerung sozialer Dienstleistungen, Stuttgart.

Borrmann, Stefan/Thiessen, Barbara (Hrsg.) (2016): Disziplinäres Nachdenken über Wirkungen Sozialer Arbeit. Eine Einleitung und Überblick, in: Borrmann, Stefan/Thiessen, Barbara (Hrsg.): Wirkungen Sozialer Arbeit. Potentiale und Grenzen der Evidenzbasierung für Profession und Disziplin, Theorie, Forschung und Praxis der Sozialen Arbeit, Band 12, Opladen, Berlin, Toronto, S. 11–18.

Buestrich, Michael/Burmester, Monika/Dahme, Heinz-Jürgen/Wohlfahrt, Norbert (2010): Die Ökonomisierung Sozialer Dienste und Sozialer Arbeit, Grundlagen der Sozialen Arbeit. Bd. 18, 2. Auflage, Baltmannsweiler.

Burmester, Monika/Wohlfahrt, Norbert (2018): Wozu die Wirkung Sozialer Arbeit messen? Eine Spurensicherung von Monika Burmester und Norbert Wohlfahrt, Soziale Arbeit Kontrovers, Band 18, Freiburg i. B.

Butterwegge, Christoph (2017): Rechtfertigung, Maßnahmen und Folgen einer neoliberalen (Sozial-)Politik, in: Butterwegge, Christoph/Lösch, Bettina/Ptak, Ralf (Hrsg.): Kritik des Neoliberalismus, 3. Auflage, Wiesbaden.

Crozier, Michel/Friedberg, Erhard (1979): Macht und Organisation. Die Zwänge kollektiven Handelns, Königstein.

Effinger, Herbert (1996): Sozialarbeitswissenschaft als Teildisziplin einer Wissenschaft personenbezogener Dienstleistungen im Wohlfahrtsdreieck, in: Merten, Roland/Sommerfeld, Peter/Koditek, Thomas (Hrsg.): Sozialarbeitswissenschaft – Kontroversen und Perspektiven, Neuwied, Kriftel, Berlin, S. 185-207.

Falterbaum, Johannes (2009): Rechtliche Grundlagen Sozialer Arbeit. Eine praxisorientierte Einführung, 3. Auflage, Stuttgart.

Finis Siegler, Beate (2009): Ökonomik Sozialer Arbeit, 2. Auflage, Freiburg i. B.

Flick, Uwe (2010): Qualitative Sozialforschung. Eine Einführung, 3. Auflage, Hamburg.

Freigang, Werner (1986): Verlegen und Abschieben. Zur Erziehungspraxis im Heim, Weinheim.

Gabriel, Thomas/Keller, Samuel/Studer, Tobias (2007): Wirkungen erzieherischer Hilfen. Metaanalyse ausgewählter Studien. ISA Planung und Entwicklung GmbH, Münster.

Gerull, Susanne/Merckens, Manfred/Dubrow, Christin (2009): Qualitative Studie zu „Erfolg" in der Hilfe nach § 67ff. SGB XII. Abschlussbericht vom 15.7.2009. Alice Salomon Hochschule Berlin (Hrsg.), Berlin.

Grunwald, Klaus (Hrsg.) (2009): Vom Sozialmanagement zum Management des Sozialen. Eine Bestandsaufnahme, Grundlagen der Sozialen Arbeit, Bd. 21, Baltmannsweiler.

Halfar, Bernd (2010): Wirkungsorientiertes NPO-Controlling. Leitlinien zur Zielfindung, Planung und Steuerung in gemeinnützigen Organisationen, Freiburg, Berlin, München.

Hansen, Gerd (1994): Die Persönlichkeitsentwicklung von Kindern in Erziehungsheimen. Ein empirischer Beitrag zur Sozialisation durch Institutionen der öffentlichen Erziehungshilfe, Weinheim.

Haubrich, Karin/Lüders, Christian (2004): Evaluation – mehr als ein Modewort? Recht der Jugend und des Bildungswesens, Heft 3/2004, S. 316–337

Hughes, Mark/Wearing, Michael (2017): Organisations & Management in Social Work: everyday action for change, 3rd Edition, London, Sage.

Kehl, Konstantin/Then, Volker (2018): Soziale Investitionen, Wirkungsorientierung und ‚Social Return', in: Grunwald, Klaus/Langer, Andreas (Hrsg.): Sozialwirtschaft. Handbuch für Wissenschaft und Praxis, Baden-Baden, S. 858–871.

Kromrey, Helmut (2000): Die Bewertung von Humandienstleistungen. Fallstricke bei der Implementations- und Wirkungsforschung sowie methodische Alternativen, in: Müller-Kohlberg, Hildegard/Münstermann Klaus (Hrsg.): Qualität von Humandienstleistungen. Evaluation und Qualitätsmanagement in Sozialer Arbeit und Gesundheitswesen, S. 19–57.

Luhmann, Niklas/Schorr, Karl Eberhard (1979): Das Technologiedefizit der Erziehung und die Pädagogik, in: Zeitschrift für Pädagogik, 25. Jg., Heft 3, S. 345–365.

Macsenaere, Michael/Esser, Klaus (2015): Was wirkt in der Erziehungshilfe? Wirkfaktoren in Heimerziehung und anderen Hilfearten. 2. Auflage, München, Basel.

Merchel, Joachim (2015): Evaluation in der Sozialen Arbeit, 2. Auflage, München, Basel.

Merchel, Joachim (2013): Qualitätsmanagement in der Sozialen Arbeit. Eine Einführung, 4. Auflage, Weinheim.

Moos, Gabriele/Konrad, Matthias/Reichenbach, Ralf (2011): Controlling in der Sozialwirtschaft. Ausbaustand und Perspektiven, in: contec Studien (Hrsg.): Schriftenreihe zur Gesundheits- und Sozialwirtschaft, Bd. 18, Bochum.

Oechler, Melanie (2009): Dienstleistungsqualität in der Sozialen Arbeit. Eine rhetorische Modernisierung, Wiesbaden.

Ortmann, Günther (1988): Macht, Spiel, Konsens, in: Küpper, Willi/Ortmann, Günther (Hrsg.): Mikropolitik. Rationalität, Macht und Spiele in Organisationen, Opladen, S. 13–26.

Otto, Hans-Uwe (2007): Zum aktuellen Diskurs um Ergebnisse und Wirkungen im Feld der Sozialpädagogik und Sozialarbeit – Literaturvergleich nationaler und internationaler Diskussion. Expertise im Auftrag der Arbeitsgemeinschaft für Kinder und Jugendhilfe – AGJ. Berlin: Arbeitsgemeinschaft für Kinder- und Jugendhilfe.

Schellberg, Klaus (2015): Der Social Return on Investment: Strategische Möglichkeiten für den Sozialbereich? In: Sprinkart, Karl Peter (Hrsg.): Nachhaltigkeit messbar machen. Integrierte Bilanzierung für Wirtschaft, Sozialwirtschaft und Verwaltung, Regensburg, S. 113–137.

Schildt, Nadine/Klein, Joachim/Feist-Ortmanns, Monika (2020): WirkJuBe – Hilfeplanung. Abschlussbericht, in: IKJ Institut für Kinder- und Jugendhilfe gGmbH (Hrsg.), Mainz.

Schmidt, Manfred G. (2005): Sozialpolitik in Deutschland. Historische Entwicklung und internationaler Vergleich, 3. Auflage, Wiesbaden.

Schmidt, Martin/Schneider, Karsten/Hohm, Erika/Pickartz, Andrea/Mascenaere, Michael/Petermann, Franz/Flosdorf, Peter/Hölzl, Heinrich/Knab, Eckhart (2002): Effekte erzieherischer Hilfen und ihre Hintergründe, in: Schriftenreihe des Bundesministeriums für Familie, Senioren, Frauen und Jugend (Hrsg.), Band 219, Stuttgart.

Sommerfeld, Peter (2016): Evidenzbasierung als ein Beitrag zum Aufbau eines professionellen Wissenskorpus in der Sozialen Arbeit, in: Borrmann, Stefan/Thiessen, Barbara (Hrsg.): Wirkungen Sozialer Arbeit. Potentiale und Grenzen der Evidenzbasierung für Profession und Disziplin, Theorie, Forschung und Praxis der Sozialen Arbeit, Band 12, Opladen, Berlin, Toronto, S. 21–41.

Schulze-Krüdener, Jörgen (2017): Wissen, was in der Sozialen Arbeit wirkt! Zur Reichweite empirischer Zugänge, Bremen.

Staub-Bernasconi, Silvia (1995): Systemtheorie, soziale Probleme und Soziale Arbeit. Lokal, national, international oder: vom Ende der Bescheidenheit, Bern, Stuttgart, Wien.

Weber, Michael (2017): Wirkungsorientierte Steuerung in Werkstätten für behinderte Menschen, in: Burmester, Monika/Dowling, Emma/Wohlfahrt, Norbert: Privates Kapital für soziale Dienste? Wirkungsorientiertes Investment und seine Folgen für die Soziale Arbeit, Grundlagen der Sozialen Arbeit, Bd. 41, Baltmannsweiler, S. 123–148.

Wendt, Wolf Rainer (2007): Der Anspruch an Rationalität in der Sozialen Arbeit, in: Sommerfeld, Peter/Hüttemann, Matthias (Hrsg.): Evidenzbasierte Soziale Arbeit. Nutzung von Forschung in der Praxis, Baltmannsweiler, S. 75–90.

Wöhrle, Armin (2013): Sozialmanagement und Management in der Sozialwirtschaft, in: Wöhrle, Armin/Beck, Reinhilde/Grunwald, Klaus/Schellberg, Klaus/Schwarz, Gotthart/Wendt, Wolf Rainer (Hrsg.): Grundlagen des Managements in der Sozialwirtschaft, Baden-Baden, S. 191–233.

Wolf, Klaus (2007): Metaanalyse von Fallstudien erzieherischer Hilfen hinsichtlich von Wirkungen und „wirkmächtigen" Faktoren aus Nutzersicht, in: ISA-Planung-und-Entwicklung GmbH, Münster.

8 Verstetigung oder „Wie der Ball am Rollen bleibt"

Monika Sagmeister

Einleitung

Das Qualitätsmanagement ist eingeführt und damit verlässt es den Projektstatus. Das Projekt muss seine Alltagstauglichkeit unter Beweis stellen. Der entscheidende Schritt der Verstetigung von Qualitätsmanagement ist besonders schwierig zu gestalten. In der Praxis stellt es sich schlimmstenfalls folgendermaßen dar: Als Nachfolger:in findet man vom*von der Vorgänger:in einen Ordner zum Qualitätsmanagement im Schrank, der dann kommentarlos wieder dorthin zurückgestellt wird, wo er vorgefunden wurde. Niemand weist einen auf den Ordner hin, durch aktives Nachfragen stellt man fest, dass sich mit diesem Thema schon jahrelang niemand mehr beschäftigt hat. Aber ja, da habe man vor vielen Jahren mal einen groß angelegten Prozess gestartet, der dann wieder versandet sei. Die Dokumente sind veraltet und nicht einmal digitalisiert. Um diesen Verlauf zu vermeiden, ist es erforderlich, den Schritt der Verstetigung bewusst zu gestalten und die kontinuierliche Verbesserung nicht aus den Augen zu verlieren. Der Beitrag soll hierzu Impulse liefern. Deshalb klärt der Artikel die Frage, welche Maßnahmen ergriffen werden können, um Qualitätsmanagement im Unternehmen lebendig zu halten.

Die Autorin geht dabei auf zwei Aspekte besonders ein: Erstens die strukturelle Verankerung von Qualitätsmanagement im Unternehmen und zweitens der Einbezug von Stakeholdern und zwar insbesondere der Anwender:innen von Qualitätsmanagement. Deshalb ist der Artikel in zwei Teile gegliedert. Der erste Teil widmet sich der strukturellen Verankerung, wesentlich ist die Personifizierung des Projektes in der Organisation in der Rolle des*der Qualitätsmanagementbeauftragten und damit auch die Ausstattung mit personellen Ressourcen. Des Weiteren wird auf das Audit als interne und externe Kontrolle und zeitlichen Strukturierung eingegangen. Wichtig erscheinen zudem Maßnahmen, die die kontinuierliche Verbesserung nicht versanden lassen. Hierzu dient z.B. der offene Umgang mit Fehlern und ein Beschwerdemanagement. Außerdem wird auf das Qualitätshandbuch als Instrument der Mitarbeitendeneinführung eingegangen.

Der zweite Teil nimmt die Stakeholder, insbesondere die Mitarbeitenden als Anwender:innen, in den Blick. Hier liefert das agile Management wichtige Impulse. Deshalb werden agile Techniken vorgestellt, die den Einbezug von Anwender:innen ermöglichen. Als Instrumente der Mitarbeitendenbeteiligung wird der Qualitätszirkel und das betriebliche Verbesserungsvorschlagswesen vorgestellt.

Lernziele

Mit dem Beitrag werden folgende Lernziele verfolgt:

- Die Rolle der Führungskraft für strukturellen Maßnahmen im Rahmen des Qualitätsmanagements erfassen.
- Die Bedeutung von personellen Ressourcen für die Verstetigung kennenlernen.
- Maßnahmen der zeitlichen Strukturierung für die Verstetigung der kontinuierlichen Verbesserung nutzen.
- Das Qualitätsmanagementhandbuch als Hilfsmittel für die Mitarbeitendeneinführung kennenlernen.
- Sich mit agilen Techniken auseinandersetzen, um die Bedürfnisse und Ansichten von Anspruchsgruppen und insbesondere der Mitarbeitenden als Anwender:innen systematisch zu berücksichtigen.
- Klassischen Instrumenten der Mitarbeitendenbeteiligung im Qualitätsmanagement neue Aufmerksamkeit schenken.

Die vorgestellten Maßnahmen erheben keinen Anspruch auf Vollständigkeit. Sie erscheinen aber aus Sicht der Autorin geeignet, Qualitätsmanagement als Dauermaßnahme lebendig zu halten.

8.1 Die strukturelle Verankerung von Qualitätsmanagement im Unternehmen

Qualitätsmanagement wird durch die Leitung verantwortet. Die Einführung und Steuerung von Qualitätsmanagement gehört somit zum Aufgabeportfolio der Unternehmensleitung (Ribbeck 2018, S. 158). Sie hat unter anderem die Verantwortung für das ausgewählte Qualitätsmanagementsystem zu tragen. Zudem hat die Leitung die Aufgabe, sicherzustellen, dass Prozesse die beabsichtigten Ergebnisse liefern, die Kundenorientierung im Blick behalten wird und dass das Qualitätsmanagementsystem anwendbar und in sich widerspruchslos ist. Die Leitung sollte ein Klima schaffen, das Veränderung und Entwicklung durch Fehlerfreundlichkeit zulässt (Deutsche Gesellschaft für Qualität e.V. 2016, S. 103f.; Herrmann/Müller 2019, S. 210).

Gleichzeitig kann aber eine Leitung bei größeren Unternehmen nicht die Durchführung jeder einzelnen Aufgabe im Blick behalten, auch wenn sie diese verantwortet, sondern muss vielmehr Strukturen schaffen, damit die Aufgaben erfüllt werden können. Das gilt auch für das Qualitätsmanagement. Strukturen zu schaffen bedeutet, mit Führungssubstituten indirekt zu führen (Simsa/Steyrer 2013, S. 372). Mit dem Aspekt der indirekten Führung beschäftigt sich der folgende Abschnitt. Er widmet sich diesen Themen:

1. Einführung der Rolle „Qualitätsmanagementbeauftragte" als institutionell verankerte Struktur von Qualitätsmanagement.
2. Interne und externe Überprüfung in Form von Audits als wiederkehrende und damit zeitlich strukturierte kontinuierliche Verbesserung.
3. Ein offener Umgang mit Fehlern sowie ein Beschwerdemanagement als Maßnahmen, um die kontinuierliche Verbesserung im Auge zu behalten.

4. Die Bedeutung des Qualitätshandbuchs für die Einführung neuer Mitarbeitenden, um sie mit dem Instrument und den Abläufen im Unternehmen vertraut zu machen.

8.1.1 Qualitätsmanagementbeauftragte als strukturelle Verankerung

Grundsätzlich bedarf ein gelingendes Qualitätsmanagement der Beteiligung aller Mitarbeitenden und der eindeutigen Verantwortlichkeit der Leitung. Dennoch sind beide Personengruppen mit Routineaufgaben meist mehr als beschäftigt, wodurch es sich vor allem in größeren Unternehmen lohnt, die Durchführung des Qualitätsmanagements an eine eigene Stelle zu übertragen, den*die sogenannte Qualitätsmanagementbeauftragte*n. Dies hat vor allen Dingen den Zweck, dass Qualitätsmanagement nicht zu einer Aufgabe degradiert, die zwar wichtig ist, im Arbeitsalltag aber wenig Berücksichtigung findet. Qualitätsmanagementbeauftragte sind meist zwischen Leitungs- und Ausführungsebene in Form einer Stabstelle angesiedelt. Stabstellen sind Leitungshilfen mit einem speziellen Aufgabengebiet, in diesem Fall Qualitätsmanagement. Sie sind als Leitungshilfe einer Leitungsstelle zugeordnet. Die Leitungskraft soll dadurch bezüglich Arbeitsmenge und Anforderungen an fachliche Expertise entlastet werden (Vahs 2019, S. 76). Die Funktion „Qualitätsmanagement-beauftragte" ist somit Zeichen einer ausgeprägten Form einer arbeitsteiligen Organisation. Sie ist dafür zuständig, den Prozess des Qualitätsmanagements mit den Zielen der Leitung abzustimmen und mit den Mitarbeitenden z.B. im Qualitätszirkel eng zusammenzuarbeiten (Herrmann/Müller 2019, S. 203f.). Ob es sich dabei um eine einzelne Person handelt oder in verschiedenen Abteilungen mehrere Qualitätsbeauftragte angesiedelt sind, ob die Person sich ausschließlich dieser Aufgabe widmet oder noch andere Funktionen innehat, obliegt dem Gestaltungsfreiraum der Leitung und ist von den Anforderungen des Unternehmens abhängig (Zollondz/Ketting/Pfundtner 2016, S. 847).

Je nachdem, welche Rolle dem*der Qualitätsbeauftragten zugesprochen wird, sind deren Gestaltungmöglichkeiten mehr oder weniger groß ausgeprägt. Zollondz, Ketting und Pfundtner (2016, S. 846) unterscheiden zwischen bewahrender Orientierung mit geringen Möglichkeiten einerseits und Organisationsentwicklungsmöglichkeiten mit großer Wirksamkeit für die Verbesserung der Qualitätsfähigkeit andererseits. Die Frage ist also, ob das Unternehmen den entsprechenden Personen eine verwaltende oder eine gestaltende Aufgabe zukommen lässt (Deutsche Gesellschaft für Qualität e.V. 2016, S. 108).

Neben einer gelungenen Rollenzuschreibung müssen Qualitätsbeauftragte laut Trubel und Bastian (2020, S. 225) bestimmte Fähigkeiten mitbringen, damit die Akzeptanz der Person sowohl auf Leitungsebene als auch in der Belegschaft gegeben ist. Neben einer fachlichen Qualifizierung zum Thema „Qualität" ist Wissen um die organisationale Gestaltung und deren Auswirkungen wichtig. Ebenso bedarf es der Fähigkeit, Prozesse zu beobachten, Rückschlüsse daraus zu ziehen und diese klar und adäquat zu kommunizieren. Gerade beim Umgang mit Widerstand braucht es das Feingefühl von Qualitätsbeauftragten. Sie sind es, die die Leitung auf die Probleme aufmerksam machen und Vorschläge zum Umgang mit den Problemen geben. Die Moderation von Gruppen gehört ebenso zum Portfolio. Die Deutsche Gesellschaft für Qualität (2016, S. 105ff.) formuliert keine Aufgaben, sondern Rollen, die die Person ausfüllen muss. Sie ist Botschafter:in, Moderator:in, Wissensvermittler:in, Qualitätsmanagement-Administrator:in und Organisationsentwickler:in. Als Botschafter:in berichtet sie über den Stand des Qualitätsmanagements in der Leitungsebene nach oben als auch nach unten zu den Mitarbeitenden, z.B. in den Qualitätszirkeln. Diese Botschafterfunktion sorgt bereits dafür, dass das Thema im Unternehmen präsent bleibt. In der Rolle als Moderator:in bringt sie Beziehungskompetenz ein. Sie organisiert Beteiligungsprozesse, damit Qualitätsmanagement ein Anliegen der Mitarbeitenden wird. Wissensvermittler:innen schulen die Mitarbeitenden in Qualitätsmanagement. Als Administrator:in organisiert sie den Prozess und als Organisationsentwickler:in begleitet sie Verbesserungsprozesse.

Es soll aber nicht unerwähnt bleiben, dass es an der Funktion durchaus auch Kritik gibt. Die Funktion des*der Qualitätsbeauftragten kann auch zur Folge haben, dass sich die Leitung nicht mehr für das Thema verantwortlich fühlt. Aber auch wenn es die Funktion „Qualitätsbeauftragte" gibt, ist die Leitung von der Gesamtverantwortung für den Qualitätsprozess nicht entlassen (Merchel 2013, S. 187). Zudem birgt das Verhältnis von Leitung und Stabstelle Konflikte. Eine Stabstelle hat keine formelle Macht, kann aber im informellen Bereich hohen Einfluss ausüben. Für das Ergebnis hingegen ist eine Stabstelle nicht verantwortlich. Die mangelnde formale Macht kann andererseits auch zur Demotivation von Stabststelleninhaber:innen führen, weil ohne Rückendeckung der Leitung der Gestaltungsspielraum eingeschränkt bleibt (Vahs 2019, S. 76). Eine Rollendiffusion gilt es also unbedingt zu vermeiden, stattdessen muss die Ausgestaltung der Funktion „Qualitätsmanagementbeauftragte" insbesondere von der Leitung reflektiert angegangen werden.

Positiv zu bewerten bleibt aber, dass mit der Funktion der Qualitätsmanagementbeauftragten das Thema im Unternehmen dauerhaft strukturell verankert wird. Die Funktion dient dazu, den Prozess der kontinuierlichen Verbesserung am Leben zu erhalten und aktiv zu gestalten, weil eine oder mehrere Mitarbeitende den Freiraum erhalten, sich mit dem Thema zu befassen. Das Unternehmen macht die Bedeutung des Themas deutlich, indem personelle Ressourcen zur Verfügung gestellt und die Aufgabe verstetigt wird und Mitarbeitende niederschwellig Ansprechpartner:innen für ihre Qualitätsbelange finden.

Nachdem der Prozess des Qualitätsmanagements mit Ressourcen ausgestattet und organisatorisch verankert wurde, bleibt die Frage, mit welchen Maßnahmen das Thema in der Organisation präsent bleiben kann. Eine Möglichkeit dazu ist es, das eigene Qualitätsmanagement regelmäßig zu bewerten. Hierzu dienen vor allem die Instrumente Evaluation und das Beschwerdemanagement, die Bestandteil der Leistungsbewertung eines Qualitätsmanagementsystems sind.

8.1.2 Audit als zeitliche Verankerung

Evaluation soll nach Herrmann und Müller (2019, S. 93): „berufliches Handeln regelmäßig überprüfen und reflektieren, um eine möglichst gute ‚Passung' zwischen ihren Handlungsanforderungen und -Strategien zu erreichen". Im Rahmen des Qualitätsmanagements muss zuerst geklärt werden, ob das berufliche Handeln der Fachkräfte evaluiert werden soll oder die Anwendung des Qualitätsmanagementsystems an sich. In diesem Abschnitt steht das Qualitätsmanagementsystem an sich im Vordergrund. Den Mitarbeitenden wird später noch Aufmerksamkeit geschenkt.

Eine Überprüfung des Qualitätsmanagementsystems wird in der Regel als Audit durchgeführt, vor allem wenn sich das System an die DIN EN ISO anlehnt. Ein Audit findet regelmäßig statt, es ist also eine routinemäßige Überprüfung des Qualitätsmanagements. Diese Routine sorgt dafür, dass Qualitätsmanagement nicht in Vergessenheit gerät und im Unternehmen immer wieder besondere Aufmerksamkeit erfährt. Es verfolgt das Ziel, das Qualitätsmanagementsystem – kurz Managementsystem – einerseits zu überprüfen, aber andererseits auch Verbesserungspotenzial zu heben (Gietl/Lobinger 2013, S. 603). Dazu überprüft ein Audit verschiedene Objekte im Unternehmen. Bei einem *Systemaudit* wird, wie bereits erwähnt, das Qualitätsmanagementsystem an sich bewertet. Beim *Prozess- oder Verfahrensaudit* werden Prozesse in den Fokus genommen. Es wird überprüft, ob vorgesehene Verfahren eingehalten werden und der Prozess an sich das gewünschte Ergebnis liefert. Bei einem *Produktaudit* stehen die Anforderungen der Kunden im Vordergrund. Es wird gefragt, ob die „Ergebnisse der erstellten Dienstleistung den Merkmalen, die vorgesehen und beabsichtigt waren" (Hensen 2019, S. 221) entsprechen. Weitere Objekte können einzelne Projekte, das Rechnungswesen, das Regelwerk zur Einhaltung der Compliance oder andere zu berücksichtigende rechtliche Normen sein (Zollondz/Ketting/Pfundtner 2016, S. 56; Gietl/Lobinger 2013, S. 605ff.).

Audits finden in geplanten Abständen statt (Mai 2020, S. 214) und sind somit in die Unternehmensroutine zu integrieren. Ein Audit geht folgenden Fragen auf den Grund (Gietl/Lobinger 2013, S. 609; Mai 2020, S. 214):

- Inwieweit entspricht das Qualitätsmanagement den Anforderungen am Unternehmen interessierter Parteien und eigener Maßgaben?
- Wird es effektiv umgesetzt und aufrechterhalten?
- Werden gesetzliche Vorgaben und andere Regelungen eingehalten?
- Welche Verbesserungen sind zu identifizieren?
- Ist das Managementsystem normkonform? (Wenn das Qualitätsmanagement in Anlehnung an die DIN EN ISO durchgeführt wird)

Ablauf eines Audits

Ein Audit folgt einem vorgegebenen Standard, vor allem wenn es in Anlehnung an das Qualitätsmanagementsystem DIN EN ISO 19011 durchgeführt wird. Hensen (2019, S. 222f.) stellt diesen Standardablauf folgendermaßen dar:

1. Das Audit wird veranlasst.
2. Die Dokumentation wird überprüft.
3. Die Audittätigkeit vor Ort wird vorbereitet.

4. Die Audittätigkeit vor Ort findet statt.
5. Der Auditbericht wird erstellt, genehmigt und verteilt
6. Auditfolgemaßnahmen werden durchgeführt.

Zur Veranlassung (1.) gehört insbesondere die Festlegung der Ziele, die das Audit erreichen soll. Der Umfang der Prüfung wird festgelegt, ebenso nach welchen Kriterien geprüft wird. Zudem werden Auditleitung und Auditteam bestimmt (Hensen 2019, S. 222). Auditoren sollen dabei einen unabhängigen Blick auf das zu prüfende Objekt werfen können. Fachliche, methodische und soziale Kompetenz sind dabei unabdingbare Fähigkeiten, über die Auditor:innen verfügen müssen (Gietl/Lobinger 2013, S. 610). Bei der Überprüfung der Dokumentation (2.) werden Leitdokumente wie unter anderem Gesetze, Verordnungen, branchenspezifische Standards, Umsetzungsdokumente wie Managementbücher und Verträge, Verfahrensdokumente wie Prozessleitfäden usw. in den Blick genommen (Gietl/Lobinger 2013, S. 614f.). Anhand der gewonnenen Erkenntnisse wird das Audit vor Ort vorbereitet (3.), Fragenkataloge entwickelt und Termine mit den Betroffenen vor Ort vereinbart (Deutsche Gesellschaft für Qualität e.V. 2016, S. 81). Während eines Audits vor Ort (4.) findet eine Art Anhörung statt, es soll ein Gespräch zwischen Auditor:innen und den Mitarbeitenden geben (Rugor/von Studzinski 2012, S. 187). Auditor:innen stellen Fragen an die Mitarbeitenden der jeweiligen Organisation (Zollondz/Ketting/Pfundtner 2016, S. 56.). Das Ergebnis der Besprechung sind Schlussfolgerungen, die in einen Auditbericht fließen (5.). Sollten Korrekturmaßnahmen gefordert worden sein, werden diese anschließend überwacht (6.) und deren Erfolg und Wirksamkeit überprüft (Hensen 2019, S. 222).

Internes und externes Audit:

Prinzipiell wird zwischen internen und externen Audits unterschieden. Interne Audits durchzuführen ist z. B. eine Aufgabe der Qualitätsmanagementbeauftragten, externe Audits werden von Mitarbeitenden von beauftragten Zertifizierungsstellen durchgeführt.

Bei einem internen Audit, auch Erstparteien-Audit genannt, werden Personen aus dem eigenen Unternehmen eingesetzt und die Auditergebnisse nur für interne Zwecke genutzt. Das Audit führt die Organisation damit selbst durch (Zollondz/Ketting/Pfundtner 2016, S. 58). Laut Deutscher Gesellschaft für Qualität e.V. (2016, S. 81) sollen interne Auditor:innen nicht aus dem Bereich kommen, der auditiert wird, also dort keine Verantwortung innehaben, um die Unabhängigkeit nicht zu gefährden. In der Praxis hat es sich bewährt, Auditor:innen aus anderen Bereichen mit ggf. dem gleichen Arbeitsauftrag einzusetzen. So ist auch die fachliche Expertise gewährleistet.

Externe Audits werden auch als Zweitparteien oder Drittparteien-Audit bezeichnet. Zweiparteien-Audits führen Organisationen durch, die ein Interesse an der Organisation haben, z. B. weil sie deren Kunden sind. Drittparteien-Audits werden von unabhängigen Organisationen durchgeführt. Dies können staatliche Behörden sein oder solche, die eine Zertifizierung anbieten (Zollondz/Ketting/Pfundtner 2016, S. 58).

Eine Zertifizierung hat eine hohe Bedeutung bezüglich der Kommunikation gegenüber Kunden. Die Inanspruchnahme einer Dienstleistung ist aufgrund der Immaterialität mit Unsicherheit verbunden. Gerade in der Sozialen Arbeit handelt es sich um Vertrauensgüter, da selbst das Ergebnis nicht immer problemlos beurteilt werden kann. Eine Zertifizierung ist deshalb als vertrauensbildende Maßnahme zu beurteilen, da es eine offizielle, schriftliche festgehaltene Feststellung durch eine unparteiische Stelle ist, dass das untersuchte Objekt die Anforderungen erfüllt, die vorher eine unabhängige Stelle festgelegt hat (Bruhn 2019, S. 474). Eine Zertifizierung verfolgt dabei nach Bruhn (2019, S. 477) folgende Ziele:

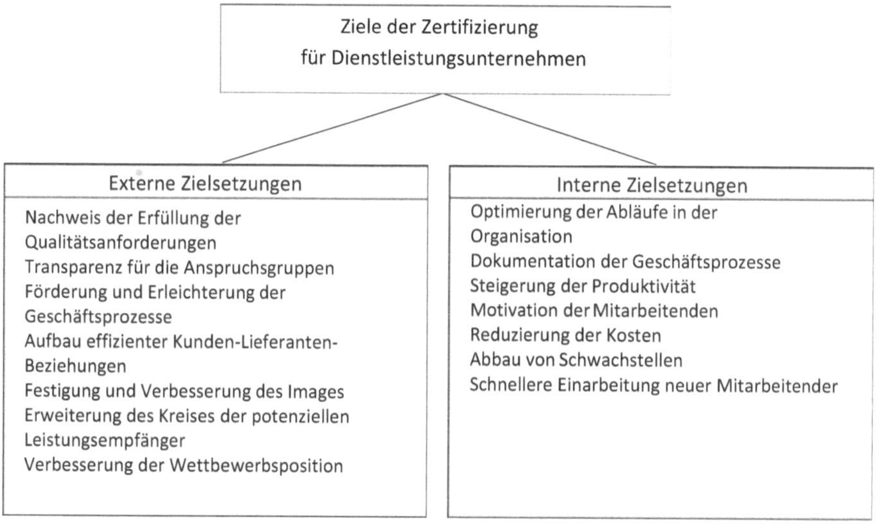

Ziele der Zertifizierung für Dienstleistungsunternehmen	
Externe Zielsetzungen	**Interne Zielsetzungen**
Nachweis der Erfüllung der Qualitätsanforderungen Transparenz für die Anspruchsgruppen Förderung und Erleichterung der Geschäftsprozesse Aufbau effizienter Kunden-Lieferanten-Beziehungen Festigung und Verbesserung des Images Erweiterung des Kreises der potenziellen Leistungsempfänger Verbesserung der Wettbewerbsposition	Optimierung der Abläufe in der Organisation Dokumentation der Geschäftsprozesse Steigerung der Produktivität Motivation der Mitarbeitenden Reduzierung der Kosten Abbau von Schwachstellen Schnellere Einarbeitung neuer Mitarbeitender

Abbildung 53: Ziele der Zertifizierung (Bruhn 2019, S. 477)

Die Abbildung macht deutlich, dass die Zertifizierung eine Wirkung nach außen und innen hat. Nach außen stehen die Beziehungen zu Geschäftspartner:innen im Vordergrund, so soll etwa Transparenz hergestellt und damit Vertrauen aufgebaut werden. Nicht zu vernachlässigen sind aber auch interne Zielsetzungen. Die Optimierung von Abläufen dient der kontinuierlichen Verbesserung, die geforderte Dokumentation sorgt für Aktualität der Prozessbeschreibungen und eine externe Überprüfung kann zur Motivation der Mitarbeitenden beitragen, sich erneut mit dem Qualitätsmanagementsystem zu befassen.

Audits werden Vor- und Nachteile zugeschrieben. Laut Gietl und Lobinger (2013, S. 643) haben Audits den *Vorteil*, einen anerkannten Nachweis zu liefern, dass ein Qualitätsmanagementsystem umgesetzt wird. Sie dienen somit dazu, Vertrauen aufzubauen. Sie bilden die Basis für Vergleiche und erhöhen die Disziplin, was für den Fortbestand von Qualitätsmanagement im Unternehmen durchaus hilfreich ist. Es werden aber auch *Nachteile* aufgeführt: zum Beispiel ist der Aufwand eines Audits hoch. Es besteht die Gefahr der Formalisierung. Dann steht etwa das Zertifikat im Vordergrund und der Gedanke der kontinuierlichen Verbesserung verblasst dabei. Ein Audit beurteilt eine Ist-Situation zu einem bestimmten Moment und Mitarbeitende können aufgrund des Aufwands und anderer Nachteile Widerstände gegen das Audit und das Qualitätsmanagement entwickeln. Auch die Deutsche Gesellschaft für Qualität e.V. (2016, S. 82) warnt vor Widerständen seitens der Mitarbeiterschaft, vor allem wenn Audits als Kontrolle der eigenen Arbeitsleistung erlebt werden. Das gilt insbesondere dann, wenn Auditor:innen die spezifische Fachkompetenz abgesprochen wird, da die Dienstleistungserstellung per se ein individueller Prozess ist. Hier gilt es gut zu vermitteln, dass es bei einem Audit nicht darum geht, individuelle Fehler, sondern Verbesserungspotenzial zu identifizieren.

Wenn in Audits ständig die gleichen Fragen gestellt werden und kleine Unzulänglichkeiten und Fehler im Vordergrund stehen, wird sich Widerstand und Frustration seitens der Mitarbeitenden trotzdem nicht vermeiden lassen. Trubel und Bastian (2020, S. 223) regen deshalb an, die Kommunikation in Auditgesprächen zu beleben. Es wird vorgeschlagen, aktuelle Themen aus dem beruflichen Alltag von Mitarbeitenden aufzugreifen und bewusst auch vor allem positives Feedback zu geben. Effektives Handeln und Weiterentwicklung wird damit unterstützt und ein Beitrag zum Beziehungsaufbau geleistet. Ein geschützter Rahmen hilft, auch negative Kritik anbringen zu können. Der nachhaltige Aspekt von positivem Feedback sollte aber stets beachtet werden (Trubel/Bastian 2002, S. 223).

Audits tragen bei einer gelungenen Durchführung dazu bei, Qualitätsmanagement zeitlich im Unternehmen zu verankern. In regelmäßigen Abständen wird das Managementsystem überprüft und die kontinuierliche Verbesserung angestoßen. Damit die kontinuierliche Verbesserung auch außerhalb der regelmäßigen Audits stattfindet, bedarf es aber weiterer Instrumente im Unternehmensalltag. Dazu dient z. B. der offene Umgang mit Fehlern und das Beschwerdemanagement.

8.1.3 Umgang mit Fehlern und Beschwerden

Um der Frage nachzugehen, wie Verbesserungen im Alltag weiterverfolgt werden können und so das Qualitätsmanagement lebendig gehalten wird, dient ein Blick auf Fehler und Beschwerden. Sie sind Hinweise, dass Prozesse unter Umständen nicht immer optimal funktionieren und deshalb nachgebessert, also die Prozesse angepasst werden sollten. Der Abschnitt beschäftigt sich zuerst mit Fehlern, anschließend mit der Beschwerde.

Im Grunde dient Qualitätsmanagement dazu, *Fehler* zu verhindern (Gnahs/Quilling 2019, S. 146). Doch das gelingt nicht immer durchgängig. Fehler im Prozessablauf können niemals vollkommen ausgeschlossen werden. Laut Vomberg (2010, S. 284) ist es gerade in der Sozialen Arbeit nicht leicht zu definieren, was überhaupt ein Fehler ist. Es ist aber etwas, das vom Stand des professionellen Arbeitens in der Sozialen Arbeit abweicht oder den intern vereinbarten Betriebsabläufen widerspricht. Dadurch wird deutlich, dass von externen Personen wie Klient:innen Fehler nicht immer erkannt werden können. Wenn entgegen des professionellen Standards oder entgegen vereinbarter innerbetrieblicher Abläufe gehandelt wurde, ist das oft nur betriebsintern erkennbar und von der Fachkraft selbst oder von anderen Fachkräften zu beurteilen.

Das Qualitätsmanagement stellt Tools bereit, mit denen Fehler bearbeitet werden können. Ein solches Werkzeug ist die Fehlersammelkarte, bei der die Häufigkeit bestimmter Fehler erfasst wird. Eine zeitliche Erfassung oder eine Analyse von Fehlerursachen bietet die Fehlersammelkarte aber nicht (Brüggemann/Bremer 2020, S. 20).

Fehler sollten so schnell wie möglich beseitigt werden. Dies ist in der Sozialen Arbeit aufgrund der Gleichzeitigkeit von Produktion und Konsumtion der Dienstleistung aber schwierig. Eine bereits erbrachte Leistung kann nicht rückgängig gemacht, sondern nur nachträglich behoben werden. Wenn etwa eine falsche Information hinausgegeben wurde, kann nachgebessert werden, indem die richtige Information möglichst schnell nachgeliefert wird. Der positive Umgang mit Fehlern ist ein wichtiger Aspekt von Servicequalität (Gahns/Quilling, S. 145). Übergeordnete Stellen sind in Kenntnis zu setzen, wenn der Fehler eine größere Reichweite hat (Vomberg 2010, S. 284). Um Qualitätsmanagement lebendig zu halten, sind vor allem jene Fehler bedeutend, die regelmäßig auftauchen. Fehler machen Schwachstellen offensichtlich (Gnahs/Quilling 2019, S. 144). Dann muss über den Prozess gesprochen und Vorbeugemaßnahmen initiiert werden. Das Unternehmen sollte sich dann folgende Fragen stellen:

- Ist geregelt, wie mit Fehlern umgegangen wird?
- Wie sind die Spielräume für Wiedergutmachung?
- Wird der Umgang mit Fehlern besprochen?
- Werden Fehler systematisch ausgewertet?
- Ist die Zuständigkeit für die Aufgabe definiert? (Gnahs/Quilling 2019, S. 146)

Ein gelungener Umgang mit Fehlern wird aber nur möglich sein, wenn Mitarbeitende sich trauen, zu ihren Fehlern zu stehen. Denn jedes Fehlermanagement beginnt damit, Fehler zu identifizieren und anzusprechen. Dies geschieht auch über die Mitarbeitenden selbst, denen der Fehler passiert ist. Um Fehler ansprechen zu können, bedarf es einer offenen und fehlertoleranten Kultur im Unternehmen. Fehler beinhalten Lernchancen, dazu muss aber das Unternehmen Misserfolge und Missgeschicke als menschlich beurteilen. Nur wenn ohne die Frage nach der Schuld über das Thema gesprochen wird, werden sich Mitarbeitende öffnen. Dies ist ein lang andauernder Prozess. Als Basis dienen viel positives Feedback, Wertschätzung und echte Anerkennung, bevor über Fehler offen gesprochen wird (Trubel/Bastian 2020, S. 222).

Beschwerden sind von Kund:innen vorgebrachte Mitteilungen über Leistungsstörungen (Gnahs/Quilling 2019, S. 245). Die Störung bei der Leistungserbringung wird aus der subjektiven Sicht derer dargestellt, die die Beschwerde schriftlich oder mündlich vorbringen, es muss sich dabei also nicht immer um einen Fehler handeln. Um diese Bewertung aber vornehmen zu können und Verbesserungspotenzial zu identifizieren, muss das Unternehmen jede Beschwerde ernst nehmen (ebd., S. 245). Erstmal steht im Vordergrund, das Problem der Kund:innen zu be-

8 Verstetigung oder „Wie der Ball am Rollen bleibt"

heben, vor allem dann, wenn auf Beschwerden nur reaktiv gehandelt wird (Günter 2016, S. 33). An dieser Stelle wird aber ein aktiveres Vorgehen angestrebt, da die Lernfunktion und die kontinuierliche Verbesserung im Vordergrund stehen.

Um Beschwerden später auswerten zu können, müssen diese zuerst systematisch erfasst werden. Tab 2. zeigt auf, wie Informationen aus dem Beschwerdemanagement systematisch kategorisiert werden können.

Tabelle 12: Kategorisierung von Beschwerdeinformationen (Bruhn 209, S. 382)

Beschwerdeführer-Informationen	Beschwerdeproblem-Informationen	Beschwerdeobjekt-Informationen
Identität des Beschwerdeführers ■ Angaben zur Person/Organisation ■ Erreichbarkeit ■ Interner oder externer Kunde	Genaue Umstände des Beschwerdevorfalls ■ Betroffene Organisationseinheit ■ Zeitpunkt des Problemauftritts ■ Spezifische Situation des Vorfalls	Produkte und/oder Dienstleistungen
Rolle des Beschwerdeführers im Beschwerdeprozess	Art des Problems	Marketingaspekte
Verärgerungsgrad und Verhaltenskonsequenzen ■ Ausmaß der Verärgerung ■ Handlungsabsicht bzw. Verhaltenskonsequenzen	Problemursache Erst- oder Folgebeschwerde	Gesellschaftspolitisches Verhalten

Für die kontinuierliche Verbesserung ist es sinnvoll, sich mit dem indirekten Beschwerdemanagementprozess auseinanderzusetzen. Bruhn (2019, S. 383) hat in Anlehnung an Strauss und Seidel (2014, S. 69ff.) folgende Aufgaben des indirekten Beschwerdemanagements identifiziert:

- „Beschwerdeanalyse und -messung,
- Beschwerdemanagement-Controlling,
- Beschwerdereporting,
- Beschwerdeinformationsnutzung" (Bruhn 2019, S. 383)

Bei der Beschwerdeanalyse werden problematische Bereiche der Dienstleistungserstellung identifiziert. Dadurch lassen sich Teilbereiche im Unternehmen festlegen, die näher zu untersuchen sind. Beim Beschwerdemanagement-Controlling wird überprüft, ob das Managementsystem dazu geeignet ist, Unzufriedenheit bei Kund:innen aufzudecken. Diese Informationen sollen den betroffenen Unternehmensbereichen dann im Rahmen des Reporting zugänglich gemacht werden. Die gewonnenen Informationen sollen in das Qualitätsmanagement eingestreut werden und so weitere Verbesserungsmaßnahmen anstoßen.

Auch das wird, ähnlich wie beim Umgang mit Fehlern, nur gelingen, wenn ein offener Umgang der Mitarbeitenden mit Fehlern und Beschwerden aufgrund der Unternehmenskultur möglich ist. Um also den Umgang mit Beschwerden und Fehlern erfolgreich zu gestalten, ist ein sehr langer Prozess nötig. Dieser Prozess beginnt, wie oben bereits erwähnt, nicht bei den Fehlern und Beschwerden, sondern beim positiven Feedback und der Anerkennung der Mitarbeitenden.

Beschwerdemanagement und Audit sind Bestandteil der Leistungsbewertung eines Qualitätsmanagementsystems (Mai 2020, S. 212). Diese beiden Instrumente werden durch die Managementbewertung ergänzt. Dabei wird nicht bewertet, wie gut das Management der Organisation funktioniert, sprich, wie gut die Leitung arbeitet, sondern wie gut das Qualitätsmanagementsystem funktioniert. „Ziel der Managementbewertung ist, die fortdauernde Eignung, Angemessenheit und Wirksamkeit des Qualitätsmanagementsystems sicherzustellen" (Hensen 2019, S. 110). Es wird überprüft, ob das Qualitätsmanagementsystem hält, was es verspricht oder ob es Änderungsbedarf gibt. Als Input werden dabei Ergebnisse aus den Feedbacks der Audits herangezogen, die Zielerreichung überprüft, die Leistungsfähigkeit des Managementsystems eingeschätzt sowie Änderungen und der Ressourcenbedarf festgelegt (Mai 2020, S. 215). Diese Entscheidung wiederum hat die oberste Leitung zu treffen, wodurch sie ihrer Verantwortungsübernahme für das Qualitätsmanagement wieder gerecht wird.

8.1.4 Mitarbeitendeneinführung

Im Rahmen des Qualitätsmanagements werden vielfältige Dokumentationen erstellt. Dies wurde durch das Audit und die Managementbewertung offensichtlich. Daneben existiert aber auch das Qualitätshandbuch, in dem die einzelnen Prozesse im Unternehmen beschrieben werden. Damit dies auch im Unternehmensalltag aktiv genutzt wird, kann es bei der Einarbeitung der Mitarbeitenden genutzt werden. Dieser Aspekt wird bereits durch Bruhn (2019, S. 477) in Tabelle 2 aufgegriffen. Dort wird im Rahmen der Zertifizierung die schnellere Einarbeitung von Mitarbeitenden als interne Zielsetzung aufgelistet.

Wenn Mitarbeitende neu in einem Unternehmen anfangen, ist die Situation für die Betroffenen von Orientierungslosigkeit geprägt. Sie kennen die Regeln und Strukturen des neuen Unternehmens noch nicht. Die Einführung soll dazu beitragen, dass die neuen Beschäftigten fachlich, sozial und werteorientiert im Unternehmen Fuß fassen (Treier 2019, S. 177). Ein Ziel der Einarbeitungsphase ist es somit, die neuen Mitarbeitenden in die Lage zu versetzen, übertragene Aufgaben selbständig und den Anforderungen entsprechend zu erfüllen (Ribbeck 2020, S. 139). Dazu durchlaufen die neuen Beschäftigten einen betrieblichen Sozialisationsprozess, bei dem Normen, Werte, Routinen und Regeln der neuen Aufgabe verinnerlicht werden (Bröckermann 2014, S. 159). Im Rahmen des Einarbeitungsprogramms kann das Qualitätshandbuch mit den beschriebenen Prozessen eine bedeutende Rolle einnehmen. Es vermittelt einerseits das Ziel des Unternehmens und dessen Werte in schriftlicher Form, andererseits enthält es auch konkrete Arbeitsbeschreibungen und Verhaltensrichtlinien, die Transparenz über die fachliche Anforderung herstellen. Ribbeck (2020, S. 142) schlägt vor, Qualitätsmanagement im Rahmen des

Einarbeitungsprogramms im Laufe der ersten beiden Wochen zu berücksichtigen. Dabei ist nicht nur die Frage entscheidend, wie das Qualitätsmanagement funktioniert, sondern es kann konkret für die Klärung beruflicher Fragestellungen genutzt werden. Ein Qualitätshandbuch ist eine Orientierungshilfe für Personen, die in bestimmten Situationen nicht wissen, welche betrieblichen Regelungen gelten. Dies ist besonders dann hilfreich, wenn in betrieblichen Alltagssituationen kein weiteres Teammitglied zur Verfügung steht, das man nach der gängigen Vorgehensweise im Betrieb fragen kann.

Klargestellt werden soll an dieser Stelle, dass Qualitätsmanagement ein Einarbeitungskonzept keinesfalls ersetzen kann. Das Qualitätshandbuch kann lediglich Hilfestellung geben, ohne den Anspruch zu erheben, das persönliche Gespräch zu ersetzen. Es kann aber bei der Einarbeitung genutzt werden, um den neuen Beschäftigten Handlungssicherheit zu geben und mit den Abläufen im Unternehmen vertraut zu machen.

Gleichzeitig werfen die definierten Abläufe bei neuen Mitarbeitenden auch Fragen auf. Diese Fragen können wiederum genutzt werden, um die definierten Prozesse zu hinterfragen und anzupassen. Wie bereits unter dem Aspekt Fehler und Beschwerdemanagement angesprochen, bedarf es einer offenen Gesprächs- und Feedbackkultur.

Die strukturelle Verankerung von Qualitätsmanagement ist eine Maßnahme, damit das Thema im Unternehmensalltag nicht versandet. Es geht in erster Linie darum, Ressourcen in Form von Personal zur Verfügung zu stellen. Die kontinuierliche Verbesserung muss aber auch zeitlich immer wieder aktiviert werden. Das Thema wird durch Audits immer wieder belebt. Der offene Umgang mit Fehlern und Beschwerden unterstützt dabei, das Verbesserungspotenzial auch zwischen den Audits im Auge zu behalten. Zudem sollten alle neuen Mitarbeitenden mit dem Qualitätsmanagement und den beschriebenen Prozessen vertraut gemacht werden. Das dient dazu, neues Personal an die Prozesse heranzuführen, aber auch den noch unverstellten Blick dieser Personen zu nutzen, um das Verbesserungspotenzial zu heben.

Die strukturelle Verankerung allein wird noch nicht dazu beitragen, dass sich die Organisation weiterentwickelt. Dazu bedarf es auch der Compliance aller Stakeholder. Optionen aufzuzeigen, wie die Mitarbeitenden für das Qualitätsmanagement zu gewinnen sind, ist Bestandteil des folgenden Abschnittes.

8.2 Einbezug von Stakeholdern in die Dauermaßnahme Qualitätsmanagement

Um Qualitätsmanagement erfolgreich durchführen zu können, bedarf es einer Analyse der Bedürfnisse und Anforderungen von internen und externen Stakeholdern. Eine wesentliche Gruppe interner Stakeholder sind die Mitarbeitenden. Sie sind es, die Qualitätsmanagement umsetzen und am Leben erhalten sollen. Der Beitrag geht von der Annahme aus, dass dies nur dann gelingen kann, wenn Mitarbeitende von der Sinnhaftigkeit der Maßnahmen überzeugt sind. Das Engagement für Qualitätsmanagement muss sich lohnen. Offen bleibt dabei, wie das gelingen kann. Dazu werden mehrere Vorschläge unterbreitet, die dazu dienen, die

Interessen von Stakeholdern, und zwar insbesondere der der Mitarbeitenden, dauerhaft zu berücksichtigen. Dazu zählen die Anwendung von agilen Techniken bei der Identifikation und Beschreibung von Schlüsselprozessen, der Qualitätszirkel und das betriebliche Verbesserungsvorschlagswesen.

8.2.1 Anwendung von agilen Techniken

Agile Techniken wurden im Rahmen von Projektmanagement populär. Routineprozesse, wie sie z.B. durch Prozessbeschreibungen abgedeckt werden, eigenen sich vordergründig nicht sofort und für die Anwendung von agilen Methoden. Doch gerade im Bereich der Dienstleistungserstellung werden Standards nur dann Akzeptanz finden, wenn diejenigen, die sie umsetzen sollen, davon überzeugt sind. Hier bietet das agile Projektmanagement Ansätze, die sich eignen, um die Bedürfnisse von Mitarbeitenden als interne Stakeholder von Qualitätsmanagement zu berücksichtigen. Laut Benkhofer et. al. (2019, S. 134) streben Agilitätskonzepte nach innen eine stärkere Selbstorganisation an, eine Haltung, die der Dienstleistungserstellung in der Sozialen Arbeit durchaus entspricht. Agilität ist dabei Flexibilität verbunden mit der Fähigkeit, sich an wandelnde Änderungen anzupassen (Simschek 2020, S. 26). Ziel von Agilität ist es aber, nicht nur zu reagieren, sondern ständig dazu zu lernen und die eigenen Prozesse zu optimieren (Simscheck 2020, S. 38). Das ist ohne das Zutun von Mitarbeitenden nicht möglich. Um das zu erreichen, braucht es Menschen, die „erfahrene, motivierte, eigenständige, selbstorganisierte, innovative" (Benkhofer et. al. 2019, S 136) Mitarbeitende sind. Diese wollen jedoch auch entsprechend behandelt werden und nicht Qualitätskonzepte von oben aufoktroyiert bekommen. Damit geht einher, dass auch der Mensch, der Qualität erzeugt, mit seinen Bedürfnissen in den Blick genommen wird, um „den tief liegenden Qualitätsstolz der Erzeuger" (Sommerhoff/Wolter 2109, S. 14) zu aktivieren.

Bei der Einführung des Qualitätsmanagements sind wesentliche Prozesse identifiziert und beschrieben worden. Möglicher Optimierungsbedarf wurde bereits erkannt und Prozesse möglicherweise verschlankt und Zuständigkeiten geklärt (Faiß/Kreidenweis 2016, S. 66). Dieser Prozess ist jedoch nur vorübergehend abgeschlossen. Das Unternehmen muss auf Veränderungen von außen und innen flexibel reagieren und Prozesse anpassen. Optimierungsbedarf und auch Optimierungspotenzial ist systematisch zu suchen und auszuschöpfen (ebd.). Dabei können agile Techniken behilflich sein.

Sommerhoff und Wolter (2019, S. 41ff) drängen dabei darauf, zuerst das Managementsystem an sich zu verschlanken, um Voraussetzungen für Agilität schaffen zu können. Die Verschlankung ist den beiden Autoren deshalb wichtig, da ein Managementsystem, das auf einem Regelwerk basiert, dazu neigen kann, kompliziert, überbordend und bürokratisch zu sein (Sommerhoff/Wolter 2019, S. 42). Mitarbeitende würden dann dazu tendieren, den Regelungen auszuweichen und sich so zu verhalten, dass sie die Ziele trotz begrenzter Ressourcen erreichen. Sie verhalten sich im Sinne des Unternehmens effizient, aber im Sinne des Regelwerkes illegal, wenngleich es sich hier um brauchbare Illegalität handelt (Schreyögg 2016, S. 148). Selbstorganisation kann genutzt werden, um das Regelwerk zu

8 Verstetigung oder „Wie der Ball am Rollen bleibt"

verschlanken und den Mitarbeitenden Freiräume zu geben, damit die Diskrepanz zwischen Regelungen und gelebter Praxis nicht zu sehr auseinanderdriftet. Betont wird aber auch, dass die Einhaltung von gesetzlichen Normen oder vertraglichen Vereinbarungen immer gesichert sein muss (Sommerhoff/Wolter 2019, S. 43).

Eine Verschlankung des Managementsystems ist aber nicht zwingend Voraussetzung, um agile Techniken anzuwenden. Der Einsatz konkreter agiler Techniken ist unabhängig vom Managementsystem möglich, was an folgenden Beispielen aufgezeigt wird.

Um eine gemeinsame Vorstellung davon zu entwickeln und aufrecht zu erhalten, welche Erwartungen die Stakeholder an das Qualitätsmanagement haben, können sogenannte Personas angefertigt werden. Personas machen deutlich, „welche Bedürfnisse, Wünsche, Herausforderungen und Eigenschaften die Zielperson hat" (Simscheck 2020, S. 75). Es handelt sich dabei um Stakeholder, die als gedachte Person beschrieben werden. Es erleichtert den*die Qualitätsverantwortliche*n, sich in die Stakeholder hineinzuversetzen (Preußig 2018, S. 77f.) und das Qualitätsmanagement gezielt deren Bedürfnissen anzupassen. Diese fiktiven Personenbeschreibungen können für alle wichtigen Stakeholdergruppen angefertigt werden. In Abbildung 54 wird ein Beispiel für eine Persona aus der Mitarbeitendenschaft vorgestellt, die Teamleitung einer Jugendwohngruppe.

Lea, die Leitung

Nutzerrolle:
Teamleitung einer Wohngruppe

Beschreibung:
Engagierte Mitarbeiterin, seit 5 Jahren in der Sozialen Arbeit tätig, seit 2 Jahren in der Wohngruppe, seit einem Jahr Leitung, hat ein duales Studium der Sozialen Arbeit absolviert. Sie ist als Leitung selbst operativ in der Betreuung der Jugendlichen tätig. Sie will die Prozesse in der Wohngruppe verbessern, um die Jugendlichen besser zu unterstützen und ist davon überzeugt, dass dies nur mit professioneller Teamarbeit möglich ist, wenn alle an einem Strang ziehen. Dazu will sie als Bindeglied zwischen Bereichsleitung und Team ihren Beitrag leisten.

Lea lässt Kolleg:innen gerne an ihren Vorstellungen teilhaben, will jedoch nicht ständig im Team vermitteln, um Freiraum für andere Aufgaben zu haben.

Wünsche: Sie möchte, dass alle Mitarbeitenden an einem Strang ziehen und den Jugendlichen gegenüber berechenbar und vergleichbar auftreten.

Bedürfnis:
Anliegen der Wohngruppe in der Leitungsebene durchsetzen und abgestimmtes Vorgehen im Team. Wenig Konflikte.

Kernangebot:
Gut aufbereitete Informationen zu den wichtigsten Prozessen, um verbindliche Regelungen für alle Mitarbeitenden zu haben.

Abbildung 54: Musterbeispiel einer Persona – Lea, die Leitung (eigene Darstellung in Anlehnung an Grilllitsch/Sagmeister 2021.)

Die Abbildung macht deutlich, welches Profil die fiktive Leitung mitbringt, welche Bedürfnisse sie hat und was sie erreichen möchte. Existieren mehrere dieser

Personas, z. B. für Berufsanfänger:innen oder auch erfahrene Kräfte, wird deutlich, welche Anforderungen das Qualitätsmanagement erfüllen muss, um einen Mehrwert für die Mitarbeitenden zu schaffen. Welche Charakteristika bei der Persona-Beschreibung berücksichtigt werden muss, ist nicht einheitlich vorgegeben. Angaben zur Person, wie die im Beispiel genannte Kategorie „Beschreibung", sind obligatorisch. Ergänzt werden kann die Beschreibung aber um Wünsche, Ziele und Motive, Sorgen und typische Aussagen (Sommerhoff/Wolter 2019, S. 91) oder zusätzlich um Verantwortlichkeiten und Kompetenzen (Simschek 2020, S. 75).

Es gibt aber weitere agile Techniken, die den Mitarbeitenden noch konkreter die Möglichkeit geben, ihre Erwartungen an das Qualitätsmanagement zu formulieren.

Hierzu dienen sogenannte Use-Cases. Dabei sollen Kund:innen die Anforderungen an ein Produkt in eigenen Worten beschreiben (Preußig 2018, S. 66). Sie formulieren ihre Erwartungen an ein Ergebnis. Da es sich bei Mitarbeitenden um interne Stakeholder des Qualitätsmanagements handelt, können über Use-Cases deren Anforderungen z.B. an Prozessbeschreibungen allgemein erhoben werden. Durch die Darstellung aus Nutzer:innensicht wird deutlich, welche Anforderungen Prozessbeschreibungen erfüllen müssen, um im Alltag eingesetzt zu werden.

Kleinteiliger, aber damit auch noch einfacher, sind sogenannte User-Stories. Dabei handelt es sich um Umsetzungsanforderungen (Simschek 2020, S. 122). Es soll auch hier ein Bild vom Ergebnis entstehen, jedoch anhand eines konkreten Praxisbeispiels aus dem allgemeinen Anforderungsprofil des größeren Use-Cases. Im genannten Beispiel „Prozessbeschreibungen" werden diese nun durch einzelne Beispiele konkretisiert. Das zu lösende Problem bzw. der geforderte Nutzen soll anhand von leicht verständlichen Sätzen in Alltagssprache konkretisiert werden (Jodlbauer 2020, S. 68). Preußig (2018) schlägt vor, einer User-Story eine bestimmte Struktur zu geben, damit ein möglichst klares Bild vom Ergebnis entsteht: „Als X möchte ich Y, damit Z" (Preußig 2018, S. 68). Eine konkrete User-Story lautet dann: „Als Mitarbeiterin der Jugendwohngruppe möchte ich im Falle eines Nicht-Nachhausekommens eines Jugendlichen wissen, wie ich mich rechtskonform verhalten muss, um meine Aufsichtspflicht nicht zu verletzen". Das Ziel kann durch Fragestellungen wie „Warum möchtest du das?" hinterfragt werden, um es bei Bedarf zu präzisieren (Preußig 2018, S. 69). Eine User-Story macht deutlich, welchen Klärungsbedarf Mitarbeiter:innen haben, wo es Handlungssicherheit durch definierte Prozesse braucht und wo diese möglicherweise auch überflüssig sind.

Im agilen Management spielt die zeitnahe Rückkopplung des bereits erreichten Ergebnisses mit den Kund:innen eine große Rolle. Diese kurzen Entwicklungsspannen werden je nach agiler Methode als Iteration bzw. Sprint bezeichnet (Simschek 2020, S. 106). Dieses Prinzip lässt sich auch auf Qualitätsmanagement anwenden. Es geht nicht darum, bereits endgültige und fertige Prozessbeschreibungen zu erzeugen, sondern diese regelmäßig mit den relevanten Stakeholdern abzustimmen, damit sie noch Einfluss auf das Ergebnis haben. Ein schnelles Abgleichen mit den Erwartungen wird höher bewertet als ein perfektes Ergebnis (Preußig 2018, S. 49).

Dieses Vorgehen dürfte nicht komplett neu und dem Qualitätsmanagement nicht fremd sein, es lohnt sich aber, diese Technik immer wieder bewusst einzusetzen. Zu Beginn werden Erwartungen erfasst, dann Arbeitsergebnisse umgesetzt und diese den Anspruchsgruppen vorgelegt. So können die Anspruchsgruppen bereits während der Entwicklung mitteilen, ob sich das Qualitätsmanagement noch in die richtige Richtung entwickelt oder nachjustiert werden muss. Diese Zwischenbilanz ist Ausgangsbasis für die weitere Entwicklung. Kurzfristige Änderungen und Anpassungen sind somit Teil der Entwicklungsphase (Preußig 2018, S. 80).

Agile Techniken binden Ressourcen im Unternehmen. Der Beteiligungsprozess der Stakeholder kostet Zeit. Die Beteiligung kann aber dazu beitragen, dass Qualitätsmanagement Nutzen für Anspruchsgruppen und zwar insbesondere für die Mitarbeitenden erzeugt. Deren Bedürfnisse und Erwartungen werden mit speziellen Techniken explizit erhoben. Es wird die Hypothese aufgestellt, dass es die Bereitschaft der Mitarbeitenden, sich mit Qualitätsthemen auseinanderzusetzen, erhöht, wenn Qualitätsmanagement genau dort ansetzt, wo Mitarbeitende Handlungsbedarf sehen. Nichtsdestotrotz werden aber Aufgaben und Ziele priorisiert werden müssen, vor allem wenn sich die Erwartungen widersprechen. Das gilt auch für die Beurteilung, welche Probleme als besonders dringlich zu sehen sind. Die Vorstellungen von Qualitätsbeauftragten, Führungskräften, Mitarbeitenden und anderen Anspruchsgruppen können hier auseinander gehen. Sommerhoff und Wolter (2019, S. 103) schlagen für diesen Fall vor, sich der Eisenhower-Matrix zu bedienen und Aufgaben nach Dringlichkeit und Wichtigkeit zu priorisieren. Wichtige und dringliche Aufgaben sind sofort zu erledigen, während Aufgaben, die lediglich dringlich, aber nicht wichtig sind, delegiert werden können. Wichtige, aber nicht dringliche Aufgaben, sind zu terminieren, alle weiteren Aufgaben (nicht wichtig und nicht dringlich) können vergessen werden. Haller (2017, S. 125) hat einen anderen Vorschlag und führt zur Identifikation wesentlicher Prozesse die Dimensionen Wettbewerbsrelevanz, Kundenrelevanz, Verbesserungspotenzial und Machbarkeit auf. Es geht um eine Fokussierung auf jene Prozesse, die entweder einen hohen Nutzen für die Kunden erzeugen, Ansätze zur Verbesserung der Dienstleistung bieten oder zu Wettbewerbsvorteilen führen.

Agile Techniken haben den Nutzen, Bedürfnisse und Erwartungen von Stakeholdern zu erheben und diese verstehen zu lernen. Kurze Rückkopplungsschleifen helfen dabei, sich immer wieder zu vergewissern, ob Qualitätsmanagement diesen Anforderungen noch genügt. Es gibt aber auch traditionelle Methoden des Qualitätsmanagements, die dazu beitragen, Mitarbeitende zu beteiligen und Schwachstellen zu identifizieren. Diese Methoden können agile Techniken gut ergänzen.

8.2.2 Qualitätszirkel und betriebliches Verbesserungsvorschlagswesen

Es bleibt die Frage offen, wer sich um die Anwendung und die Umsetzung dieser agilen Techniken kümmert, also wer der Personenkreis ist, der Verantwortung dafür trägt. Strukturell verankert ist die Qualitätsarbeit bei der Leitung und den Qualitätsmanagementbeauftragten. Diese brauchen allerdings engagierte Mitarbeitende an ihrer Seite, die die operative Tätigkeit in den einzelnen Aufgabenbereichen kennen. Für diesen Beteiligungsprozess eignen sich ein oder mehrere Qualitätszirkel.

Laut Merchel (2013, S. 189) „handelt es sich um Arbeitsgruppen, die innerhalb eines begrenzten Zeitraums im Rahmen eines Projektes ein bestimmtes Qualitätsproblem bearbeiten und dafür Lösungsvorschläge erarbeiten sollen". Die Definition macht mehrere Aspekte deutlich, wobei zuerst auf die Arbeitsgruppe an sich eingegangen werden soll. Anschließend werden die Aspekte „zeitliche Begrenzung", „Bearbeitung von ausgewählten Qualitätsproblemen" und der Umgang mit Lösungsvorschlägen thematisiert.

Bei einer *Arbeitsgruppe* handelt es sich um eine moderierte Kleingruppe (Ribbeck 2020, S. 79). Um arbeitsfähig zu sein, sollte die Gruppe jedoch nicht zu groß sein. Die Angaben zur optimalen Gruppengröße liegen zwischen vier bis acht (Vomberg 2010, S. 220; Deutsche Gesellschaft für Qualität e.V. 2016, S. 78) und zehn (Merchel 2013, S. 189; Rugor/von Studzinski 2012, S. 28), bis hin zu zwölf Personen (Brüggemann 2020 S. 191). Die Teilnahme am Qualitätszirkel ist für die Mitarbeitenden freiwillig (Hensen 2019, S. 250). Es ist jedoch darauf zu achten, dass die Beteiligung von Mitarbeitenden aus allen Arbeitsbereichen und Ebenen ermöglicht wird (Ribbeck 2018, S. 79). Neben hauptamtlichen Mitarbeitenden aus den Arbeitsbereichen können auch Klient:innen, ehrenamtliche Mitarbeitende oder andere Personengruppen in den Qualitätszirkel eingebunden werden. Die Arbeitsgruppen erklären sich bereit, sich regelmäßig zu treffen. Die Mitarbeit nach dem freiwilligen Entschluss zur Teilnahme ist damit verbindlich. Die Arbeitsgruppe wird moderiert. Dies kann die Aufgabe von Qualitätsbeauftragten sein, die Moderation kann aber auch durch externe Kräfte erfolgen (Merchel 2013, S. 191). Leitungskräfte können im Qualitätszirkel keine Weisungen erteilen (Rugor/von Studzinski 2012, S. 28).

Qualitätszirkel arbeiten *zeitlich befristet*. Ziel des Qualitätszirkels ist die kontinuierliche Verbesserung verschiedener Aspekte der Arbeitsorganisation (Hensen 2019, S. 249). Aus diesem Grund kann die Zusammensetzung zeitlich befristet werden, wenngleich die Option besteht, dass Qualitätszirkel auch dauerhaft angelegt sein können (Hensen 2019, S. 250). Bei zeitlich befristeten Aufträgen scheiden Teilnehmende aus und neue Teilnehme:innde haben die Option, eingebunden zu werden.

Qualitätszirkel können dann zielgenau arbeiten, wenn ihr Arbeitsauftrag geklärt ist. Sie arbeiten an bestimmen *Qualitätsproblemen*. Die Themen sind so gewählt, dass sie in dem zeitlich befristeten Rahmen bearbeitet werden können und somit überschaubar bleiben (Merchel 2013, S. 190). Die Probleme beziehen sich auf konkrete Arbeitsergebnisse und -abläufe, eingesetzte Techniken und Methoden oder das soziale Gefüge der Organisation (Hensen 2019, S. 249). Dazu soll ein Qualitätszirkel Probleme erkennen, sammeln und priorisieren und auf Basis einer Ursachenanalyse Lösungsvorschläge entwickeln (Rugor/von Studzinski 2012, S. 28). Bereits der Begründer der Qualitätszirkel-Arbeit, Kaoru Ishikawa, setzte auf die Anwendung von bestimmten Werkzeugen, unter anderem das nach ihm benannte Ishikawa-Diagramm, einem Ursache-Wirkungs-Diagramm (Brüggemann 2020, S. 10). Brainstorming, eine Fehlersammelkarte und andere Methoden aus dem Qualitätsmanagement finden Anwendung (Brüggemann 2020, S. 191). Der Qualitätszirkel kann auch auf die Techniken des agilen Managements zurückgreifen.

Die von den Qualitätszirkeln erarbeiteten *Lösungsvorschläge* haben eine Vorschlagsfunktion (Merchel 2013, S. 190). Sie werden der Führungsebene und anderen Organisationsmitgliedern zugänglich gemacht. Über die Vorschläge wird in den in der Organisation üblichen Entscheidungsgremien entschieden.

Mitarbeitende im Qualitätszirkel übernehmen eine Vermittlerfunktion. Sie heben das Verbesserungspotenzial, entwickeln Vorschläge und spiegeln diese wieder zurück an die Führungskräfte und Mitarbeitenden.

Unterstützend kann hier ein weiterer mitarbeite:inndenorientierter Ansatz verwendet werden, der sich allerdings auch unabhängig vom Qualitätszirkel implementieren lässt: das *betriebliche Verbesserungsvorschlagswesen*.

Zollondz (2016, S. 91) beschreibt das betriebliche Vorschlagswesen als beteiligungsorientierten Ansatz, der zum Ziel hat, das Potenzial an Ideen von Mitarbeitenden im Unternehmen zu nutzen. Um Mitarbeitende zu motivieren und Verbesserungsvorschläge zu formulieren, wird mit Anreizen, meist in Form von Prämien, gearbeitet (Bruhn 2019, S. 230). Die Mitarbeitenden haben als Einzelperson oder als Gruppe Vorschlagsrechte. Die Entscheidung, wie mit den Vorschlägen weiter umgegangen wird, obliegt aber der Leitungsebene. Hensen (2019, S. 376) empfiehlt, die Vorschläge zeitnah zu bearbeiten und Verbesserungen zügig umzusetzen, damit die Anerkennung für die Vorschläge neben monetären oder Sachprämien sichtbar wird.

Am klassischen Vorschlagwesen ist zu kritisieren, dass die Mitarbeitenden in einer passiven Rolle bleiben. Die Umsetzung wird nicht durch die Mitarbeitenden, sondern durch Leitungskräfte entschieden (Zollondz 2016, S. 91). Um den Einfluss der Mitarbeitenden hoch zu halten, muss auch an dieser Stelle Selbstorganisation zugelassen und gefördert werden.

Um den Einfluss der Mitarbeitenden also zu stärken und sie nicht als passive Ideengeber:innen zu sehen, die über Anreize dazu gebracht werden müssen, ihre Kreativität zu zeigen, wird das „qualitätsförderliche betriebliche Verbesserungsvorschlagswesen" forciert (Kamsike 2013, S. 18; Zollondz 2016, S. 93). Aufbauend auf das Vertrauen, dass Mitarbeitende auch kreativ sein wollen, wird ihnen die strukturell verankerte Möglichkeit gegeben, im eigenen Zuständigkeitsbereich Verbesserungen umzusetzen. Bei Belangen von Teamarbeit wird die Entscheidung im Team getroffen. Es ist unbürokratisch anzugehen und bei allen Prozessen anwendbar. Führungskräfte müssen miteinbezogen werden, eine mögliche Anerkennung erfolgt auf Ebene des Teams. Auf diese Art und Weise kann das Vorschlagsverbesserungswesen auch an den Qualitätszirkel andocken, der es wiederum in seine Arbeit einbringen kann. So werden konkurrierende Verfahren vermieden, die teils mit Prämie und Anerkennung, teils ohne arbeiten (Hensen 2019, S. 377).

Mit dem Qualitätszirkel und dem betrieblichen Verbesserungsvorschlagswesen handelt es sich nicht um neue Instrumente. Sie sind aber trotzdem erfolgversprechende Ansätze, um die Beteiligung von Mitarbeitenden bei Qualitätsthemen zu gewährleisten.

Es ist festzuhalten, dass die Beteiligung von Mitarbeitenden am Qualitätsprozess eine unabdingbare Voraussetzung ist, um die kontinuierliche Verbesserung zu verwirklichen. Voraussetzung für eine Beteiligung ist die Berücksichtigung der Bedürfnisse der Mitarbeitenden beim Qualitätsmanagement an sich. Hier bietet das agile Management Techniken, die genau diese Bedürfnisse und Zielvorstellungen erfassen. Der Qualitätszirkel und das betriebliche Verbesserungsvorschlagswesen sind Methoden, um die Partizipation von Stakeholdern zu gewährleisten. Sie machen auf Schwachstellen und Fehler aufmerksam, helfen bei der Entwicklung von Lösungsvorschlägen und transportieren die Ideen in die verschiedenen Unternehmensebenen.

8.3 Fazit

Damit Qualitätsmanagement auch nach der Einführungsphase erfolgreich weitergeführt werden kann, braucht es strukturelle Voraussetzungen im Unternehmen. Zentral ist hier der Aspekt der Ressourcenausstattung und der Verankerung von Verantwortlichkeiten. Damit diese strukturelle Verankerung bei den Stakeholdern und dabei insbesondere bei den Mitarbeitenden Früchte trägt, sind deren Bedürfnisse an Qualitätsmanagement zu erfassen und Beteiligungsformate zu initialisieren. All diese Maßnahmen müssen von der Leitungsebene initiiert und verantwortet werden. Qualitätsmanagement braucht Zeit, die nur dann vorhanden ist, wenn die Mitarbeitenden bei anderen Aufgaben entlastet sind. Spätestens hier wird die Rückkopplungsschleife zur strukturellen Verankerung mehr als deutlich. Neben freien zeitlichen Ressourcen muss die Beteiligung von Mitarbeitenden auch ernsthaft gewollt sein. Wenn Mitarbeitende das Gefühl haben, sich zu engagieren und dieses Engagement aber keine Wirkung erzielt, wird es eingestellt werden. Nach Auffassung der Autorin hängt eine erfolgreiche Weiterführung von Qualitätsmanagement wesentlich von der Ernsthaftigkeit ab, mit der Führungskräfte hinter dem Thema stehen. Führungskräfte müssen auf die Selbstorganisationsfähigkeiten ihrer Mitarbeitenden vertrauen, deren Anregungen und Ideen ernst nehmen, Freiraum schaffen und Ressourcen bereitstellen, damit Mitarbeitende Veränderungen verwirklichen können.

Fragen zur Lernzielkontrolle

1. Auf welche Aspekte zielen die Maßnahmen „Qualitätsmanagementbeauftragte" und „Audit" ab, um Qualitätsmanagement am Leben zu erhalten?
2. Welche Vor- und Nachteile sprechen Sie der Stabstelle „Qualitätsbeauftragte" zu?
3. Welche Vor- und Nachteile hat ein Audit?
4. Welche Art von Unternehmenskultur ist wichtig, damit Fehler und Beschwerden zu Lernprozessen führen?
5. Welchen Vorteil bietet die Anwendung von agilen Techniken, auch wenn sich das Unternehmen nicht dem agilen Management verschrieben hat?
6. Welchen Zweck verfolgt jeweils die Methode „Persona" und „User-Story"?
7. Welche Beteiligungsmöglichkeiten schlagen Sie für Mitarbeitende vor?

Literaturverzeichnis

Benkhofer, Sebastian; Esswein, Werner; Hülsbeck, Marcel; Krippendorff, Tobias; Liebens, Peter & Mandel, Claudius (2019). Projektmanagement nach DIN ISO 21500:2016-02. Stuttgart: Schäffer-Pöschel.

Bröckermann, Reiner (2014). Einarbeitung neuer Beschäftigter. In: Lutz von Rosenstiel, Erika Regnet & Michel E. Domsch. Führung von Mitarbeitern. Handbuch für erfolgreiches Personalmanagement. 7. überarb. Aufl. Stuttgart: Schäffer Pöschel, S. 158 – 165.

Brüggemann, Holger & Bremer, Peik (2020). Grundlagen Qualitätsmanagement. Von den Werkzeugen über Methoden zum TQM. 3. Aufl., Wiesbaden: Springer Vieweg.

Bruhn, Manfred (2019). Qualitätsmanagement für Dienstleistungen. Handbuch für ein erfolgreiches Qualitätsmanagement. Grundlagen – Konzepte – Methoden. 11. überarb. Aufl. Wiesbaden: Springer Gabler.

Deutsche Gesellschaft für Qualität e.V. (Hrsg.) (2016). Qualitätsmanagement in der sozialen Dienstleistung. Nützlich – lebendig – unterstützend. Weinheim: Beltz Juventa.

Faiß, Peter & Kreidenweis, Helmut (2016). Geschäftsprozessmanagement in sozialen Organisationen. Leitfaden für die Praxis. Baden-Baden: Nomos.

Gietl, Gerhard & Lobinger, Werner (2013). Qualitätsaudit. In: Gerd F. Kamiske. Handbuch QM-Methoden. Die richtige Methode auswählen und erfolgreich umsetzen. 2. überarb. Aufl., München: Hanser, S. 603 – 634.

Gnahs, Dieter & Quilling, Eike (2019). Qualitätsmanagement. Konzepte und Praxiswissen für die Weiterbildung. Wiesbaden: Springer VS.

Grillitsch, Waltraud & Sagmeister, Monika (2021). Projektmanagement in Organisationen der Sozialwirtschaft. Eine Einführung. Wiesbaden: Springer.

Günter, Bernd (2016). Aktives Beschwerdemanagement-System (ABMS). In: Hans-Dieter Zollondz; Michael Ketting & Raimund Pfundtner (Hrsg.). Lexikon Qualitätsmanagement. Handbuch des modernen Managements auf der Basis des Qualitätsmanagements. 2. überarb. Aufl., Oldenburg: De Gruyter, S. 33-36.

Haller Sabine (2017). Dienstleistungsmanagement. Grundlagen – Konzepte – Instrumente. 7. überarb. Aufl., Wiesbaden: Springer Gabler.

Hensen, Peter (2019). Qualitätsmanagement im Gesundheitswesen. Grundlagen für Studium und Praxis. 2. überarb. Aufl., Wiesbaden: Springer Gabler.

Herrmann, Franz & Müller, Bettina (2019). Qualitätsentwicklung in der Sozialen Arbeit. Grundlagen, Methoden, Umsetzung. Stuttgart: Kohlhammer.

Jodlbauer, Herbert (2020). Geschäftsmodelle erarbeiten. Modell zur digitalen Transformation etablierter Unternehmen. Wiesbaden: Springer Gabler.

Kamiske, Gerd F. (Hrsg.) (2013). Handbuch QM-Methoden. Die richtige Methode auswählen und erfolgreich umsetzen. 2. überarb. Aufl., München: Hanser.
Mai, Florian (2020). Qualitätsmanagement in der Bildungsbranche. Ein Leitfaden für Bildungseinrichtungen und Lerndienstleister. Wiesbaden: Springer Gabler.
Merchel, Joachim (2013). Qualitätsmanagement in der Sozialen Arbeit. Eine Einführung. 4. Aufl., Weinheim: Beltz Juventa.
Ribbeck, Jochen (2020). Personalmanagement in Sozialunternehmen. Theoretische und methodische Grundlagen. Regensburg: Walhalla.
Ribbeck, Jochen (2018). Qualitätsmanagement in Sozialunternehmen. Grundlagen – Systeme und Konzepte – Implementierung und Steuerung. Regensburg: Walhalla.
Rugor, Regina & von Studzinski, Ursula (2012): Qualitätsmanagement nach der ISO Norm. Eine Praxisanleitung für MitarbeiterInnen in sozialen Einrichtungen. 2. überarb. Aufl., Weinheim: Beltz Juventa.
Schreyögg Georg (2016). Grundlagen der Organisation. Basiswissen für Studium und Praxis. 2. überarb. Aufl., Wiesbaden: Springer Gabler.
Simsa, Ruth & Steyrer, Johannes (2013). Führung in NPOs. In: Ruth Simsa, Michael Meyer & Christoph Badelt (Hrsg.). Handbuch der Nonprofit Organisation. Strukturen und Management. 5. überarb. Aufl., Stuttgart: Schäffer-Pöschel, S. 359-377.
Simscheck, Roman (2020). Agilität? Klare Antworten aus erster Hand. München: UVK.
Sommerhoff, Benedikt & Wolter, Olaf (2019). Agiles Qualitätsmanagement. Schnell und flexibel zum Erfolg. München: Hanser.
Stauss, Bernd, & Seidel, Wolfgang. (2014). Beschwerdemanagement: Unzufriedene Kunden als profitable Zielgruppe (5. Aufl.). München: Hanser.
Treier, Michael (2019) Wirtschaftspsychologische Grundlagen für Personalmanagement. Fach- und Lehrbuch zur modernen Personalarbeit. Wiesbaden: Springer.
Trubel, Elisabeth & Bastian, Andrea (2020). Qualitätsmanagement. Visuell verstehen, vermitteln und verankern. 2. Aufl., Freiburg im Breisgau: Lambertus.
Vahs, Dietmar (2019). Organisation. Ein Lehr- und Managementbuch. 10. überarb. Aufl., Stuttgart: Schäffer-Pöschel.
Vomberg, Edeltraud (2010). Praktisches Qualitätsmanagement. Ein Leitfaden für kleinere und mittlere Soziale Einrichtungen. Stuttgart: Kohlhammer.
Zollondz, Hans-Dieter (2016): Betriebliches Vorschlagswesen (BVW). In: Hans-Dieter Zollondz; Michael Ketting & Raimund Pfundtner 2016. Lexikon Qualitätsmanagement. Handbuch des modernen Managements auf der Basis des Qualitätsmanagements. 2. überarb. Aufl., Oldenburg: De Gruyter. S. 90-92.
Zollondz, Hans-Dieter; Ketting, Michael & Pfundtner, Raimund (2016). Lexikon Qualitätsmanagement. Handbuch des modernen Managements auf der Basis des Qualitätsmanagements. 2. überarb. Aufl., Oldenburg: De Gruyter.

Lernzielkontrolle

Armin Wöhrle: Einführung oder Anforderungen änder(te)n sich

1. Wieso gibt es keine ein für alle Mal festgelegte Qualität für die Leistungen in der Sozialwirtschaft?

Die Rahmenbedingen für diese Dienstleistungserbringung haben sich in den letzten 40 Jahren dramatisch verändert. Zunächst wurden nur die Geldmittel kontrolliert, dann wurde ein betriebswirtschaftliches Konzept eingeführt, das über Jahrzehnte anzupassen gesucht wird. Es könnten sich aufgrund a) der nicht lange zurückliegenden Krise der Finanzwirtschaft und der Kritik an der Finanzwirtschaft, b) durch die Corona-Krise und der darauf folgenden Kritik am Reagieren des Staates und c) dem Druck, nicht angemessen auf die Ökologiekrise zu reagieren und d) dem Willen der Bürger*innen, eine gerechte soziale Versorgung der Menschen sicherzustellen, die Rahmenbedingen auch mal in eine positive Richtung ändern. Sie hätten dann auch Auswirkungen auf die Sozialwirtschaft. Mit einer veränderten Prioritätensetzung könnten sich die Rahmenbedingungen für die Sozialwirtschaft und ihre Qualitätsbestimmung weiterentwickeln.

2. Wer bestimmt letztlich die Qualität der Dienstleistung in der Sozialwirtschaft?

Es sollte die Fachlichkeit sein. Nachdem die jeweilige Disziplin die erfolgsversprechenden Handlungskonzepte auf dem neuesten Stand der Forschung erarbeitet und durch die Lehre den professionellen Praktiker*innen vermittelt hat, sollten diese die Qualität in der Praxis gewährleisten. Aber es sind auch Rahmenbedingungen (genügendes oder nicht ausreichendes Fachpersonal, eine angemessene Ausstattung der Einrichtungen, ein gutes oder schlechtes Management etc.), durch die Qualität befördert oder beeinträchtigt wird. Auch wenn Organisationen Spenden einwerben und Sponsor*innen gewinnen, so decken diese Finanzmittel i.d.R. nur ein geringes Spektrum ab. Es ist weitgehend der Staat, der betreffende Organisationen fördert. Und er setzt auch die Regeln, auch die für die Qualitätsstandards und ihre Überprüfung.

Ludger Kolhoff: Qualität – Qualitätsmanagement

1. Worauf ist der Qualitätsbegriff zu beziehen?

Der Qualitätsbegriff ist auf von Anspruchgruppe zu Anspruchsgruppen zu unterscheidende Kriterien zu beziehen.

2. Was ist unter Strukturqualität zu verstehen?

Es geht um die organisations- und leistungsbezogenen Rahmenbedingungen.

3. Was ist unter Prozessqualität zu verstehen?

Es geht um die Organisation der Leistungserbringung.

4. Was ist unter Ergebnisqualität zu verstehen.

Es geht um erzielte Wirkungen und den Nutzen für die Kunden.

Lernzielkontrolle

5. Wie ist das Qualitätsmanagement historisch entstanden?
Die Wurzeln der historischen Entwicklung liegen in der industriellen Produktion.

6. Was sind die Grundprinzipien des Total Quality Managements?
- Es sind alle am Prozess Beteiligten für die Qualität verantwortlich.
- Das Total Quality Management orientiert sich an den Qualitätsanforderungen der Kunden.
- Es handelt sich um ein Gesamtkonzept aller Management- und Geschäftsprozesse.

7. Welchen Anspruch hat das EFQM-Modell?
Durch die Einbindung aller Stakeholdergruppen sollen in einem kontinuierlichen Verbesserungsprozess bessere Ergebnisse erzielt werden.

8. Was ist die Aufgabe des Qualitätsmanagements in der Sozialwirtschaft?
Beim Qualitätsmanagement in der Sozialwirtschaft geht es darum, eine effektive Klientenorientierte Dienstleistung auf der Basis professioneller Standards zu ermöglichen.

9. Was sind Beispiele für linear-sequenzielle und interaktiv-entwicklungsoffene Prozesse?
- Beispiele für linear-sequenzielle Prozesse sind Abrechnungsverfahren, Entscheidungs- oder Planungsprozesse.
- Beispiele für interaktiv-entwicklungsoffene Prozesse sind Beratungs-, Bildungs- oder Betreuungsprozesse.

Klaus Grunwald: Qualitätsmanagement in sozialwirtschaftlichen Organisationen – Spezifika und Herausforderungen

1. Welche Entwicklungen in Sozialwirtschaft und Sozialer Arbeit sind für den wissenschaftlichen Diskurs um Qualitätsmanagement in sozialwirtschaftlichen Organisationen von Bedeutung?
Zu nennen sind hier zunächst die Zweifel an der Effektivität sozialstaatlicher Leistungen sowie an dem Erfolg sozialpädagogischen (methodischen) Handelns. Zudem hat der Gesetzgeber die Relevanz des Themas Qualitätsmanagement für die Dienste und Einrichtungen der Sozialwirtschaft sehr gefördert. Weiterhin hat die Bedeutung betriebswirtschaftlicher und managerieller Zugänge für Organisationen der Sozialwirtschaft vor dem Hintergrund des Wandels ökonomischer und politischer Rahmenbedingungen insgesamt stark zugenommen. Qualitätsmanagement wird zunehmend als Basis modernen Managements begriffen. Schließlich wird Qualitätsmanagement immer häufiger im Zusammenhang mit der ‚Agilität' von Organisationen und den sich daraus ergebenden Herausforderungen in der Führung derselben verwendet.

2. Was ist bei der Definition der ‚Qualität' sozialwirtschaftlicher Dienstleistungen zu beachten?

Beim Begriff der ‚Qualität' sozialwirtschaftlicher Dienstleistungen lassen sich eine „deskriptiv-analytische", eine „evaluative", eine „operative" (Köpp/Neumann 2003, S. 138) und eine ‚normative' Dimension (Honig 2002) unterscheiden, die sich auf „unterschiedliche[n] Handlungs- und Gestaltungsebenen" (Hartz 2012, S. 51) bewegen. Qualität ist somit keine Wesenseigenschaft oder absolute Größe, sondern immer auf Kriterien bezogen. Diese Kriterien differieren von Anspruchsgruppe zu Anspruchsgruppe, was gerade angesichts der Vielfalt derselben in der Sozialwirtschaft von besonderer Bedeutung ist. Diese von den unterschiedlichen Anspruchsgruppen als gültig formulierten Kriterien, die zu ihrer jeweiligen Konkretisierung von ‚Qualität' führen, sind grundsätzlich dynamisch und variabel. Die Qualitätsvorstellungen sind darüber hinaus abhängig von der Definitionsmacht der jeweiligen Kund*innengruppe.

3. Welche Kontexte gibt es, in die die Beschäftigung mit Fragen des Qualitätsmanagements in der Sozialwirtschaft eingeordnet werden können? Bitte beschreiben Sie diese!

Hier kann mit Struck zwischen einem sozialrechtlichen, einem legitimatorischen und einem fachlichen Kontext der Qualitätsdiskussion differenziert werden (1999, S. 13ff.). Bei der sozialrechtlichen Dimension steht die Notwendigkeit einer Orientierung an den Anforderungen von Gesetzgeber und Kostenträgern im Zentrum. Die legitimatorische Dimension fokussiert die Verbindung der Qualitätsdebatte mit der Politik als der Instanz, die grundlegende Entscheidungen hinsichtlich der Ressourcenbereitstellung trifft sowie mit der Öffentlichkeit, die diese Entscheidungen maßgeblich beeinflussen kann (Biewers Grimm 2020). Bei der fachlichen Dimension liegt der Fokus auf der Orientierung an den Interessen und Blickwinkeln der Nutzer*innen, ohne dass davon ausgegangen werden kann, dass diese Nutzer*innenorientierung tatsächlich in dem Maße realisiert wird, wie dies beabsichtigt und postuliert wird. Die fachliche Dimension bezieht sich nicht nur auf innerorganisationale, sondern auch auf infrastrukturelle, sozialräumliche und sozialpolitische Fragen.

4. Was ist das eigentlich Neue und damit auch für die Sozialwirtschaft Bedeutsame am Qualitätsdiskurs?

Standards einer qualitativ ‚guten' fachlichen Arbeit in der Sozialen Arbeit und die Notwendigkeit deren ständiger Neuformulierung und Überprüfung wurden bereits lange vor der Qualitätsdebatte in der Sozialen Arbeit intensiv diskutiert. Das eigentlich Neue – und damit auch für die Sozialwirtschaft Bedeutsame – am Qualitätsdiskurs liegt darin, dass mit diesem neben den Klient*innen der Sozialen Arbeit, den Professionellen, den sozialen Bewegungen oder dem Sozialstaat die Organisationen als eigenständige Akteure in den Blick genommen werden. Die Organisation wird so nicht mehr primär als fremde, beinahe feindliche Macht verstanden, sondern ihre Gestaltung wird als notwendiger Bestandteil einer ganzheitlichen sozialpädagogischen Fachlichkeit angesehen. Auf diese Weise werden die Schwachstellen der eigenen Organisation bürokratiekritisch ausdrücklich thematisiert, wird ausdrücklich die Verbindung und wechselseitige Bezogenheit von

Fachlichkeit und organisationaler Gestaltung hervorgehoben. So werden ‚Fachfragen' zunehmend auch als ‚Organisationsfragen' und umgekehrt ‚Organisationsfragen' auch als ‚Fachfragen' betrachtet (Müller 2000, S. 138). Sowohl möglich als auch notwendig wird damit ein „sozialwirtschaftlicher Blick", der sowohl die Ressourcen- als auch die Management- und Organisationsfrage dezidiert von der Sozialen Arbeit aus diskutiert (Grunwald 2011).

5. Vor welchen Herausforderungen steht ein kritisch reflektiertes Qualitätsmanagement in sozialwirtschaftlichen Organisationen?

Eine erste Anforderung für ein reflektiertes Qualitätsmanagement in sozialwirtschaftlichen Diensten und Einrichtungen besteht darin, dass im Rahmen von Bestrebungen des Qualitätsmanagements explizit die Verbindung und wechselseitige Bezogenheit von Fachlichkeit der Dienstleistungserbringung und organisationaler Gestaltung hervorgehoben wird.

Zentral ist zudem die Herausforderung, den „Sinnbezug im Qualitätsmanagement" zu verbinden mit einer „reflektierten Steuerungserwartung" (Merchel 2013, S. 208ff.). Qualitätsmanagement sollte nicht primär betrieben werden, um die Legitimität der Organisation angesichts der Erwartungen der Umwelt sicherzustellen, sondern es sollte intern geklärt und kommuniziert werden, welcher Sinn mit dem Einsatz von Strategien und Verfahren des Qualitätsmanagements verbunden wird. Es muss begründet und transparent gemacht werden, warum der (teilweise hohe) Aufwand betrieben wird und warum bestimmte Verfahren und Zugänge genutzt werden (sollen).

Von großer Bedeutung ist die offene Auseinandersetzung mit den Grenzen einer organisationalen Steuerung – gerade konkret bezogen auf Steuerung mittels Methoden des Qualitätsmanagements. Es muss klar sein, welche Effekte erreicht werden können und welche Effekte vielleicht wünschenswert wären.

Eine große Gefahr insbesondere bei unzureichender Begründung und Kommunikation von Verfahren des Qualitätsmanagements besteht darin, dass diese als „Ausweitung von Kontrolle oder als Mittel zur disziplinierenden Bewertung" erlebt werden und sie so „Gegenstand und Werkzeug mikropolitischer Interventionen" werden auf der Basis der „dem Qualitätsbegriff inhärenten Bewertungsdimension" (Merchel 2017b, S. 367). Die soziale Dynamik, die durch den Einsatz von Qualitätsmanagement in sozialwirtschaftlichen Organisationen hervorgerufen wird, ist bei der Gestaltung der Prozesse des Qualitätsmanagements sorgfältig zu berücksichtigen.

Um den Erfolg der Sinnerzeugung zu gewährleisten, sind dialogische Zugänge zu Qualitätsmanagement notwendig, bei denen den Mitarbeitenden und den Adressat*innen nicht bestimmte Maßnahmen ‚vorgesetzt', sondern diese mit ihnen gemeinsam (weiter-)entwickelt werden.

Zentrale Anforderungen für das Qualitätsmanagement in sozialwirtschaftlichen Einrichtungen sind zudem die Praktikabilität von Verfahren des Qualitätsmanagements sowie ihre Passung auf die jeweiligen Arbeitsfelder der Sozialen Arbeit mit ihren spezifischen Fragen und Notwendigkeiten, auf die Größe, Struktur und

Kultur der Organisation und auf die gewünschte Funktion der Verfahren in der jeweiligen Einrichtung. Es ist wichtig, sehr genau zu überlegen, welche Methoden des Qualitätsmanagements für welche organisationalen Ziele geeignet sind.

Eine weitere Herausforderung für ein fachlich ausgewiesenes Qualitätsmanagement besteht darin, die Breite verschiedener Qualitätsdimensionen zwischen Struktur-, Prozess- und Ergebnisqualität systematisch zu berücksichtigen (Merchel 2013, S. 208ff.).

Die letzte Herausforderung betrifft schließlich die Personen, die eine Organisation letztverantwortlich führen. Es ist notwendig, dass diese ihre Steuerungsverantwortung tatsächlich in einer für die Mitarbeitenden erkennbaren Weise wahrnehmen. Diese Steuerungsverantwortung beinhaltet die persönliche ‚Haltung' gegenüber Qualitätsmanagement und seinem ‚Sinn' für die konkrete Organisation in der jeweils spezifischen Situation und eine klare Position, welcher Aufwand für welche Verfahren und welche Ziele angemessen ist und wie diese zu kommunizieren sind. Leitungskräfte sollten zudem fähig sein, die „paradoxen Effekte und ungewollten Nebenfolgen des Qualitätsmanagements" (Kühl 2015, S. 77ff.) zu berücksichtigen, ohne sich von ihnen lähmen zu lassen. Sie sollten in der Lage sein, die Steuerung des Qualitätsentwicklungsprozesses als Ganzes zu verantworten, ohne die Grenzen der (eigenen) Steuerungsfähigkeit zu übersehen.

Jochen Ribbeck: Qualitätsmanagement in den Handlungsfeldern der Sozialwirtschaft

1. Wie wird Qualität nach dem GAP-Modell von Parasuraman, Zeithaml und Berry grundlegend erklärt?

Nach dem Modell von P. entsteht (Dienstleistungs-)Qualität aus dem Zusammenwirken einer Vielzahl unterschiedlicher Faktoren, Abläufe und Strukturen. Dienstleistungsqualität entsteht also nicht nur im Rahmen der Interaktion zwischen Fachkräften und Leistungsempfängern, -innen.

2. Welche Funktion haben Handlungsleitlinien im GAB-Verfahren?

Handlungsleitlinien sind konkrete prozessbezogene Festlegungen. Sie sollen Orientierung bieten und dabei gleichzeitig situatives Entscheiden und Handeln ermöglichen. Bedarfsgerecht können weitere Durchführungshinweise und Regelungen vorgenommen werden.

3. Wie läuft im KTQ-Modell grundsätzlich ein Selbstbewertungsprozess ab?

In der KTQ-Selbstbewertung werden Prozesse entlang des PDCA-Zyklus beschrieben, eingeschätzt und mit Punktwerten versehen. Jeder Prozess ist einem Kriterium, jedes Kriterium einer Subkategorie und Kategorie inhaltlich zugeordnet. Die Prozesse müssen definierte Anforderungen erfüllen. Es wird dabei bewertet, inwieweit Anforderungen grundsätzlich erfüllt sind (Erfüllungsgrad) und in welcher Breite die Umsetzung innerhalb der Organisation gegeben ist (Durchdringungsgrad). Bei der Bewertung werden Punktwerte vergeben.

Lernzielkontrolle

4. Inwieweit ist LQW auch als Ansatz der Organisationsentwicklung zu verstehen?

Im LQW-Modell wird angenommen, dass Lern- und Bildungsprozesse prinzipiell selbstgesteuert verlaufen und nicht direkt beeinflusst werden können. Es wird jedoch gleichzeitig davon ausgegangen, dass Qualitätsmanagement das Bildungsgeschehen positiv unterstützen kann. Um Qualität auf der Ebene des individuellen Lernens zu ermöglichen, müssen in unterschiedlichen Bereichen förderliche organisationale Rahmenbedingungen geschaffen werden. Insofern ist Qualitätsmanagement auch als Ansatz der Organisationsentwicklung zu verstehen.

5. Welche Stufen unterscheidet das Qualitäts-Siegel des Paritätischen Wohlfahrtsverbandes?

Auf Stufe 1 ist eine Selbstbewertung nach dem Qualitäts-Check PQ-Sys Reha durchzuführen. Die Stufe 2 sieht eine ISO Zertifizierung vor. Auf der Stufe 3 ist eine gezielte Ausrichtung am EFQM-Modell vorzunehmen. Stufe 4 erfordert schließlich ein vollständiges EFQM-Assessment, die Planung konkreter Verbesserungsvorhaben sowie die Einführung einer Konzeption für die Ehrenamtlichenarbeit.

6. Begründen Sie, warum das Portal Q.Wiki einem dynamischen Qualitätsverständnis in Sozialunternehmen gerecht wird?

Die Arbeitsweise mit dem Portal Q.Wiki ist dezidiert partizipativ und interaktiv ausgelegt. Dies kommt einem dynamischen, auf Kooperation angelegten Qualitätsverständnis grundsätzlich sehr nahe.

Paul Brandl: Neue Anforderungen an QM-Systeme

1. Benennen Sie die fünf wichtigsten Problemstellungen als Entwicklungstreiber für soziale Dienstleister in der nahen Zukunft.

Antwort in Stichworten: Demografie, finanzieller Engpass, Digitalisierung, persönliche Teilhabe, Personalmangel.

2. Stellen sie die Anforderungen an ein QMS der nahen Zukunft dar.

Antwort in Stichworten: Unternehmensübergreifende Qualität, Integration des technologischen Fortschritts sowie der Bezugswissenschaften, kontinuierliche Verbesserung, ökonomischer Aspekt mit Reifegraden und Referenzprozessen.

3. Beschreiben Sie das Prozessmodell von ISO und die vier internationalen Normen des QMS. Versuchen Sie eine kritische Würdigung des aus der Produktion stammenden QMS.

Antwort in Stichworten: Prozessmodell des Qualitätsmanagements nach DIN EN ISO 9000:2000, EN ISO 9000 – Grundlagen und Begriffe, EN ISO 9001 – Anforderungen, EN ISO 9004 – Leiten und Lenken für den nachhaltigen Erfolg einer Organisation, ein allgemein gültiger Normensatz, auf einen Prozess bezogen, stammt aus dem Produktionsbereich, Kunde als externer Faktor, hoher Anpassungsbedarf

4. Inwiefern a) erweitert das TQM den Qualitätsbegriff und b) versuchen Sie eine kritische Würdigung aus der Sicht eines Dienstleisters

a) Er ist nicht mehr produktbezogen, sondern auf ein Unternehmen ausgerichtet.

b) Es besteht ein hoher Anpassungsbedarf.

5. Nennen Sie die drei Säulen des EFQM 2013. Die Faktoren des EFQM teilen sich in Befähiger und Ergebnisse auf. Beschreiben Sie die jeweiligen Faktoren. Skizzieren Sie das EFQM-Modell 2019. Erklären Sie die RADAR-Logik des EFQM.

Antwort in Stichworten: EFQM-Modell 2013: Säulen sind (1) Menschen und Führung, (2) Prozesse, Produkte, Dienstleistungen sowie (3) Schlüsselergebnisse; 5 Befähiger und 4 Ergebnisse, sowie acht Grundprinzipien. EFQM-Modell 2019: Ausrichtung, Realisierung, Ergebnisse

6. Welche Anforderungen sehen Sie für die Weiterentwicklung eines Qualitätsmanagements? Nennen Sie mindestens drei Entwicklungspotenziale an ein branchenspezifisches QM im Bereich der Sozialwirtschaft und skizzieren Sie die Lösungsansätze.

Antwort in Stichworten:

Weiterentwicklung: Umdenken von funktionalen auf prozessbasierte Führungskonzepte, Klare Ausrichtung auf den Nutzen der KundInnen, Mitwirken der NutzerInnen am Erstellen der Dienstleistungen, prozessbasiertes Verständnis von Führung sowie einer darauf aufbauenden Personalentwicklung, strategische Vorgaben für die konsequente Einführung logistischer und technologischer Neuerungen, konsequentes Optimieren und Neugestalten der Arbeitsabläufe, Regelung der Verantwortlichkeiten, des Info-Flusses und Entscheidungsformen, Vorantreiben der Anpassung von gesetzlichen Bestimmungen an den state of the art.

Entwicklungspotenziale: ein zukunftsweisendes Leitbild, eine möglichst ressourcenschonende Arbeitsweise, ein prozessbasiertes Qualitätsmanagement

7. Welche Antworten gibt das pQMS extended® als Weiterentwicklung der bisherigen QMS ausgehend vom Leitbild? Stellen Sie das Verständnis von Qualität am Beispiel des pQMS extended®-Brillianten dar. Beschreiben Sie das dem pQMS extended® übergeordnete Managementsystem.

Antwort in Stichworten: pQMS extended® ist Teil eines Managementsystems, strategisch orientiert, pQMS extended®-Brillant, Reifegrade zur Weiterentwicklung, Prozess-Lebenszyklus, effizienter, sparsamer Ressourceneinsatz durch Standardprozesse und ständige Verbesserung, unternehmerisches Denken von Führungskräften und MitarbeiterInnenprozessbasierte Kennzahlen, Mitarbeitergespräch mit Auditplan.

8. **Welche neuen Themen sind in ein neues Leitbild aufzunehmen, um den Technologieeinsatz konsequent zu unterstützen, dem Personalmangel entgegenzuwirken und auch neue Arbeitsformen auszuprobieren?**
9. **Beschreiben Sie das Instrument der Prozesslandkarte. Nennen Sie die fünf Stufen des extrinsischen Reifegrades des pQMS extended®, ebenso die fünf intrinsischen Reifegrade.**

Antwort in Stichworten: Übersicht für Kern-, Unterstützungs- und Lenkungsprozessen, Prozesse auf Kunden ausgerichtet, Orientierung für MitarbeiterInnen und KundInnen, extrinsische Reifegrade: es läuft, beschrieben, optimiert, gelebt, ständig erneuert; intrinsische Reifegrade: analog, analoge/digitale Schnittstelle, digitale interne Vernetzung, digitale Vernetzung, Internet of The Things; die Reifegrade sind auf den Entwicklungsstand des Teilprozesses abzustellen, so dass die nahe Vergangenheit und nahe Zukunft abgebildet ist.

10. **Diskutieren Sie den Nutzen vom pQMS extended® aus folgenden Perspektiven:**

a) Führungskräfte: Orientierung durch Leitbild, strategische Leitsätze, Referenzprozesse und Reifegrade, systematische Verbesserung durch Audits

b) MitarbeiterInnen: Orientierung durch Leitbild, strategische Leitsätze, optimierte Prozesse und Dienstleistungen, ständige Verbesserung

c) KundInnen/KlientInnen: Dienstleistung auf den Kunden ausgerichtet, ständige Verbesserung

Antwort in Stichworten: (Neu)Positionierung des Leitbilds, Einführung einer Prozesslandkarte, Einführung von Auditplan mit Prozessen und Reifegraden, mit Budgetplan verbunden, MitarbeiterInnen eingebunden, mit Mitarbeitergespräch gekoppelt, Ergebnisse und Weg für alle sichtbar.

Sebastian Noll: Wie führt man Qualitätsmanagement in einer Organisation ein?

1. **Was bedeuten Struktur-, Prozess- und Ergebnisqualität?**

Struktur-, Prozess- und Ergebnisqualität beschreiben die drei Dimensionen des Qualitätsmanagements; mit ihrer Hilfe wird versucht, eine Organisation in ihrer Ganzheitlichkeit zu erfassen:

- Strukturqualität. Hierunter fallen die Rahmenbedingungen, unter denen und mit denen die Organisation tätig ist, Beispiele hierfür sind das Personal und seine Qualifizierung, Orte und Räume für die Tätigkeiten, IT und weitere technische Ausstattung, fachliche Konzeptionen und Regelwerke. Zur Strukturqualität gehört es auch, dass das Leistungsangebot und qualitative Stärken der Organisation transparent gemacht werden.
- Die Prozessqualität umfasst die Prozesse der Leistungserstellung einer Organisation, ausgerichtet auf Leistungsziele. Prozesse setzen sich aus Tätigkeiten zusammen, die in einem sinnvollen Ablauf miteinander gekoppelt sind und einen definierten Beginn- und Endpunkt haben. Eine hohe Prozessqualität ist gegeben, wenn diese realitätsnah, anschaulich, transparent, aber trotzdem fle-

xibel die Kerntätigkeiten der Organisation abbilden. Es müssen Antworten gegeben werden auf die Fragen, wer was mit wem in welcher Zeitspanne und mit welchen Hilfsmitteln mit welchem Ziel zu erreichen hat.

- In der Ergebnisqualität bildet sich schließlich das Resultat der Organisationsaktivitäten ab. Hier kann quantitativ die Anzahl an beispielsweise beratenen Klientinnen und Klienten benannt werden (Output). Entscheidender sind aber die Wirkungen (Outcome), die auf die Leistung zurückzuführen sind.

In der Organisationspraxis überschneiden sich diese drei Dimensionen zwangsläufig, so sind angestrebte Ergebnisse nicht zufällig, sondern nur mit darauf abgestimmten Strukturen und Prozessen zu erreichen.

2. Warum ist das Prozessmanagement im Rahmen des Qualitätsmanagements so wichtig?

Prozesse bilden quasi ein Raster oder eine Systematik, mit der die alltägliche Arbeit in möglichst vielen Facetten und aus unterschiedlichen Blickwinkeln abgebildet werden kann. Auch lassen sich relativ einfach Optimierungspotenziale feststellen. Neben der Zielorientierung zeichnen sich Prozesse auch danach aus, wie weit sie die Beteiligten bei der Erledigung ihrer täglichen Tätigkeiten unterstützen.

3. Warum ist die Beteiligung der Mitarbeitenden bei der Einführung eines Qualitätsmanagements essenziell?

Qualitätsmanagement allgemein und das darin innewohnende Prozessmanagement wollen die tagtägliche Arbeit einer Organisation reflektieren und optimieren. In Dienstleistungsorganisationen kommt den Mitarbeitenden hier eine Schlüsselrolle zu. Sie sind die Expertinnen und Experten für ihre Prozesse und wissen durch ihre Erfahrungen und Kompetenzen am besten, was geändert werden sollte. Außerdem erhöht eine breite Beteiligung die Legitimität des Qualitätsmanagements in der Organisation und damit die Wahrscheinlichkeit der Umsetzung und Anwendung im Organisationsalltag.

4. Was kann helfen, um Qualitätsmanagement im Alltag einer Organisation zu verankern?

Qualitätsbeauftragte dienen als Wissensträger und Ansprechstationen für Führung und Mitarbeiterschaft. Sie behalten die Thematik im Blick, nehmen Vorschläge auf und bündeln diese als Vorlagen für die Organisationsführung. Sie fungieren als inhaltliche wie methodische „Ermöglicher" des Qualitätsmanagements.

Parallel sollte aber auf allen Ebenen und in allen Bereichen die Thematik kontinuierlich behandelt werden. Als Möglichkeit dazu kann ein fixer Tagesordnungspunkt auf Teamsitzungen dienen, bei dem Verbesserungsvorschläge zu den Dimensionen Struktur-, Prozess- und Ergebnisqualität der Organisation eingebracht und diskutiert werden.

Michael Boecker: Vom Qualitätsmanagement zur Wirkungsorientierung

1. Warum stehen Fragen der Wirksamkeit sozialer Dienstleistungen derzeit so stark im Vordergrund der fachlichen Diskussion?

Spätestens im Kontext der finanziellen *Engpässe der 1990er-Jahre*, verbunden mit hoher Arbeitslosigkeit, Bewältigung der Folgen der Wiedervereinigung und hoher Staatsverschuldung, wurden Fragen des Wirksamkeitsnachweises sozialer Dienstleistungen gleichsam von außen an die Profession herangetragen. Im Kontext *neoliberaler Wirtschafts- und Sozialpolitik* mussten sich die Leistungsträger und Leistungserbringer Sozialer Arbeit zunehmend mit Fragen der Qualität, Effektivität und Effizienz auseinandersetzen. Neue Instrumente des *New Public Managements (NPM)* und die Veränderung zahlreicher Sozialgesetze führten in der Folge zu marktähnlichen Verhältnissen (sog. Quasi-Märkte) zwischen den Akteuren sozialer Arbeit. Der Nachweis von Qualität und Wirksamkeit sozialer Dienstleistungen ist somit sozialpolitisch gewollt und hochaktuell, was sich unter anderem mit der *Einführung des Wirksamkeitsnachweises im Bundesteilhabegesetz* nachzeichnen lässt.

Ebenso ist es eine berechtigte Forderung der Gesellschaft und damit Verpflichtung des Staates, Steuergelder und Sozialversicherungsbeiträge effizient, also wirtschaftlich, einzusetzen. Dies setzt indes nicht nur die Vergleichbarkeit des marktüblichen Preises voraus, sondern ebenso die Vergleichbarkeit von Qualität, Wirksamkeit und Ergebnis einer spezifischen sozialen Dienstleistung. Letztlich gilt es die Frage zu klären: *„Ist die Wirkung Sozialer Arbeit messbar, und wenn ja, wie"*?

2. Welche zentralen Begriffe gilt es im Wirkungsdiskurs voneinander abzugrenzen? Was ist der Unterschied zwischen Wirkung und Wirksamkeit?

Wirkungen sozialer Dienstleistungen lassen sich auf drei Ebenen unterscheiden:

- Auf der *individuellen Ebene* die intendierte Wirkung von Leistungen für die einzelnen Leistungsempfänger.
- Auf der *institutionellen Ebene* die Wirksamkeit des Leistungsangebots der einzelnen Leistungserbringer.
- Auf der *gesellschaftlichen Ebene* die Wirksamkeit der Leistungen für eine gesellschaftspolitisch anvisierte Zustandsveränderung.

Darüber hinaus bedarf es einer weitergehenden Eingrenzung der Begriffe im wissenschaftlichen Diskurs.

So wird unter *Wirkung* allgemein eine Veränderung verstanden, die kausal auf eine bestimmte, klar zu identifizierende Intervention oder einen Impuls zurückgeführt werden kann. Bei der *Wirkungskontrolle* steht die Überprüfung der Zielerreichung im Mittelpunkt des Erkenntnisinteresses. Der Begriff der *Wirksamkeit* verweist indes auf die überindividuelle und damit häufig institutionelle Ebene und adressiert die Wirksamkeit von Maßnahmen, Programmen, Methoden und sozialer Dienstleistungserbringung insgesamt. Zur Überprüfung von Wirksamkeit bedarf es *Wirksamkeitsindikatoren* und eine Darstellung von *Wirkungszielen*, welche als Effekte nachweisbar werden und ihre Gültigkeit aufweisen. Die leitende Fragestellung für Indikatoren ist, woran alle hilfebeteiligten Akteure feststellen, dass die soziale Dienstleistung wirksam war. Darüber hinaus geben übergeordnete *Wirkmerkmale* die wesentlichen Bereiche an, welche durch Mehrfachnennung in verschiedenen Forschungsstudien benannt werden und als ausschlaggebend für den Erfolg und Misserfolg gelten. Last but not least bilden *Wirkfaktoren* derartige Faktoren, die zu einer (nicht) beabsichtigten Wirkung führen können.

3. Warum verorten einige Autorinnen und Autoren den Wirkungsdiskurs als logische Zuspitzung der Qualitätsdiskussion?

Das klassische Qualitätsverständnis in der Sozialen Arbeit bezieht sich auf die von Avedis Donabedian in den 1960er-Jahren entwickelten *Qualitätsdimensionen der Struktur-, Prozess,- und Ergebnisqualität*. Die Ergebnisqualität bildet gewissermaßen die erzielte Leistung, also den Output der Dienstleistung ab. Die Ausführung oder Implementierung einer Leistung sagt aber nichts über deren Wirkung aus. So kann eine Sozialpädagogische Familienhilfe (SPFH) durchaus über einen längeren Zeitraum mit 10 Fachleistungsstunden eine Familie unterstützen, ohne dass sich an deren Situation etwas verändert. Um Wirkungen Sozialer Arbeit in den Blick zu nehmen, bedarf es somit einer weiteren *Differenzierung der Ergebnisqualität*. Genau hier verorten einige Autorinnen und Autoren (so zum Beispiel Joachim Merchel) die Verbindung von Qualitätsmanagement und Wirkungsdiskurs.

4. Welche unterschiedlichen Ebenen gilt es bei Fragen der Wirkung von sozialen Dienstleistungen zu berücksichtigen?

Mit Blick auf das Ergebnis der Dienstleistung kann zwischen *vier unterschiedlichen Wirkdimensionen* unterschieden werden:

- Den *Output* bildet die quantitative Basis für qualitative Wirkungseffekte (Effect, Impact, Outcome) und stellt das mengenmäßige Produktergebnis einer Organisation dar.
- Auf der Ebene des *Effects* wird die objektiv ersichtliche und nachweisbare Wirkung für die einzelnen Erwartungsgruppen (Stakeholder) einer Organisation abgebildet, unabhängig von deren subjektiver Bewertung.
- Der *Impact* beschreibt die subjektiv erlebte Wirkung der Leistungsempfangenden und der weiteren Stakeholder. Hier setzen insbesondere die zahlreichen Hilfeplanverfahren an.
- Die Ebene des *Outcomes* bezieht sich schließlich auf die intendierten Wirkungen auf gesellschaftlicher Ebene und somit auf die „objektive" kollektive Effektivität.

Lassen sich somit auf der Effect-Ebene Wirkungen noch weitgehend quantifizieren, so unterliegt die Interpretation der Wirksamkeit bestimmter Maßnahmen und Angebote auf den Ebenen des Impacts und Outcomes subjektiven Beurteilungen und gesellschaftspolitischen Aushandlungen.

5. Auf welche wirkmächtigen Faktoren erfolgreicher Sozialer Arbeit weisen aktuelle Studien aus dem Feld der Hilfen zur Erziehung hin?

Für das Feld der Hilfen zur Erziehung haben sich trotz der unterschiedlichen Fragestellungen und Zielrichtungen der Forschungsansätze einige *wirkmächtige Faktoren auf der Struktur- und Prozessebene* herausgebildet. So unter anderem:

- *Hilfeplanung* als Dreh- und Angelpunkt der Hilfegestaltung kann einen signifikanten Einfluss auf positive Hilfeverläufe nehmen.
- *Partizipation* der Leistungsempfangenden und der Eltern und Angehörigen. Eine kritische reflektierende Haltung der beteiligten Akteure, bei der strukturelle Machtasymmetrien immer wieder in den Blick genommen und neu ausgehandelt werden müssen.
- Die *Passung und Platzierung* der Hilfen. Passung heißt einerseits, dass der Hilfebedarf, die Haltung und Einstellung sowie die Erwartungshaltung der Adressatinnen und Adressaten bekannt sind und zum Kompetenzprofil des Leistungserbringers passen. Umgekehrt ist es wichtig, dass die Leistungsempfängerinnen und Leistungsempfänger eine klare Vorstellung davon haben, was sie in der jeweiligen Hilfeform zu erwarten haben.
- Eine enorme Bedeutung für den Hilfeverlauf hat die *Kontinuität und Qualität der Beziehungsgestaltung* zwischen den Leistungsempfängerinnen und Leistungsempfängern und den Fachkräften.
- Soziale Arbeit und sozialpädagogische Unterstützungsangebote können dann ihre Wirkmächtigkeit erhöhen, wenn sie eingebunden sind in weitere, häufig regionale *Kooperationsstrukturen und Netzwerke*. Hierbei kommt insbesondere dem *Übergangsmanagement*, also der Arbeit an den Schnittstellen der Hilfeübergänge eine enorme Bedeutung für den langfristigen Erfolg einer Hilfe zu.

6. Welche Chancen und Risiken lassen sich aus dem Wirkungsdiskurs für die Profession der Sozialen Arbeit diskutieren?

Als Chancen lassen sich beispielhaft anführen:

- Entwicklung von fachlichen Standards und transparenten Dokumentationssystemen.
- Identifizierung wirkmächtiger Faktoren für gelingende Hilfen.
- Identifizierung von Best Practice-Beispielen und dementsprechende Lerneffekte.
- Reflexion des eigenen fachlichen Handelns im Kontext von Qualitätsentwicklung im Sinne einer lernenden Organisation.
- Schärfung des professionspolitischen Profils der Sozialen Arbeit durch Sichtbarmachung der eigenen Handlungsabläufe, Theorien, Maßnahmen, Instrumente und Verfahren.
- Stärkere wissenschaftliche Fundierung der eigenen Profession im Sinne evidenzbasierter Praxis.

Als Risiken lassen sich beispielhaft anführen:

- Mit der Konzentration auf „messbare" Wirkungen sozialer Dienstleistungen, können strukturelle Rahmenbedingungen oder präventive Angebote für erfolgreiche Hilfen aus dem Fokus sozialpolitischer Willensbildung geraten.
- Ein auf Rationalität, Kausalität und Outputorientierung angelegtes Steuerungsverständnis sozialer Organisationen wird der Komplexität der Aufgabenstellung und der Entscheidungsprozesse nicht gerecht (Koproduktion).

- Die Verschiebung (sozial-)staatlicher Verantwortung für Erfolg und Misserfolg pädagogischer Interventionen, Maßnahmen und Handlungskonzepte in Richtung Leistungsanbieter Sozialer Arbeit erhöht den Legitimationsdruck sozialer Organisationen.
- Die Verschiebungen im Sozialrechtlichen Dreieck reduzieren Soziale Arbeit und deren Leistungserbringer auf den Dienstleistungsaspekt. Dies grenzt die Handlungsautonomie der Fachkräfte erheblich ein. Diese ist wiederum eine wesentliche Grundlage des Professionsverständnisses (nicht nur) der Sozialen Arbeit und des Professionsbegriffs. Luhmann spricht hier von professioneller Handlungsautonomie.
- Der Wirkungsdiskurs berücksichtigt immer noch zu wenig die machtvollen interessengeleiteten Akteure machtvoller Gesellschafts- und Sozialpolitik mit ihren spezifischen Erwartungshaltungen und Definitionsansprüchen.

Monika Sagmeister: Verstetigung oder „Wie der Ball am Rollen bleibt"

1. Auf welche Aspekte zielen die Maßnahmen „Qualitätsmanagementbeauftragte" und „Audit" ab, um Qualitätsmanagement am Leben zu erhalten?

Qualitätsmanagementbeauftragte und Audit sind eine strukturelle Verankerung in der Organisation, die dazu dient, das Qualitätsmanagement lebendig zu halten. Die Funktion Qualitätsmanagementbeauftragte ist dabei die strukturelle Verankerung im Organigramm des Unternehmens. Sie verdeutlicht die fachliche Zuständigkeit im Unternehmen und ist mit den nötigen Ressourcen, vor allem Zeit, ausgestattet. Ein Audit hingegen hält das Thema im zeitlichen Verlauf aktuell. Nachdem Audits regelmäßig wiederkehren, sind alle zu prüfenden Unternehmensteile gezwungen, sich immer wieder mit Qualitätsmanagement und der kontinuierlichen Verbesserung auseinanderzusetzen.

2. Welche Vor- und Nachteile sprechen Sie der Stabstelle „Qualitätsbeauftragte" zu?

Vorteile von Qualitätsbeauftragten:

- Fachliche Expertise zum Thema „Qualitätsmanagement"
- Ausstattung des Themas mit personellen Ressourcen
- Offenheit der Mitarbeitenden gegenüber einer moderierenden Person ohne Leitungsverantwortung
- Entlastung der Leitung
- ...

Nachteile von Qualitätsbeauftragten:

- Informelle Macht ohne offizielle Legitimation
- Kein Gestaltungsspielraum, wenn ihr keine aktive Rolle bei der Organisationsentwicklung zugesprochen wird

- Möglichkeit für die Leitung, das Thema „Qualitätsmanagement" auszulagern und sich nicht weiter zu kümmern
- ...

3. Welche Vor- und Nachteile hat ein Audit?

Vorteile eines Audits:

- Regelmäßige Überprüfung des Qualitätsmanagementsystems sowohl intern als auch gegebenenfalls extern
- Die Zertifizierung ist eine Bestätigung, dass das Qualitätsmanagementsystem funktioniert. Das sorgt für Vertrauen.
- Identifizieren von Verbesserungspotenzialen
- Einbezug der Mitarbeitenden
- Vergleichsmöglichkeiten mit anderen Unternehmen
- ...

Nachteile eines Audits:

- Hoher Aufwand neben dem primären Auftrag
- Kosten der Zertifizierung
- Möglicherweise Erleben von Kontrolle der eigenen Arbeit
- ...

4. Welche Art von Unternehmenskultur ist wichtig, damit Fehler und Beschwerden zu Lernprozessen führen?

Damit Fehler und Beschwerden angesprochen werden können, bedarf es einer offenen Haltung im Unternehmen. Fehler werden nicht als individuelles Versagen gewertet und sind nicht mit Schuldzuweisungen verbunden. Vielmehr wird darin eine Lernchance für die Mitarbeitenden und Verbesserungspotenzial für das Unternehmen gesehen. Um diese Kultur zu erreichen, bedarf es eines hohen Maßes an positivem Feedback. Die Anerkennungskultur geht der Fehlerkultur voraus.

5. Welchen Vorteil bietet die Anwendung von agilen Techniken, auch wenn sich das Unternehmen nicht dem agilen Management verschrieben hat?

Prozesse sind Veränderungen unterworfen, die von innen oder außen an das Unternehmen herangetragen werden. Agile Techniken helfen, Optimierungspotenzial und Optimierungsbedarf zu heben. Das bezieht sich sowohl auf das Qualitätsmanagement an sich, als auch an die Anforderungen, die einzelne Prozessbeschreibungen erfüllen sollen. Sie sind eine Möglichkeit, Mitarbeitende an dieser Optimierung zu beteiligen.

6. Welchen Zweck verfolgt jeweils die Methode „Persona" und „User-Story"?

Die Technik „Persona" schafft ein fiktives Profil einer Stakeholder*in von Qualitätsmanagement. Es hilft, zu verdeutlichen, für wen Qualitätsmanagement eingeführt und durchgeführt wird. Bezieht sich die Persona auf Mitarbeitende, werden deren Bedürfnisse, Wünsche und Erwartungen konkretisiert. Die Ergebnisse können mit den formulierten Bedürfnissen und Erwartungen abgeglichen werden. Eine „User-Story" formuliert ein zu lösendes Problem bzw. den geforderten Nutzen anhand von leicht verständlichen Sätzen in Alltagssprache. User-Stories verdeutlichen, wo Mitarbeiter*innen Klärungsbedarf haben, wo es Handlungssicherheit durch definierte Prozesse braucht und wo diese möglicherweise auch überflüssig sind.

7. Welche Beteiligungsmöglichkeiten schlagen Sie für Mitarbeitende vor?

Mitarbeitende können sich im Qualitätszirkel engagieren. Dabei handelt es sich um eine Arbeitsgruppe von vier bis zwölf Personen, die Probleme mit Verbesserungspotenzial identifizieren und Lösungsvorschläge entwickeln. Daneben können über das betriebliche Verbesserungsvorschlagswesen Mitarbeitende befähigt werden, im eigenen Zuständigkeitsbereich Verbesserungen vorzunehmen oder im Team darüber abzustimmen. Diese Möglichkeit zur Selbstorganisation soll die Motivation erhöhen, Vorschläge zu machen und selbständig Verbesserungen umzusetzen.

Zu der Autorin und den Autoren

Prof. Dr. **Michael Boecker** lehrt Sozialmanagement und Wirkungsorientierung der Sozialen Arbeit am Fachbereich Angewandte Sozialwissenschaften der Fachhochschule Dortmund. Seine Arbeitsschwerpunkte sind Wirkungsforschung und mikropolitische Spannungsfelder in der Sozialen Arbeit sowie aktuelle Entwicklungen in der Eingliederungshilfe für Menschen mit Behinderungen. Darüber hinaus ist er in zahlreiche internationale Forschungsprojekte mit Kolleg*innen aus dem südlichen Afrika involviert.

Prof. Dr. **Paul Brandl** lehrte Organisationsentwicklung und Prozessmanagement an der FH Oberösterreich im Fachbereich Gesundheit-, Sozial- und Public-Management. Er ist Lehrbeauftragter an mehreren Hochschulen und Berater im Bereich des Prozessmanagements und der Dienstleistungsentwicklung bei sozialen Dienstleistern.

Prof. Dr. **Klaus Grunwald** ist Professor an der Dualen Hochschule Baden-Württemberg Stuttgart, Fakultät Sozialwesen, dort Leiter der Studienrichtung „Soziale Arbeit in Pflege und Rehabilitation" und Prodekan der Fakultät, verantwortlich für das Modul „Governance sozial(wirtschaftlich)er Organisationen" im Masterstudiengang „Governance Sozialer Arbeit" am Center for Advanced Studies der Dualen Hochschule Baden-Württemberg; Arbeitsschwerpunkte: Sozialmanagement und Sozialwirtschaft, Organisationsgestaltung und -entwicklung, Qualitätsmanagement, Lebensweltorientierte Soziale Arbeit, Soziale Arbeit in Pflege und Rehabilitation.

Prof. Dr. **Ludger Kolhoff** ist Studiengangleiter „Master of Social Management" an der Ostfalia (Hochschule Braunschweig/Wolfenbüttel), Mitherausgeber der Schriftenreihen „Basiswissen Sozialwirtschaft und Sozialmanagement" und „Perspektiven Sozialwirtschaft und Sozialmanagement" bei Springer VS und Vorsitzender der Bundearbeitsgemeinschaft Sozialmanagement/Sozialwirtschaft an Hochschulen e.V. (BAGSMSW).

Prof. Dr. **Sebastian Noll**, Diplom-Verwaltungswissenschaftler, hat eine Professur für Sozialmanagement/Sozialwirtschaft an der Fakultät für Soziale Arbeit der Hochschule Mittweida inne. Seine Arbeitsschwerpunkte liegen u.a. in den Bereichen Strategie-, Organisations- und Personalentwicklung sowie Qualitätsmanagement. Zuvor begleitete er als Managementberater Nonprofit-Organisationen u.a. bei der Einführung von Qualitätsmanagement-Systemen.

Prof. Dr. **Jochen Ribbeck** lehrt Sozialmanagement an der Katholischen Stiftungshochschule München. Seine Arbeitsschwerpunkte sind Sozialmanagement, Qualitätsmanagement, Personalmanagement, Teamleitung, -entwicklung, Organisationsentwicklung, Change-Management. Er ist zudem EFQM Excellence Assessor.

Prof. Dr. **Monika Sagmeister** lehrt an der Fakultät Sozialwesen der DHBW Stuttgart Sozialökonomie. Sie leitet den Masterstudiengang „Governance Sozialer Arbeit" und ist im erweiterten Vorstand der internationalen Arbeitsgemeinschaft Sozialmanagement/Sozialwirtschaf INAS e.V. sowie im erweiterten Vorstand der BAG Sozialmanagement/Sozialwirtschaft aktiv.

Prof. Dr. **Armin Wöhrle** lehrte an der Fakultät für Soziale Arbeit der Hochschule Mittweida, war Mitglied in verschiedenen Gremien und Fachausschüssen und ist Autor und Herausgeber zahlreicher Publikationen auf dem Gebiet der Sozialwirtschaft und des Sozialmanagements. Seine fachlichen Schwerpunkte sind Chance Management, Organisationsentwicklung, Personalentwicklung und Qualitätsmanagement.

Stichwortverzeichnis

Die Angaben verweisen auf die Seitenzahlen des Buches.

Aachener Qualitätsmanagementmodell 78–80
Agilität 48, 55, 57, 181, 192
- Agile Techniken 181, 184, 204
Anforderungen 11, 15–20, 22, 25, 27, 34, 40, 48, 50, 55, 57, 67–70, 72–75, 77, 79, 85, 86, 88, 90, 104, 105, 107, 110, 112, 118, 119, 144, 146, 159, 171, 173, 175, 179, 180, 183, 184, 191, 193–197, 204
Audit 81, 92, 108–110, 115, 117, 118, 169, 172–174, 176, 179, 188, 203, 204
- Auditplan 115, 117, 197, 198

Balance 48
Beschwerdemanagement 169, 170, 172, 176, 178–180
Bildungsqualität 71
Bürokratie 11, 15, 18, 19, 22, 52, 138

Definitionsmacht 12, 50, 146, 156, 193
Dienstleistungen 11, 12, 21, 26, 27, 36, 41, 47, 49, 51, 57, 58, 64, 65, 81, 85–88, 90–92, 94, 95, 103–105, 108, 110, 111, 113, 119, 125, 143–146, 149, 150, 152, 156–158, 163, 165, 178, 193, 197, 198, 200–202
- Dienstleistungsqualität 63, 64, 195
Dilemmata 58
DIN EN ISO 9000ff 19, 37, 92
Durchdringungsgrad 70, 195

E-Qalin 94
Effizienz 86, 104, 105, 107, 111, 144, 146, 150, 200
EFQM 19, 36, 37, 46, 63, 74, 76, 78, 94–96, 98–101, 103, 106, 119, 192, 196, 197, 207
Ergebnisqualität 26, 27, 46, 56, 92, 104, 124–127, 130, 131, 140, 152, 155, 191, 195, 198, 199, 201
European Foundation for Quality Management 36, 94
Evaluation 13, 55, 65, 67, 73, 138, 145, 146, 152, 153, 160, 161, 172

Fehler 128, 176, 177, 180, 187, 188, 204

GAB-Verfahren 65–67, 82, 195
GAP-Modell 63–65, 82, 195
Gelingensbedingungen 143, 157, 159, 162, 163

Handlungsleitlinien 65–67, 82, 195
Hilfeplanverfahren 148, 150, 151, 201

Interessen 17, 26, 41, 50, 58, 75, 130, 133, 138, 143, 181, 193
- Interessenpolitik 149, 156, 165

Kausalität 144, 146, 148, 156, 158, 164, 202
Kollegiales Lernen 65, 67
KTQ-Qualitätsbericht 70

LQW 71–73, 82, 196

Mitarbeitendeneinführung 169, 170, 179

politische Weichenstellungen 12
Projektmanagement 5, 81, 136, 181
Prozess-Lebenszyklus 111, 113, 114, 197
Prozessablauf 176
Prozessbeschreibung 114
Prozesslandkarte 43, 44, 79, 106, 110, 113–116, 118, 119, 132, 134, 198
Prozessmanagement 44, 81, 90, 127–129, 140, 199, 207
Prozessqualität 27, 46, 125, 133, 155, 191, 198

Q.Wiki 78, 80–82, 196
Qualitätsbegriff 25, 46, 48, 49, 54, 87, 106, 107, 119, 191, 194, 197
Qualitätsdebatte 47, 48, 50–52, 193
Qualitätsdefinitionen 47
Qualitätsentwicklung 13, 22, 38, 40, 48, 50, 53–58, 63, 71, 118, 202
Qualitätsmanagement 5, 11, 12, 14–16, 18, 19, 22, 25, 27, 35, 37–42, 44, 46–58, 63, 67, 71, 75, 76, 78, 80, 81, 85, 86, 88, 89, 91, 92, 94, 105, 107, 121–124, 127–131, 133–140, 143, 146, 161,

169–173, 175–184, 186–188, 191, 192, 194–201, 203, 204, 207, 208
- Einführung von Qualitätsmanagement 75, 121, 129, 130, 138, 207
- Qualitätsmanagementbeauftragte 56, 170–172, 188, 203
- Qualitätsmanagementkonzept 74
- Qualitätsmanagementsysteme 28, 63, 64, 74, 81, 87–89

Qualitätspolitik 38, 90

Qualitätssicherung 13, 38–40, 50, 51, 58, 65, 86, 108, 110, 115, 117, 118

Qualitätszirkel 32, 36, 131, 132, 134, 135, 169, 171, 181, 184–187, 205

Quality Stream 79, 80

Rechenschaftslegung 13, 18, 51

Reifegrade 87, 92, 96, 108–110, 113, 115–117, 119, 197, 198

Sinnhaftigkeit 53, 54, 180

Social Return on Investment 153, 154

soziale Verantwortung 21

Sozialmanagement 5, 11, 12, 14, 15, 17, 51, 124, 207, 208

Strukturqualität 26, 46, 123–125, 191, 198

Total Quality Management 34–36, 78, 92–94, 192

Umbau der Steuerungslogik 15

User-Story 183, 188, 204, 205

Verbesserungsvorschlagswesen 169, 181, 184, 186, 187, 205

Vision 22, 95, 96, 99, 100, 102, 104, 112

Wirkung 12, 13, 50, 100, 111, 126, 144–146, 148, 150–153, 156, 158, 159, 165, 175, 187, 200, 201
- Wirksamkeit 13, 15, 22, 39, 40, 47, 115, 123, 126, 143–146, 148–150, 164, 165, 171, 174, 179, 200, 201
- Wirkungsforschung 143, 150, 157, 159, 163, 207
- Wirkungskontrolle 145, 150, 151, 155, 159, 164, 200

Bereits erschienen in der Reihe
STUDIENKURS SOZIALWIRTSCHAFT (ab 2019)

Projektmanagement
Von Prof. Dr. Ludger Kolhoff
2., aktualisierte und erweiterte Auflage, 2020, 138 S., broschiert
ISBN 978-3-8487-5813-5

Sozialinformatik
Digitaler Wandel und IT-Einsatz in sozialen Organisationen
Von Prof. Helmut Kreidenweis
3., vollständig überarbeitete Auflage 2020, 275 S., broschiert
ISBN 978-3-8487-5665-0

Grundlagen des Managements in der Sozialwirtschaft
Von Prof. i.R. Dr. Armin Wöhrle, Prof. Dr. Reinhilde Beck, Prof. Dr. Klaus Grunwald, Dr. Klaus Schellberg, Prof. em. Dr. Gotthart Schwarz und Prof. Dr. Wolf Rainer Wendt
3., unveränderte Auflage 2019, 240 S., broschiert
ISBN 978-3-8487-4989-8

Organisationsentwicklung – Change Management
Von Prof. i.R. Dr. Armin Wöhrle, Prof. Dr. Reinhilde Beck, Prof. Dr. Paul Brandl, Karsten Funke-Steinberg, Prof. Dr. Urs Kaegi, Dominik Schenker und Prof. Dr. Peter Zängl
2019, 332 S., broschiert
ISBN 978-3-8487-4457-2

Personalmanagement – Personalentwicklung
Von Prof. Dr. Armin Wöhrle, Peggy Gruna, Prof. Dr. Ludger Kolhoff, Prof. Dr. Georg Kortendieck, Prof. Dr. Brigitta Nöbauer, Prof. Dr. Andrea Tabatt-Hirschfeldt und Dr. Raik Zillmann
2019, 238 S., broschiert
ISBN 978-3-8487-4339-1